PASCALIS.

ÉTUDE SUR LA FIN

DE LA CONSTITUTION PROVENÇALE.

In 27 834

AIX, TYPOGRAPHIE DE PARDIGON, RUE D'ITALIE.

Jean-Joseph-Pierre PASCALIS, Avocat,
Assesseur d'Aix, Procureur du Pays de Provence,
1773 – 74 , 1787 – 88 .

PASCALIS.

ÉTUDE SUR LA FIN

DE LA

CONSTITUTION PROVENÇALE.

1787 – 1790.

PAR

CHARLES DE RIBBE,

AVOCAT DU BARREAU D'AIX.

PARIS.

DENTU, LIBRAIRE-ÉDITEUR,

PALAIS-ROYAL, GALERIE D'ORLÉANS.

AIX,	MARSEILLE,
PARDIGON, LIBRAIRE,	MAKAIRE ET DELEUIL, LIBRAIRES,
Rue du Grand-Boulevard, 5.	Rue St.-Ferréol, 19.

1854.

INTRODUCTION.

ENTRE toutes les histoires, les plus attachantes sont celles des nationalités qui succombent et qui meurent. Il est une sorte de sympathie qui honore le cœur de l'homme en l'inclinant vers la cause des opprimés. Les annales du monde sont remplies de ces plaintes douloureuses, où les peuples exhalent par la voix de leurs orateurs, de leurs poëtes et de leurs écrivains, les derniers accents de leur liberté détruite et de leur patriotisme comprimé par la violence.

Aujourd'hui, j'entreprends une histoire de la même nature : mais cette histoire offre des caractères différents. D'abord, il ne s'agit que d'une nationalité modeste et qui, au point de vue général, a seulement une importance secondaire. Le triomphateur, ensuite, n'est pas à proprement parler un étranger : loin de revêtir un aspect tyrannique et odieux, il semble au contraire se présenter sous les dehors d'un libérateur. Phénomène curieux, sans doute, et qui ne s'était pas encore vu ! Il était donné à la révolution d'opérer cette merveille d'une conquête aussi facilement acceptée en apparence, aussi simple,

aussi prompte , et de ne rencontrer devant elle que des
protestations timides et l'opposition d'un petit nombre
de bons citoyens.

La Provence, bien qu'annexée depuis plus de trois siècles à la Couronne, avait conservé en droit son autonomie
et ses franchises politiques. Les documents de l'époque
attestent à quel prix souvent elle fut obligée d'en acheter
le maintien [1]. Quelle que fût toutefois l'ardeur de sa résistance , elle n'arrêta pas son développement. Vers la
fin du XVIIIᵉ siècle, et au sortir des guerres ruineuses de
Louis XV, le pays jouissait d'une prospérité qu'il n'avait
pas connue jusqu'alors. Si le Tiers-État payait seul ou
presque seul l'impôt, en revanche il avait la haute main
dans les affaires. On ne peut se défendre d'un sentiment
d'admiration , quand on assiste aux généreux efforts des
derniers administrateurs de la province , pour le soulagement et le bien-être du peuple. Jamais , chez nous , le
patriotisme n'inspira les classes moyennes à un égal degré ; jamais il n'y eut un concours plus actif d'émulation
en vue de l'intérêt général. Aussi , Portalis , énumérant
en 1787 tous les progrès réalisés dans les travaux publics , l'agriculture et le commerce , écrivait avec un
légitime orgueil : « Qu'on ne s'y méprenne pas : on
doit tous ces prodiges à l'énergie d'un peuple libre et à
son amour sans borne pour ses rois ; on les doit à l'heureuse Constitution de nos communautés, et à cette noble

----

[1] « Avant l'édit de 1774 , les États de Provence avaient déjà dépensé ,
pour le maintien du droit d'élection dans les villes et bourgs du Pays,
12,500,000 livres. » *Essai sur l'histoire de la formation et des progrès
du Tiers-État*, par Augustin Thierry. Paris , Furne et Comp.ᵉ, 1853 ,
in-8ᵒ, page 232 , note I.

et sage économie qui a toujours distingué notre administration. Les grands États dans les provinces voisines, se sont livrés à la magnificence et au luxe. Dans une administration plus réduite, qui n'admet proprement à délibérer sur les dépenses que ceux qui doivent les payer, on a toujours senti qu'il en est peut-être des nations comme des particuliers, dont le vrai bonheur consiste dans la médiocrité de leur fortune [1]. »

Telle était la situation matérielle du pays à la veille de la crise. Saisi par ce spectacle, je me suis demandé comment un pareil régime put être sacrifié, sans coup férir, en 1789 et 1790. Cette question m'a paru d'un intérêt assez grand pour être étudiée d'une manière spéciale, surtout dans un temps où l'histoire, mieux éclairée par l'expérience, s'affranchit visiblement des préjugés du siècle dernier, et devient chaque jour plus juste et plus vraie.

C'est à la traiter, en remplissant ainsi une lacune qui existe dans les écrits modernes sur la Provence, que je me suis appliqué selon mes forces dans ce travail. Dicté par une conscience impartiale et par des sentiments libres, il est en quelque sorte l'oraison funèbre de notre nationalité. Je n'essaierai pas d'exprimer ici les religieuses émotions qui m'ont accompagné dans mes recherches. Les souvenirs de la vieille indépendance de nos pères ont plus d'une fois, je l'avoue, fait battre mon cœur, excité mes regrets, et j'ai appris à aimer d'un

---

[1] *Mémoire sur le projet de rétablir les États de Provence.* Rédigé par Portalis, en juillet 1787, sur l'invitation du gouvernement, ce Mémoire n'a jamais été imprimé. Nous en avons trouvé une copie dans une collection de documents que le président de Saint-Vincens a rassemblés pour les années 1787, 1788 et 1789. (*Bibliothèque d'Aix*).

amour bien vif les hommes dont la fermeté d'âme, ne se démentit pas dans des circonstances aussi décisives en présence du péril.

Au-dessus d'eux, il en est un qui les domine tous par la vigueur du caractère, par la noblesse du dévoûment, par l'ardeur de la foi. Le nom seul de Pascalis est resté chez nous synonyme du vrai patriotisme. L'éclat de ses luttes, et le désintéressement de son sacrifice, sa vie, sa mort, le placent au premier rang parmi les acteurs du drame. Il serait difficile de résumer plus complètement, dans une simple figure, la physionomie morale des anciens temps, avec ses traits originaux. Plutarque dit au sujet de Démosthène : « La divine fortune qui avait marqué à cette époque le terme de la liberté des Grecs, fit seule avorter des entreprises si bien concertées. » Sans vouloir établir un parallèle, on pourrait dire également de Pascalis, que si la Providence n'eût arrêté dans ses desseins le châtiment de notre pays, tant d'efforts, tant d'énergie, tant de courage, eussent assurément mieux réussi. L'infortune de ce grand citoyen, loin de le rabaisser, ajoute à sa gloire. Il fut vaincu, mais il était digne de triompher.

Raconter la vie de Pascalis, c'est donc raconter la fin de la Constitution et de la nationalité provençales. Ces deux sujets, ces deux histoires, se lient par des rapports tellement intimes qu'ils se confondent. « Il y a toujours dans l'humanité, suivant l'image d'un publiciste moderne, quelques hommes d'élite et de foi, véritables piliers de l'univers, qui portent le globe sur leurs têtes[1]. »

---

[1] *Génie de la Monarchie*, par M. Alexandre Weill, page 134, *édition populaire*. Paris, Dentu, 1850.

Chacun, à des degrés divers, représente une phase de l'histoire du monde. L'instinct des peuples ne s'y est pas trompé. Il n'est presque pas de grand événement, ou religieux ou politique, qui n'ait été personnifié dans un homme. Qu'il me soit permis de fournir ici de courtes explications sur l'origine de ce livre.

Je suis redevable à l'amitié de m'avoir ouvert la voie. Membre d'une société de jurisprudence, je reçus de mes confrères, dans l'année 1852, la flatteuse mission de faire l'éloge d'un des avocats qui illustrèrent jadis le barreau provençal. Le choix libre était laissé à mes sympathies : il ne fut pas douteux. J'ignorais néanmoins encore les trésors que j'allais être appelé à mettre en lumière. Pascalis est mort à une époque où l'on avait d'autres soucis que ceux de conserver des renseignements biographiques. Alors il fallait dérober sa tête au glaive toujours levé de la révolution ; il fallait tout éteindre, jusqu'aux souvenirs, tout brûler, jusqu'aux matériaux de l'histoire. Malgré ces obstacles, j'explorai nos dépôts publics, je consultai les vieilles et poudreuses archives[1], je dépouillai les papiers, les brochures, les pamphlets, les manuscrits du temps, j'interrogeai les traditions. Un heureux hasard me fit rencontrer l'exemplaire exact du discours d'adieu que le célèbre avocat prononça le 27 septembre 1790 à la barre du parlement, et le dernier arrêté de la chambre des vacations. De cette investigation, de cette

---

[1] Je dois ici l'expression de toute ma gratitude à M. l'archiviste du département, à M. le conservateur de la Bibliothèque Méjanes, et aux personnes préposées aux archives de notre Hôtel-de-Ville, qui m'ont communiqué avec la plus grande obligeance les documents dont j'avais besoin.

enquête, le jour sortit enfin, jour assez brillant pour guider ma marche. Le rôle politique de Pascalis se déroula devant mes yeux ; son influence, son action, sa part dans les événements, se révélèrent. Je croyais n'avoir à écrire qu'un éloge, et il se trouva que j'avais entrepris une véritable histoire.

Le travail rédigé dans ces circonstances n'est plus celui que je livre à la publicité. L'éloge a disparu, l'histoire seule subsiste. Des recherches plus complètes m'ont donné l'avantage de recueillir de nouveaux détails et d'offrir ici de plus larges aperçus. C'est la vie politique de Pascalis, mêlée aux derniers moments de la Provence. J'ai écarté de mon récit les faits qui ont été déjà longuement relatés, et qui regardent surtout le côté matériel de l'histoire. N'ayant pas à narrer la révolution dans ses effets, j'ai tâché de demeurer dans la région des idées et des causes.

Avant toutefois de peindre l'homme politique, il me semble utile de résumer en peu de mots, ce que je disais au sujet de l'avocat et du jurisconsulte.

PASCALIS (Jean-Joseph-Pierre) était né à Eyguières [1], le 6 février 1732. Sa famille avait pris son origine à Allos (Haute-Provence). Vers l'année 1400, un de ses membres l'avait établie dans la communauté d'Eyguières, où depuis lors elle resta fixée. Elle n'était pas riche, mais elle jouissait d'une honnête aisance. Elle appartenait à cette bonne bourgeoisie du second ordre qui, au milieu de la corruption du XVIIIe siècle, savait garder le respect des principes ; classe précieuse par son dévoûment,

---

[1] Eyguières, près Salon (Provence).

libre par ses mœurs , inflexible dans sa foi , chez qui la modestie des goûts était le sûr garant d'une intacte probité , et dont l'ambition , avec ses habitudes serviles, n'avait pas altéré le vieil esprit d'indépendance [1].

Pascalis puisa dans une éducation austère , ce sentiment impérieux du devoir qui ne cessa d'être le mobile dominant de sa vie.

L'heure où il lui fallut choisir une carrière arriva bientôt: il la trouva toute tracée. Un de ses oncles, Jean-Baptiste Pascalis, avocat causé au barreau d'Aix, le reçut chez lui et fut son maître et son guide. Le 16 juin 1751, le jeune étudiant subit les épreuves de la licence ; le 18 juin, il prêta le serment professionnel d'avocat au Parlement.

Nul n'ignore par quels labeurs persévérants et dans quelle silencieuse solitude , les anciens jurisconsultes se préparaient à leurs débuts [2]. Pascalis ne se montra pas moins réservé que ses devanciers. On a de lui plusieurs consultations , où l'on voit sa signature s'abriter timidement sous celle de son oncle. Longtemps encore sa modestie le fit recourir à ce patronage. Une fois en pleine possession de lui-même, il parut au palais, et il ne tarda pas à s'y poser non loin des maîtres.

C'était le temps où le célèbre Pascal [3], encore dans la vigueur de son génie, fesait l'admiration et l'honneur de

[1] On pourra lire aux *Pièces justificatives* n° 1, quelques renseignements sur la famille de Pascalis.

Ne voulant pas trop surcharger de détails cette courte esquisse , j'ai cru devoir renvoyer également à la fin du volume , certaines observations et certains traits relatifs à la vie de Pascalis comme avocat.

[2] Voy. *Pièces justificatives*, n° 2.

[3] *Pascal (Jean-Jacques)*, né à la Seyne, près Toulon, en l'année 1704 , reçu avocat au Parlement de Provence en 1720, mort à Aix en 1772, le 24

la Provence; où Colonia [1], par sa parole brillante et per-
suasive, méritait d'être inscrit parmi nos plus remarquables orateurs ; où une génération mieux initiée aux secrets de la langue , s'élevait au sein du barreau d'Aix ,
forte déjà des leçons du présent et riche des promesses de
l'avenir. Quel temps , n'est-ce pas ? et quels hommes !
Pazery [2], Pascalis, Barlet [3], Gassier [4].., tous avocats éminents, tous fervents patriotes, tous, sauf un seul qui, par
les nécessités de son rôle, fut amené à défendre la cause
des possédant-fiefs , n'ayant qu'un drapeau, celui de la
réforme; qu'une ambition, celle d'effacer les abus incom-
patibles avec la raison et avec les mœurs ; qu'un but , le
maintien de la Provence dans ses droits constitutifs. Peu
d'années après, Portalis [5] se plaça d'un bond à la tête de

février. A la nouvelle de sa mort, le Parlement, qui tenait audience, la leva
sur-le-champ en signe de deuil. Nous possédons une consultation du 13 mars
1771, signée par Pascalis, Pascal, Pazery et Gassier.

[1] De Colonia (Joseph-Jules-François) , avocat au Parlement de Provence, professeur en droit à l'Université d'Aix, né à Aix en 1746, mort dans
cette ville, le 23 mars 1766.

[2] Pazery (André), né à la Tour-d'Aigues en 1721, reçu avocat au Parlement en 1741, assesseur d'Aix en 1762 et 1763, professeur en droit à l'U-
niversité d'Aix, mort dans cette ville, le 21 mars 1807.

[3] Barlet (Antoine-François), né à Sisteron le 26 mai 1732, reçu avocat
en 1751, assesseur d'Aix en 1775 et 1776, mort à Sisteron en l'an VI. Comme
Pazery , Barlet excellait dans la consultation. On raconte que des avocats
étaient réunis pour conférer sur une affaire difficile. Les opinions étaient très-
hésitantes, lorsque Pascalis s'écria en Provençal :«Il n'y a que la grosse tête
de Barlet qui puisse nous tirer d'affaire ; allons chez lui. »

[4] Gassier (Jacques), né à Brignoles le 16 juillet 1730 , reçu avocat en
1755, syndic de robe de l'ordre des possédant-fiefs de Provence, mort à
Aups le 23 août 1811.

[5] Portalis (Jean-Étienne-Marie) , né au Beausset le 1er mai 1746 ,
reçu avocat en 1765, assesseur d'Aix en 1779 et 1780, successivement
membre du Conseil des Anciens, Conseiller d'État et ministre des cultes sous
l'empire, mort à Paris le 25 août 1807.

cette phalange illustre qu'allaient accroître Dubreuil [1] et
Siméon fils. [2] Son entrée au barreau produisit une révolution. Il venait consommer ce beau mouvement qui tendait à introduire au palais l'ampleur des vues, la préci-
sion du style et une méthode vraiment philosophique.

Pascalis occupait alors le rang que lui avaient assigné
dès l'origine ses merveilleuses qualités. Quoique plus
avancé dans la carrière, il lia des rapports d'amitié avec
le nouvel émule qui surgissait près de lui. Ils étaient dignes de s'estimer, ils étaient capables de se comprendre.
Leurs talents étaient divers, mais leurs âmes s'accor-
daient dans les mêmes convictions et dans les mêmes
croyances. Pascalis, homme d'action, avec son cœur de
feu et ses allures brusques et véhémentes, trouvait dans
Portalis des manières simples et modestes comme les
siennes, unies à la sagesse d'un penseur et à la vive pé-
nétration d'un moraliste. Nous aurons plus d'une fois
l'occasion de constater cet accord de principes et ces
différences de caractère, quand nous aborderons la sphère
agitée des événements politiques.

---

[1] *Dubreuil (Joseph)*, né à Aix le 22 juillet 1747, reçu avocat en 1766,
assesseur d'Aix en 1785 et 1786, plus tard maire d'Aix en 1815 pendant les
Cent-Jours, mort dans cette ville, le 5 juin 1824. Dubreuil est l'auteur de
deux traités très-estimés, intitulés : *Législation sur les eaux*, et *Observations sur quelques coutumes de Provence*. (Voir la notice historique
par M. Charles Giraud, qui précède une nouvelle édition de l'ouvrage de la
Législation sur les eaux, publiée par MM. Tardif et Cohen, avocats ; 2 vol.
in-8°, Aix, Aubin, 1842).

[2] *Siméon (Joseph-Jérôme)*, né à Aix le 30 septembre 1749, reçu avocat
en 1769, assesseur d'Aix en 1783 et 1784, plus tard député au Conseil des
Cinq-Cents, membre du Tribunat et du Conseil d'État, ministre de la justice
et de l'intérieur du royaume de Westphalie, préfet du département du Nord
et ministre de l'intérieur sous Louis XVIII, pair de France, etc., mort à Paris
le 19 janvier 1842.

A ne considérer que les mémoires juridiques de Pascalis, il serait assez difficile de déterminer aujourd'hui exactement la nature particulière de son esprit. Un siècle presqu'entier s'est écoulé depuis leur apparition. Ils empruntaient leur intérêt aux circonstances ; or, ces circonstances sont ignorées pour nous. Certes, aucun de nos travaux modernes, sur la jurisprudence, ne saurait être comparé à ces mémoires au point de vue de la science des textes et de la profondeur des aperçus. Chacun d'eux était un traité complet sur la matière. On est effrayé, lorsqu'on parcourt ces immenses recueils chargés d'une érudition devenue stérile, et où semblent accumulés les labeurs de plusieurs générations ; mais, si étonnant que soit leur mérite, ils ne peuvent nous donner la connaissance précise des qualités qui distinguaient leur auteur.

Heureusement, la tradition vient à notre secours. Plus de soixante années l'ont affaiblie sans la détruire. Après avoir interrogé les anciens, je reproduis ici le portrait qui ressort de leurs souvenirs.

Pascalis a été grand avocat ; néanmoins il a été plus encore grand jurisconsulte. Il était même apprécié par ses rivaux au barreau d'Aix, comme possédant une supériorité incontestable de savoir. Le nombre de ses factums imprimés ou manuscrits est prodigieux. Il était peu d'affaires dans lesquelles l'autorité de son nom ne fût chaudement disputée par les deux parties. On sait qu'il signa avec Portalis, Siméon, Pazery, Barlet, Siméon fils [1], le fameux Mémoire pour Mlle de Marignane, où les désordres

_____

[1] Voy. *Pièces justificatives*, n° 3.

de Mirabeau étaient représentés sous un jour si accusateur. Nul mieux que Pascalis n'excellait dans l'art de conduire un procès, d'en embrasser tous les moyens ; nul ne traçait plus sûrement la route qu'il fallait suivre. Aussi sa logique était-elle redoutée. Cette impression s'explique du reste, lorsqu'on pense que Pascalis avait la réputation de ne vouloir jamais se charger d'une mauvaise affaire.

Il est également certain que Pascalis jouissait à la barre d'une position très élevée. Il y brillait surtout par la force pressante de sa dialectique et par les ressources infinies de son érudition [1]. Cependant, d'autres peut-être avaient le pas sur lui, quand il était nécessaire de combattre à l'aide des seules armes de l'éloquence ; ainsi, Gassier, qui le premier improvisa entièrement ses plaidoyers avec une admirable élégance, et Portalis, qui tout en se préparant au discours par de consciencieuses études, laissait ses auditeurs enchantés par la grâce parfaite de son élocution.

Les contrastes qui résultent de ce parallèle n'ont pas lieu de nous surprendre. Pascalis était véritablement *un caractère*. Tel qu'il se montrait sous ses dehors rudes et énergiques, ardent, passionné, loyal, indépendant par nature et par principe, ne sachant déguiser ses sentiments, Pascalis offrait bien le type du citoyen provençal et il en personnifiait les mœurs. Homme du Midi, il avait toute la chaleur de son soleil. Peu soucieux des délicatesses de la phrase, doué d'une puissante facilité de conception, il allait droit au fait, il éclaircissait d'une

---

[1] *Ibid.*, n° 4.

parole les sujets les plus compliqués et les plus obscurs. Souvent, en quittant la barre, et rendu à ses habitudes d'intimité, il aimait à s'exprimer dans la langue provençale, et alors rien n'égalait la vivacité piquante de sa verve. On n'a pas oublié au palais plusieurs mots de lui qui se sont transmis jusqu'à nous.

La nature l'avait favorisé de ses dons. Il avait une figure noble, fièrement accentuée; sous ses épais sourcils jaillissait le trait lumineux de son regard ; dans sa physionomie se reflétait la véhémence d'un cœur qu'exaltait l'amour du bien. [1] Sa haute stature lui donnait un certain air de majesté qui imposait. Mais ces avantages ne trouvèrent dans lui aucune secrète complaisance à les faire valoir. Il était d'une simplicité presque rustique ; il ne demandait pas aux agréments de la forme l'art de séduire ceux qui venaient le consulter.

Tel était l'homme qui était destiné à soutenir les antiques libertés provençales contre l'égoïsme et l'aveuglement des partis que l'intérêt mit en lutte aux approches de 1789. Formé de bonne heure à l'étude de notre droit municipal, Pascalis apportait dans l'action les trésors de patriotisme que sa longue expérience des affaires avait achevé de développer. En 1786, il touchait à ce moment de la vie, où l'esprit humain semble recueillir en lui toute sa sève, avant de descendre la pente de la vieillesse. Il était libre ; il ne s'était pas engagé dans les devoirs du mariage, il pouvait donc se consacrer à son pays.

Non-seulement il s'y consacra, mais il y sacrifia son repos, sa santé ; il poussa l'immolation au point de pré-

---

[1] Voy. *Pièces justificatives*, n° 5.

férer mourir plutôt que de paraître manquer à ses principes. Il combattit pour le salut de la Provence ; il tomba
avec la Provence et pour la Provence. Sa mort fut la mort
de notre pays, la mort de nos libertés.

Ici finit l'étude de l'avocat ; celle du citoyen et de son
époque commence.

PASCALIS.

ÉTUDE SUR LA FIN

DE LA CONSTITUTION PROVENÇALE.

———◆———

CHAPITRE I.

LA FRANCE ET LA PROVENCE AVANT 1789.

————

SOMMAIRE. Les pays d'États et les pays d'Élections.—Politique de Richelieu. — La Provence. — Sa position et ses besoins. — Testament de son
dernier Comte, Charles III.—Délibération des États du mois d'août 1486.
—Lettres patentes de Charles VIII.—Les États de Provence suspendus en
1639.—Les Assemblées des communautés. — Mouvements dans les provinces aux approches de 1789. — Pascalis élu assesseur.

LORSQUE, cherchant à démêler les causes qui préparèrent
l'étonnante révolution du dernier siècle, nous jetons les
yeux sur l'ancienne France, telle qu'elle existait avant
1789, nous sommes frappés par un fait qui mérite d'autant mieux notre attention, qu'il a été moins remarqué
et moins étudié. Ce serait peu d'indiquer cette variété
de traditions, d'usages, de langues, qui caractérisait

alors la physionomie territoriale du royaume. Il faut pénétrer plus profondément : les institutions naissent des mœurs, et par une réciprocité d'influence, les mœurs doivent aux institutions leur force et leur appui. Or, quelles étaient à un point de vue général, les institutions des diverses provinces, lorsque survint la crise où elles allaient soudainement sombrer ?

Un grand contraste se découvre, et peut-être nous fournira-t-il le secret du mouvement politique auquel nous assisterons bientôt et qu'il importe de ne pas confondre avec l'explosion des idées et des passions révolutionnaires. Dans l'histoire, comme dans les sciences, le plus mortel ennemi du vrai est le dédain de l'observation et de l'analyse. On s'expose à mal juger, quand on veut tout généraliser.

Avant 1789, la France se divisait en deux classes de provinces qui jouissaient de régimes très opposés. Les premières, sous le nom de *Pays d'États*, s'administraient elles-mêmes, tenaient des assemblées représentatives, votaient l'impôt, le répartissaient et le recouvraient. Les secondes, sous le nom de *Pays d'Élections*, étaient déshéritées de ces droits précieux. Chez elles, point d'assemblées, point d'impôt librement consenti, point de vie indépendante. La taille y avait été rendue perpétuelle ; la répartition était déterminée par des arrêts du conseil ; les fonds étaient perçus de plein droit sous la surveillance d'officiers royaux nommés *Élus* [1], qui jugeaient les

---

[1] Les *élus* avaient d'abord été choisis par le peuple ou par les États-Généraux. Leurs commissions furent érigées en titre d'office sous Charles VII (juin 1445). Les appels de leurs décisions étaient portés devant la Cour des Aides dans le ressort de laquelle ils se trouvaient.

contestations relatives à l'impôt. Aux intendants et à leurs subdélégués était dévolue toute l'administration.

On s'étonnera naturellement d'une inégalité de droits qui semble si peu conforme à la justice. Elle résultait, comme l'a très bien observé un auteur, de circonstances fort différentes. Plusieurs provinces, d'abord, n'avaient jamais eu d'États ou les avaient perdus depuis des siècles. Chez d'autres, telles que le Dauphiné et la Normandie[1], ils avaient été supprimés dans des temps plus rapprochés. Quant aux provinces où ils subsistèrent, elles durent cet avantage non aux faveurs du pouvoir, mais à la force de leur constitution politique et à la persévérance qu'elles déployèrent dans la défense des libertés garanties par les traités ou par les pactes de leur union à la Couronne.[2]

---

[1] Les États de Dauphiné ne furent plus convoqués après 1628, malgré le serment prêté en 1349 par le fils du duc de Normandie, plus tard Charles V, de respecter les priviléges de cette province que lui cédait le dauphin Humbert II. La Normandie avait eu aussi ses États. La Charte normande et les clauses additionnelles qu'y apporta Charles VII, les maintinrent; mais on ne les avait plus réunis depuis 1655.

[2] Les provinces qui restèrent Pays d'États jusqu'en 1789 furent : la Bretagne, la Flandre Wallonne, l'Artois, le Cambresis, la Bourgogne, le Languedoc, la Provence, le comté de Foix, le Marsan, le Nebouzan, les Quatre-Vallées, le Bigorre, le Béarn, la Soule, la Basse-Navarre et le Labour.

(Voyez un travail de M. A. Taillandier, inséré dans l'*Annuaire historique publié par la Société de l'Histoire de France, pour l'année* 1852).

Outre ces provinces, il en existait d'autres qui, sans avoir des Assemblées nationales, jouissaient de certaines franchises. Ainsi, le Roussillon était mi-Pays d'États et mi-Pays d'Élections. Les viguiers y tenaient lieu de subdélégués : ils fesaient la répartition des impôts sur les villes, bourgs et villages dont les consuls, aidés d'un conseil général ou politique, formaient un autre rôle de distribution sur chaque individu, et nommaient les collecteurs chargés de percevoir les deniers.

(Voy. un Mémoire manuscrit rédigé par un intendant de Roussillon, peu de temps avant 1789.—*Recueil de pièces historiques,* n° 180. (Manuscrits de la Bibliothèque Méjanes).

N'hésitons pas, du reste, à le reconnaître. Le système absolu de gouvernement qu'avait inauguré Richelieu, n'était guère conciliable avec l'existence régulière de ces institutions. Cet inflexible ministre, qu'on a pu nommer *l'homme de la révolution, préparant les voies de la société nouvelle* [1], avait fait sans doute de grandes choses pour l'unité et l'indépendance de la monarchie. Cependant, sous l'empire d'une situation que les complots des protestants et de la noblesse rendaient très-difficile, il avait trop oublié les besoins et les exigences de la liberté. « États particuliers, constitutions municipales, tout ce qu'avaient stipulé comme droits les pays agrégés à la Couronne, tout ce qu'avait créé la bourgeoisie dans son âge héroïque, fut refoulé par lui plus bas que jamais [2]. » Qu'arriva-t-il? La royauté se trouva isolée et presque écrasée par sa puissance; on croyait l'affranchir, et, en réalité, on l'asservit. Obligée de se montrer dans les détails les plus durs et les plus rigoureux, compromise par une multitude d'agents inférieurs, subdélégués, officiers d'élections, directeurs, receveurs et contrôleurs des vingtièmes, commissaires et collecteurs des traites, officiers des gabelles, voitures, buralistes, huissiers, piqueurs de corvées, commis aux aides, aux contrôles [3],... elle ne recueillit que les amertumes du pouvoir, sans en exercer les droits tutélaires. « Dans les généralités d'élections, un intendant paraissait bien plus un vice-roi

---

[1] *Essai sur l'histoire de la formation et des progrès du Tiers-Etat*, par Augustin Thierry. Paris, Furne, 1853 ; in-8°, page 168.

[2] *Ibid.*, page 174.

[3] *Mémoire donné au Roi par M. Necker en* 1778, in-4°, page 5.

qu'un lien entre le souverain et les sujets [1]. » Ainsi s'é-
teignirent les sentiments de patriotisme; « de là vint cette
fermentation générale, et sur la répartition des impositions, et sur les corvées, et sur l'arbitraire absolu, et sur
la difficulté d'obtenir justice [2]. » Les abus inséparables de
tout gouvernement quel qu'il soit, et que des administrations libres eussent corrigés, se fortifièrent; tandis que
les Pays d'États présentaient un aspect florissant, subve-
naient aisément aux charges communes, les Pays d'Élections déchurent et ne payèrent, plus d'une fois, l'impôt
qu'avec d'extrêmes embarras. Des agents infidèles irri-
tèrent encore le peuple par leurs malversations. Aussi,
sous le coup d'une iniquité flagrante, il n'était pas rare
de lui entendre proférer ce cri: « Ah! si le roi le savait! »

Le roi ne le savait pas et ne pouvait le savoir, parce
qu'il était trop loin et parce qu'il n'y avait plus, en dehors
des Parlements, aucun intermédiaire entre les populations
et son trône. Les États provinciaux eussent efficacement
rempli cette mission; mais, je le répète, beaucoup
avaient été détruits, soit par l'effet de la conquête [3], soit
par le mauvais vouloir des ministres [4]. Seules, certaines

[1] *Ibid.*, page 10.

[2] *Ibid.*, page 2. Necker exposait ensuite comment, au milieu de tant de
travaux d'administration, les forces physiques et morales d'un ministre des
finances ne pouvaient suffire. « Il arrive nécessairement, ajoutait-il, que c'est
du fond des bureaux que la France est gouvernée, et selon qu'ils seront plus
ou moins éclairés, plus ou moins purs, plus ou moins vigilants, tous ces embarras du ministre et les plaintes des provinces s'accroissent ou dimi-
nuent. » Pages 6 et 7.

[3] Ainsi, les États d'Alsace et de Franche-Comté.

[4] Voyez, dans le travail déjà cité de M. A. Taillandier, les noms des autres
provinces qui perdirent leurs États, telles que le Rouergue, le Quercy,
etc...

provinces avaient été assez heureuses pour conserver leurs vieilles libertés.

Parmi ces privilégiées, nous voyons figurer, au premier rang, la Provence. [1] « Ce pays, dit Portalis, est à la fois agricole et commerçant. Il offre des ports sûrs au milieu d'une mer orageuse ; mais la stérilité du territoire y est telle que, presque partout, on ne rencontrerait que des déserts, si l'industrie ne suppléait au sol qui se refuse. Dans une position semblable, il fallait établir un régime bien doux dans la mesure, l'assiette et la levée des impôts, pour ne pas décourager des hommes qui paient à la nature plus que, dans d'autres contrées, le citoyen le plus surchargé ne paie au fisc. [2] » Ce pays avait donc un intérêt spécial à ne pas accepter le joug qu'on prétendait lui imposer, et à revendiquer énergiquement dans le péril ses droits d'indépendance que consacraient des pactes solennels. On n'ignore pas dans quelles circonstances il avait été réuni à la Couronne. Par son testament du 10 décembre 1481, Charles III d'Anjou, comte du Maine, prince dont aucun Provençal ne devait jadis prononcer le nom sans attendrissement [3], avait institué pour ses héritiers Louis XI et ses successeurs, sous la condition qu'ils res-

---

[1] « La Provence géographique est bornée à l'orient par les Alpes, au midi par la Méditerranée, à l'occident par le Rhône et au nord par une ligne plus ou moins arbitraire tirée de l'ancienne cité d'Embrun à l'ancienne cité des Tricastins (Saint-Paul). » *(Résumé de l'histoire de l'État et Comté souverain de Provence*, par E. C. Rouchon, aujourd'hui conseiller à la Cour impériale d'Aix. In-18, Paris, Lecointe, 1828. *Exposition).*

[2] *De l'usage et de l'abus de l'esprit philosophique durant le XVIIIe siècle*, par Portalis. Édition de 1834, tome 2, page 321. Cet ouvrage, devenu malheureusement très-rare, et qui suffirait à immortaliser son auteur, fut composé par Portalis dans son exil en Allemagne, de 1797 à 1800.

[3] *Droit constitutif du pays de Provence*, page 22. Aix, 1788.

pecteraient nos lois, nos statuts, nos usages, notre manière de nous administrer et de vivre. Acceptées par
Palamède de Forbin au nom de Louis XI, ces clauses
furent encore ratifiées par les lettres patentes de 1482.
Néanmoins, des dangers ne tardèrent pas à surgir et à
remettre tout en question. Le petit-fils du Roi René, le
duc de Lorraine, ne cachait pas ses vues sur le Comté[1].
Il le demanda aux États-Généraux de France assemblés
à Tours, et même, il réussit à se gagner un grand nombre
de partisans. C'est alors que les États du Pays, tenus à
Aix dans le mois d'août 1486, délibérèrent : « *de se donner d'un cœur franc au roi de France, et de le supplier de
les recevoir en bons et fidèles sujets*, les laissant vivre dans
leurs statuts, coutumes, libertés et priviléges, avec assurance de n'être jamais désunis et séparés de la royale
Couronne, à laquelle ils prétendaient être inséparablement
attachés et unis, *non comme un accessoire à son principal,
mais principalement et séparément du reste du Royaume*,
et ce, en vertu et conformément à la dernière disposition de leur dernier Comte, Charles d'Anjou et du
Maine.» De ce jour, la cause du parti français fut gagnée.
Charles VIII s'empressa de répondre favorablement à
cette manifestation de la volonté nationale ; la Provence,
joyeuse de voir ses chères libertés *jurées en bonne foi et
parole de roi*[2], accueillit par des transports de reconnais-

---

[1] Ce prince soutenait que sa mère Yolande d'Anjou, fille du Roi René, devait hériter de la Provence, et non pas Charles III, qui n'était qu'un parent
collatéral.

[2] « *Promettons en bonne foi et parole de roi, et jurons de les leur
garder, observer et entretenir, ensemble ladite union et adjonction,
inséparablement, perpétuellement et à toujours.* » Lettres patentes de

sance les lettres confirmatives du 24 octobre 1486 ; elles furent désormais avec le testament de Charles III, la loi fondamentale de sa Constitution.

« S'il est vrai que la dernière volonté de l'homme est une loi suprême qu'il ne peut jamais être permis d'enfreindre, s'écriait Coriolis, quel plus ferme rempart pouvons-nous opposer à tous les assauts qu'on ne cesse de donner à notre droit constitutionnel[1] ! »

Il faut lire dans les annales de nos historiens, le récit émouvant des luttes soutenues plus tard par la Provence contre les édits, qui tendaient à lui enlever *sa liberté publique et à mettre le Pays aux fers*[2]. L'insurrection des *élus*, celle du *semestre*, apprirent à la Cour qu'elle serait impuissante à briser la résistance d'un peuple aussi fidèle à la voix du patriotisme et de l'honneur. En vain, les États avaient-ils été suspendus en 1639. L'administration ne tomba pas entre des mains étrangères ; mais elle se perpétua dans les Assemblées des communautés. Voilà par quel événement, les classes moyennes obtinrent chez nous les droits qu'elles ambitionnaient encore dans les autres parties du royaume. Excellente et pacifique révolution ! N'ayant pas son origine dans l'esprit de désordre et de bouleversement, elle ne fut signalée que par des bienfaits. Graces à elle, nous n'eûmes pas à subir les hontes du servilisme, les violences des partis anar-

---

Charles VIII, confirmatives de l'union et des priviléges du pays de Provence, du mois d'octobre 1486.

[1] *Traité sur l'administration du Comté de Provence*, par l'abbé de Coriolis. Aix, Augustin Adibert, 1786, tome 1, page 2.

[2] Voyez le *Résumé de l'histoire de l'Etat et Comté souverain de Provence*, par E. C. Rouchon, pages 444-488.

chiques, les abus de l'autorité et de la liberté, les haines
sourdes et comprimées des peuples contre le pouvoir, les
funestes doctrines des sophistes et de leurs sectaires [1].
« On sait, dit Portalis, tout ce qu'il a fallu d'énergie, de
force et de courage, pour conserver des institutions qui
ont été constamment parmi nous la base du bonheur public [2]. »

La Provence, à la fin du XVIIIe siècle, possédait donc
encore sa Constitution particulière, constitution dont elle
s'énorgueillissait à bon droit et que lui enviaient même
quelques Pays d'États moins avancés dans la liberté politique. C'est avec elle, c'est sous son égide, qu'elle devait
aborder la redoutable époque de 1789.

Lorsque cette époque se présenta, lorsqu'on commença
à en ressentir les mystérieux tressaillements, alors, oui
alors, on put s'apercevoir du danger que court l'autorité sans l'équilibre naturel des pouvoirs intermédiaires.
Alors, en effet, quel ne fut pas le soulèvement général !
Quelle effervescence ! quelle protestation contre les résultats extrêmes des idées et de la politique de Richelieu !
Partout, le souvenir des anciens États enthousiasme les
cœurs. Les franchises municipales sortent de l'oubli ;
c'est au passé qu'on demande des armes pour combattre
l'arbitraire. Longtemps le Tiers a souffert, bien qu'en
rongeant le frein, un système inflexible de gouvernement

---

[1] « Je remarquerai que, même de nos jours, plus les gouvernements ont
été libres par leur Constitution, moins les philosophes ont réussi à y former
une classe particulière et dominante. » *De l'usage et de l'abus de l'esprit
philosophique*, etc., par Portalis, tome 2, page 356.

[2] *Mémoire manuscrit de Portalis, sur le projet de rétablir les États
de Provence.*

qui l'enrichissait en même temps qu'il le pliait à son joug,
et qui se faisait pardonner, jusqu'à un certain point,
son absolutisme, par l'état d'infériorité politique auquel
il réduisait les deux premiers Ordres. Aujourd'hui, le
Tiers a grandi, il est fort, il a la conscience de sa valeur ;
à son tour, il pèse sur le pouvoir. Un semblable désir de
réformes se manifeste parmi les membres éclairés du
Clergé et de la Noblesse. Comment ne pas applaudir à
cet élan ? N'est-il pas nécessaire d'établir l'économie
dans les finances, l'ordre dans l'administration, l'égalité
dans la répartition des impôts ? Il ne s'agit pas de
bouleverser les lois fondamentales de la monarchie, il
s'agit de les dégager de leurs entraves. Il s'agit de rendre aux provinces la gestion de leurs intérêts et de donner
une vie politique aux Pays d'Élections ; il s'agit d'unir
en un faisceau les trois Ordres que l'isolement et des
méfiances mutuelles ont divisés ; il s'agit enfin d'asseoir
et de régler les mœurs représentatives, au sein d'une nation qui, tout en préférant l'égalité à la liberté, n'en
aspire pas moins à trouver la juste mesure de leur accord.

Ce mouvement ainsi compris était, certes, très-légitime;
il devait appeler à lui toutes les âmes généreuses. Préparé par plusieurs siècles de progrès matériel, d'études, de controverses, il avait à la fois sa raison d'être
dans les traditions du passé et dans les exigences de l'a-
venir. Aux yeux des intelligences réfléchies, il n'y avait
plus d'illusions possibles. Quelle que fut sa marche, les
destinées de la France, celles de notre nationalité en dé-
pendaient. Heureux, il consoliderait les institutions provençales ; malheureux, il servirait de prélude à une

anarchie qui entraînerait inévitablement leur ruine. Dans un tel état de choses, que fallait-il à la Provence? Sans doute une administration forte, sage, prudente, et qui sût, en prenant l'initiative des réformes, diriger le mouvement et lui frayer sa voie. Mais pour cela, un homme était nécessaire.

Déjà, Pascalis avait exercé les fonctions populaires de l'assessorat, dans un temps où les questions brûlantes n'étaient pas encore agitées. Nous retracerons plus tard les détails de cette administration qui fut marquée par des travaux utiles, durant les années 1773 et 1774. Grand jurisconsulte, Pascalis avait prouvé que la science politique ne lui était pas moins familière que les autres branches du droit. La fermeté de ses principes, la rectitude de son esprit, son caractère plein de véhémence et de feu, la rudesse même de ses mœurs, faisaient de lui, je l'ai dit, un de ces types de citoyens qui semblent être créés pour les situations difficiles. Aussi, lorsque Dubreuil, son ami, assesseur en 1786, fut invité, selon l'usage, à désigner l'avocat qui devrait lui succéder, il n'hésita pas dans son choix. Bouche [1] sollicitait ce poste, objet des plus honorables ambitions ; mais il n'était pas jugé à la hauteur des circonstances. La Constitution provençale réclamait un défenseur dont le devoûment serait à toute épreuve. Le

---

[1] Bouche (Charles François), né près de Riez, le 17 mars 1737, reçu avocat au Parlement de Provence, en 1767, plus tard représentant élu par le Tiers-État de la sénéchaussée d'Aix aux États-Généraux de France, mort à Paris en 1795, membre du tribunal de Cassation. Il était petit-neveu du savant historien de Provence, Honoré Bouche.

nom de Pascalis s'échappa irrésistiblement des lèvres de Dubreuil, et il fut acclamé par les vivats du peuple[1].

Dubreuil et le peuple ne présumaient pas trop du zèle et de l'énergie de Pascalis. *Noblesse oblige*, était la formule dans laquelle se résumaient les traditions d'honneur de l'aristocratie française. Une semblable devise pouvait être inscrite sur le blason plébéien des avocats provençaux élevés à la dignité d'assesseur : *Patriotisme oblige.*

Mais ici, des appréciations générales ne suffiraient plus à éclairer le sujet de nos recherches. La Constitution de Provence entre en scène dans la personne de Pascalis ; c'est donc elle qu'il importe d'abord d'examiner. Portalis n'a pas dédaigné de consacrer à cette étude un chapitre de son ouvrage sur *l'usage et l'abus de l'esprit philosophique au* XVIII° *siècle.* « Comme des faits , disait-il, valent mieux que des systèmes , et comme les systèmes sont presque toujours réfutés par les faits , on me saura peut-être quelque gré de présenter ici le tableau de l'ancienne administration de la Provence. Cette administration faisait peu de bruit , parce qu'elle était bonne. On jugera qu'elle méritait d'être mieux connue[2]. »

---

[1] Les consuls d'Aix Procureurs du Pays, nommés avec Pascalis, furent le marquis Demandolx de la Palu, Lyon de Saint-Ferréol et Gérard.

[2] *De l'usage et de l'abus de l'esprit philosophique*, etc., tome 2, page 320.

CHAPITRE II.

LA CONSTITUTION PROVENÇALE.

SOMMAIRE. Perpétuité du Droit Romain en Provence. — Franc-Alleu. — Don gratuit. — Abonnements. — Les Communautés. — Droits dont elles jouissaient. — Les Rêves. — Les Vigueries. — Les États. — Origine et composition des Assemblées des Communautés. — Les Consuls et Assesseur d'Aix, Procureurs-nés du Pays. — Les Procureurs joints du Pays pour chaque Ordre. — Le Parlement.

PLUSIEURS droits constitutifs formaient la base des libertés provençales :

1° Droit immémorial qu'avait la Provence de s'administrer et de choisir ses administrateurs ;

2° Nécessité du consentement des gens des trois États aux charges du pays ;

3° Faculté dont jouissaient les Communautés de payer l'impôt le moins onéreusement possible, en réglant elles-mêmes sa nature et sa perception.

De tous ces droits, priviléges et franchises, résultait une organisation libre et féconde, qui n'a jamais été tant appréciée que lorsque, par une faute irréparable, elle a été définitivement perdue.

Les grandes institutions ont une antique origine ; la majesté du temps est avec la sagesse des hommes, la meilleure garantie de leur durée et de leur force. C'est au berceau des peuples qu'il faut chercher le point de départ qui fixe leur destinée.

S'il est une certitude historique, c'est celle de la perpétuité qu'a eue le droit romain en Provence. « Marseille était appelée la sœur de Rome, *Soror nostra Massilia*, dit Cicéron ; Arles était regardé comme une autre Rome, *Gallula Roma Arelas*, dit Ausone. César avait choisi Fréjus pour sa place d'armes ; les sénateurs romains pouvaient venir en Provence, sans congé du sénat. Aussi, on regardait la Provence comme une partie de l'Italie, et le pays le plus favorisé de l'empire romain, suivant le témoignage de Pline, *lib. 4, cap. 4 : nulli provinciarum postferenda, breviterque Italia potiùs quam Provincia* [1]. »

L'influence de ces premières et profondes affections ne s'effaça jamais. Même sous la féodalité, alors que nulle terre n'était sans seigneur, alors que la propriété, les droits du citoyen et la liberté politique, étaient concentrés ailleurs entre les mains de quelques privilégiés, sous les comtes, vicomtes, podestats, sous les rois d'Arles, les comtes de Barcelone, et ceux des deux maisons d'Anjou, l'antique *jus romanum* subsista. Sans doute il y eut des luttes, des empiétements, des oppositions; mais ces épreuves ne furent que temporaires. La servitude *personnelle* fut repoussée au nom du droit commun. Gensolen a donc pu dire : « Ainsi, par une possession de plus de deux mille ans, c'est-à-dire aussi ancienne que les connaissances les plus étendues de l'histoire du Pays, les

---

[1] *Franc-Alleu de Provence*, par Gensolen. A Aix, Joseph David, 1732, in-4°, page 17.

habitants de la Provence n'ont cessé de jouir du *franc-alleu* [1]. »

Plus tard , quand la Provence fut mise selon le mot si vrai de ce jurisconsulte , *dans le sein paternel de nos Rois* , quand le testament de Charles III, accepté par Louis XI, ratifié par ses successeurs [2], fut devenu le pacte inviolable où le maintien de nos franchises était expressément stipulé , le même régime trouva une confirmation nouvelle qui accrut encore son immutabilité.

Unie, mais non *subalternée* à la Couronne, la Provence ne se confondit pas avec les Pays d'Élections ; elle garda sa personne séparée et distincte. Le roi de France n'avait autorité sur elle qu'en qualité de *Comte de Provence*. Les subsides n'étaient perçus que lorsqu'elle les avait consentis [3] : ils ne frappaient pas les particuliers, mais le corps entier du pays.

Des ministres exacteurs essayèrent bien de rompre cette barrière. Leurs décrets et leurs armes rencontrèrent toujours une opposition invincible dans le patriotisme provençal. J'en donnerai un seul exemple. En 1528, le roi voulut lever, de sa propre autorité, un impôt de 2 millions d'or. L'assemblée des Procureurs nés et joints décida

---

[1] *Franc-Alleu de Provence* , page 2. «On appelle *franc-alleu*, dit le même auteur , un héritage franc et libre de toute sujétion , qui ne relève d'aucun seigneur, et qui est exempt de tous droits et devoirs féodaux.» En Provence , tous les fonds étaient censés francs et allodiaux jusqu'à preuve contraire.

[2] Tous les rois de France juraient à leur avènement au trône de maintenir les libertés provençales.

[3] *Placet regi non imponere dona nec quæcumque alia onera in patriâ Provinciæ et Forcalquerii nisi convocato concilio trium statuum.* Les lettres patentes de 1486 ratifièrent ce statut, adopté dans les États de 1480.

qu'on enverrait des instructions au chevalier d'Abisse :
« — *Contiendront, les dites instructions, que ce dit Pays est*
conventionnel et non taillable, et que, par les priviléges d'ice-
lui confirmés par le dit seigneur, icelui dit seigneur, ne peult
le dit Pays charger de tels impots ; ains ou aucunes choses
son plaisir est avoir dudit Pays , il doibt le faire demander
par don gracieux aux gens des trois Estats pour ce assem-
blés [1]. »

Don gracieux ou *don gratuit*, telle était la manière usi-
tée en Provence de s'acquitter envers le souverain. Les
démêlés se terminaient le plus souvent par des concessions mutuelles, après bien des révoltes. Les États , par
l'organe de leurs députés , priaient Sa Majesté , *qu'il lui*
plût à tout le moings recevoir le dit Pays à honneste compo-
sition [2].

La source originelle des Abonnements est celle-là. Par
ce compromis, la nation provençale conservait ses droits
de levée , de répartition et de perception. « On pensait
que la forme dans laquelle les secours doivent être fournis, intéresse plus le contribuable que l'État. On laissait
à la liberté tout ce qu'on ne croyait pas nécessaire au
maintien du pouvoir. De là, sous quelque forme qu'un
impôt ou un tribut eût été présenté , les États étaient
reçus à l'abonner. L'abonnement était la conversion du
tribut en une autre prestation plus douce et plus assortie
au goût et aux intérêts du peuple [3]. »

---

[1] Assemblée des Procureurs du Pays, du 10 janvier 1528.

[2] États de 1584. Édit des Clercs des Greffes.

[3] *De l'usage et de l'abus de l'esprit philosophique*, etc., tome 2, page
323.

Pascalis disait aussi, avec raison, dans son mémoire sur la *Contribution des trois Ordres* : « Comme Pays d'États, nous jouissons de toute notre liberté.» Liberté très-précieuse, en effet, puisque les fonds étaient seuls asservis, non les personnes ; et, ils ne l'étaient qu'avec la volonté de la nation.

Dans un autre mémoire, Pascalis écrivait encore : «Les charges sont réelles , ce sont les fonds qui les doivent ; c'est à raison de l'exemption de la personne , que nous sommes appelés *Francs*. De droit commun, point d'impositions sur la personne[1]. »

On comprendra combien l'esprit public gagnait à ces institutions vraiment libérales. Nos vieilles mœurs monarchiques s'alliaient aux traditions de la démocratie romaine. Chez nous, fut résolu le difficile problème d'un accord sage et durable entre les droits du gouvernement et ceux des citoyens. Nos villes étaient de petits États nommant leurs consuls , syndics ou échevins , unis par une sorte de confédération , se choisissant des députés , et les chargeant de leurs instructions pour leurs affaires particulières et pour celles générales du pays : images fidèles des anciens municipes , avec leurs assemblées de décurions[2], leurs magistratures indépendantes exercées par des *principaux ou duumvirs*. « Nous vivons , il est dit dans un mémoire de 1784, signé par Portalis, Pazery, Pascalis et Barlet, sous des lois populaires qui concilient admirablement l'autorité et la liberté, qui entretiennent l'esprit de subordination sans détruire l'esprit d'égalité,

---

[1] *Mémoire contre la communauté de Marseille.*

[2] Est-ce que tous les glossateurs ne nous attestent pas que *concilium*

qui nous affranchissent de toute dépendance désordonnée[1]. »

Tandis que les *Communes* s'étaient organisées dans le centre de la France, au détriment de la tranquillité publique, les *Communautés* en Provence subsistèrent par leur force propre, sans être obligées de recourir à la violence. La royauté y gagna en respect, et Pascalis le constatait dans ces paroles remarquables :

« Dans une monarchie, le peuple a des droits et une véritable propriété : *le gouvernement monarchique est celui qui se concilie le mieux avec la liberté*, le même qui nous a mérité le nom de Francs[2]. »

Le Parlement tenait le même langage en 1658 : « *Le roi n'est jamais mieux obéi, que lorsqu'il l'est par un peuple libre qui use de ses droits et de sa Constitution.* »

Réclamant en 1756 nos libertés ravies, il exprimait encore l'antiquité de nos franchises :

« Chez nous, les communes ne sont point des concessions ; les élections, point des priviléges ; leur possession n'a point de commencement et ne saurait avoir de fin *sans oppression manifeste.* »

« Chaque communauté, disait-il le 17 février 1774, parmi nous, est une famille qui se gouverne elle-même, qui s'impose ses lois, qui veille à ses intérêts ; l'officier municipal en est le père... Ses fonctions ne sont point

civitatis est ordo decurionum?—*Mémoire de Pascalis pour la communauté de Manosque.* Aix, André Adibert, 1777.

[1] *Mémoire pour les maire-consuls de la ville de Grasse contre le sieur Gourdon, Procureur joint pour la noblesse.*

[2] *Mémoire sur la contribution des trois Ordres aux charges publiques et communes de la province*, page 6. Aix, Gibelin David et Éméric David, 1787.

concentrées dans le cercle étroit d'une administration particulière. Membre du corps national , il est successivement appelé aux assemblées générales.... [1]. »

Les *communautés*, voilà donc la base de notre Constitution. Le droit représentatif reposait sur le droit municipal, et celui-ci sur des traditions immémoriales. Trois corps hiérarchiques formaient notre organisation administrative.

I. *Les Conseils de communautés,* nommés ainsi que les consuls par l'universalité des habitants , sauf certaines exceptions. « *Les conseils,* dit un célèbre jurisconsulte du temps , *représentent le peuple et en ont tout le pouvoir* [2]. » Un trésorier percevait les deniers royaux , ceux du pays et ceux de la commune. Chaque municipalité administrait ses affaires, discutait et ménageait les intérêts communs, acquittait ses dettes , exigeait ses créances et déterminait la levée des impositions, *en choisissant la forme la plus commode et la moins onéreuse.* Ce droit était particulièrement cher aux Provençaux, parce qu'il leur permettait de tempérer en quelque sorte la stérilité naturelle de leur sol. Chez un peuple où l'inconstance du climat

---

[1] *Traité sur l'administration du comté de Provence ,* par Coriolis , tome 3 , page 208.

[2] *Mémoire manuscrit sur la Constitution et l'administration du pays de Provence,* par Julien. Il se trouve dans la collection déjà citée de M. de Saint-Vincens.

Julien (Jean-Joseph), né à Aix , le 10 octobre 1704 , reçu avocat au Parlement en 1725, assesseur d'Aix en 1747, professeur en droit à l'Université d'Aix, conseiller en la Cour des Comptes, mort à Aix, le 25 mars 1789. (Voyez sur ce jurisconsulte une notice de M. Ch. Giraud ; Nicot et Aubin , 1838 , in-8°, — et l'éloge de Julien, par M. A. Mottet ; Noyer, Aix, 1852, in-8°).

et l'excessive variété dans les produits des récoltes, ne
trouvent une compensation que dans l'industrie , les impôts ne pouvaient être entièrement perçus sur les immeu-
bles. « C'est la position physique du pays , dit Portalis ,
c'est la loi impérieuse de la nécessité qui a naturalisé en
Provence les impositions (sur les denrées de consommation) connues sous le nom de *Rêves* [1]. » Aussi, les rêves
étaient-ils l'impôt national , et leur origine remontait à
des temps très-reculés. L'édit de 418 , adressé par Ho-
norius au préfet des Gaules résidant à Arles , décidait ,
conformément aux anciens usages , qu'il fallait choisir les
impôts *les moins préjudiciables aux intérêts des propriétaires des fonds*. Les corps municipaux avaient donc la liberté
complète d'imposer, *sans permission du Roi* [2], toute espèce
de denrées , au choix des contribuables qui en ordon-
naient la levée. Un pareil régime n'a pas besoin d'éloge;
avantageux au gouvernement, il n'écrasait pas le peuple
et il distribuait les charges avec justice. Toute communauté payait selon la spécialité de ses ressources. Les
grandes villes, qui à défaut de territoire, s'enrichissaient
par le commerce , *en attirant de la campagne tous les hommes , toutes les richesses , tout l'argent* [3], devaient rendre
sur les consommations, le tribut qui ne pouvait être levé
sur leur sol. L'étranger non possesseur de fonds , le noble en dehors de son fief, supportaient ainsi une part du
fardeau dont était chargée l'agriculture. « Si notre ad-

---

[1] *Mémoire pour le pays de Provence contre l'ordre de Malte* , par
Portalis, avocat, page 7. Aix, Esprit David, 1784.

[2] Ce droit absolu n'existait vraiment qu'en Provence.

[3] *Mémoire de Portalis contre l'ordre de Malte*, page 45. Aix , Marseille, Toulon ne percevaient leurs impositions que sous forme de rêves.

ministration n'était pas telle que nous venons de la tracer, s'écriait Portalis , après avoir exposé l'ensemble de
ce régime , il faudrait l'établir pour le bien du service et
le bonheur commun. »

Plus d'une fois, également , Pascalis crut utile d'appuyer de l'autorité de sa parole le maintien des *rêves* ,
contre lesquels déclamaient d'imprudents novateurs.
Avec Portalis , il invoquait le motif *qu'ils étaient surtout
favorables au peuple, les consommations de luxe étant imposées préférablement aux consommations de première nécessité.*
Il remarquait que celles-ci étaient presque exemptes
d'impôt , ou que du moins les droits étaient minimes[1].

Les conseils de communautés étaient, on le voit, souverains appréciateurs du meilleur mode de contribution.
On se confiait à l'intérêt particulier, qui était le guide le
plus sûr. Il y avait trois sortes de conseils. Pascalis les
caractérisait de la manière suivante :

« Les conseils ordinaires sont pour le courant de l'administration ; les conseils généraux sont destinés aux
affaires majeures ; les conseils de tout chef de famille
sont pour les occasions où le sort de chaque citoyen est
intéressé. »

Un édit de Henri II (1547) et des arrêts du Parlement
repoussaient de ces conseils les officiers royaux. La même
prohibition avait été étendue aux officiers seigneuriaux.
Les anciens règlements des communautés furent , en
1786, résumés par Dubreuil dans un précis méthodique.
Ils constituent sous, cette nouvelle forme, un véritable co-
de municipal, qui mériterait à lui seul une étude spéciale.

[1] *Réponse de Pascalis pour la communauté de Manosque*, page 14.

On verra bientôt Dubreuil devenir avec Pascalis l'intré-
pide défenseur de notre droit national.

On comptait 680 communautés en Provence. Presque
toutes les classes pouvaient prétendre à ces magistratures locales. Racine voyageant en Languedoc, où existait
un régime municipal analogue, écrivait à un de ses amis:
« C'est une belle chose de voir le compère cardeur et le
menuisier gaillard, avec la robe rouge, comme un président, donner des arrêts et aller les premiers à l'offrande ; vous ne voyez pas cela à Paris [1].»

II. Au-dessus des conseils de communautés, étaient
ceux de *Vigueries*. Les vigueries s'élevaient au nombre de
22 [2] ; ces corps intermédiaires évitaient les frottements;
c'est en vain qu'on a voulu les copier et les reproduire sous
le nom de cantons. Les maires premiers consuls de chaque communauté formaient le conseil de viguerie, dont
les séances avaient lieu au mois de mai, sous la présidence du maire premier consul, élu par le chef-lieu. On y
entendait les plaintes des communautés, on votait les
frais d'entretien des chemins de la viguerie, et on
établissait l'assiette des impositions. Il y avait un tréso-

---

[1] Lettre à M. l'abbé Le Vasseur. Uzès, le 24 novembre 1661.

[2] Voici les noms des 22 vigueries : Aix, Tarascon, Forcalquier, Sisteron,
Grasse, Hyères, Draguignan, Toulon, Digne, Saint-Paul, Moustiers, Cas-
tellane, Apt, Saint-Maximin, Brignoles, Barjols, Annot, Colmars, Seyne,
Aups, le Val de Barrême, Lorgues.

«Outre les 22 vigueries, il y a des terres *adjacentes*. Ce sont des villes
isolées qui n'ont aucune communion ou alliance entr'elles, qui ont pourtant
le même régime et qui existent séparément avec leurs priviléges, sous le
même roi et les mêmes lois. Arles et Marseille sont les principales villes
des terres adjacentes. Leurs députés, quoique sans voix délibérative, ont
préséance même sur ceux d'Aix aux États.» (*Mémoire de Portalis*, etc.)

rier spécial à la viguerie et un receveur choisi par elle pour percevoir les fonds du Pays et ceux du Roi.

III. *Les États* couronnaient ce vaste édifice , dont ils reliaient les parties en un faisceau. Ils étaient le grand conseil municipal de la province. Par une hiérarchie incomparable, les demandes de tous arrivaient aux oreilles des administrateurs.

Pascalis , célébrant plus tard le retour des États, dira donc avec raison :

« Elles nous ont été rendues , ces assemblées nationales dont il ne nous restait que le souvenir, qui resserrent le lien social, qui rapprochent le sujet du souverain, qui facilitent l'accès du trône, *qui, par les représentations successives des communautés aux vigueries, et des vigueries aux États* , peuvent assurer le succès de la réclamation d'un simple particulier [1]. »

Les chefs de viguerie joints aux députés de quelques communautés et aux députés de vigueries, représentaient l'Ordre du Tiers aux États. C'est en 1302 seulement, que la Couronne appela les communes à se choisir des députés pour les États-Généraux du Royaume. L'entrée du Tiers-État dans les assemblées du Pays a été bien plus ancienne en Provence. En 1165 , Raymond-Bérenger provoqua la réunion des *Gens des trois États* dans la ville d'Aix. Il résulte même de l'édit de 418 , qu'on devait convoquer annuellement à Arles une assemblée générale des provinces , où entraient les administrateurs des cités comme les fonctionnaires publics.

[1] *Assemblée du Tiers-État, tenue à Lambesc, le 4 mai 1788.*

Au Clergé appartenait la prépondérance. L'Archevêque d'Aix était le président-né des États. Les prélats, un prévôt de chapitre (celui de Pignans) , les abbés et les commandeurs de Malte , seuls y assistaient. Les possédant-fiefs , gentilhommes ou simples roturiers, avaient le privilége de composer *l'Ordre de la Noblesse*[1]. Ce droit absolu leur était contesté par les Nobles qui n'avaient pas de propriétés féodales.

Les États étaient convoqués par lettres patentes du Roi. Régulièrement, ils devaient être tenus à Aix[2]. Les décisions étaient prises à la majorité des suffrages , et présentées ensuite à la sanction du souverain. On a signalé comme une cause d'impuissance, les délibérations séparées des trois Ordres aux États-Généraux de France. Ce vice n'existait pas aux États de Provence : LES TROIS ORDRES Y VOTAIENT EN COMMUN. Les États nommaient un trésorier, qui percevait toutes les sommes imposées légalement sur les communautés, et acquittait les mandats signés par les Procureurs du Pays pour le paiement des dépenses[3].

Ce vigoureux système d'association ne suffisait pas à assurer l'indépendance des communautés. « Ces corps libres... sentaient la nécessité de pourvoir à l'immutabi-

---

[1] Les possédant-fiefs se prévalaient d'un règlement de 1622.

[2] *Statut de* 1489. Cependant on les convoquait aussi ailleurs.

[3] Julien précise en peu de mots , dans son Mémoire , notre ancienne organisation financière :

« Chaque communauté , sur les mandements de ses consuls, paie par les mains de son trésorier, son contingent au receveur de la viguerie ; celui-ci, à son tour, le fait passer au trésorier général, qui, sur les mandements des Procureurs du Pays , paie les deniers royaux et autres charges de la province. »

lité de leur condition. Ils avaient demandé à se réunir, sans se confondre, sous la protection du même souverain et de l'administration générale de l'État. Ils formèrent, pour ainsi dire, une *société de sociétés*, une *espèce de république fédérative*, qui avait son régime, ses diètes, un *conseil commun*, CONCILIUM GENERALE. Telle est l'origine et le principe des Assemblées générales de nos communautés [1]. »

Les Assemblées des communautés étaient proprement celles du Tiers. Convoquées par *autorité et permission* du Roi, et par mandement des consuls d'Aix [2], elles se composaient de la manière suivante : l'Archevêque, président des États, Procureur-né du Pays, les Procureurs joints pour les trois Ordres, le premier Consul, l'Assesseur et le deuxième Consul d'Aix, Procureurs-nés du Pays, les députés de trente-six communautés. Deux commissaires y assistaient au nom du Roi ; un d'entr'eux était presque toujours l'Intendant. « Depuis la suspension des États, toute la force de l'administration, toute l'activité de la liberté nationale, fut concentrée dans ces Assemblées générales. Elles furent comme la planche de salut [3]. » On s'adressa donc exclusivement au Tiers pour le vote de l'impôt et du don gratuit. Les deux premiers Ordres ne furent représentés dans l'administration provençale que par leurs Procureurs joints.

---

[1] *Mémoire sur le projet de rétablir les anciens États*, etc., par Portalis.

[2] Des lettres patentes du 26 septembre 1365 permettaient aux consuls d'Aix d'assembler, quand ils le croiraient nécessaire, les communautés du Pays, pour traiter les affaires particulières de ces communautés.

[3] *Mémoire de Portalis déjà cité.*

Les États ou les Assemblées générales délibéraient, mais ne pouvaient régler, dans leur marche, les affaires de la province. Ce soin était confié à un corps d'administrateurs. Là, encore, les trois Ordres possédaient leur part d'influence. Les Consuls d'Aix étaient *Procureurs-nés du Pays*[1] et avaient pour chef l'Archevêque. En eux était personnifié le pouvoir exécutif. Ils veillaient aux intérêts généraux, donnaient une haute direction à l'administration intérieure, tenaient la correspondance, faisaient les tournées, passaient et signaient tous les contrats, exerçaient toutes les actions en justice, etc... L'emploi des deniers publics leur était confié; ils étaient directeurs et ordonnateurs des ponts, chemins et chaussées. Celui d'entr'eux qui supportait particulièrement le poids de l'administration était l'Assesseur. Il était, pour ainsi dire, le *Procureur général* des États, dans les séances desquels il faisait la relation des affaires du Pays. Le droit de proposer tout ce qu'il jugeait utile à la province, lui appartenait. On le choisissait parmi les anciens avocats du Parlement[2]. Le Barreau, grâces à un si remarquable privilége, était placé à la tête de la province. Ses membres

---

[1] Les consuls d'Aix n'avaient pas, avant l'édit de 1535, connu sous le nom d'*édit de la réformation,* un droit absolu à la Procuration du Pays. François Ier conféra cette place « *à ceux qui ont accoutumé être dans notre ville d'Aix.* » Expressions qui furent appliquées aux consuls d'Aix.

Voy. sur le régime municipal de la communauté d'Aix et sur le mode d'élections qui y était usité, le *Recueil de plusieurs pièces concernant les priviléges, statuts, droits, usages, etc., de la ville d'Aix et son terroir.* Aix, Joseph David et Esprit David, in-4°, 1644, pages 63-83.

Voy. aussi les *Rues d'Aix,* par M. Roux-Alphéran. Aix, Aubin, in-8°, 1846, tome 1, pages 93-105.

[2] Jadis il y avait aussi un avocat nommé *Conseil du Pays.* En 1618 on unit sa place à l'assessorat.

les plus distingués, à toutes les époques, avaient mis un
dernier sceau à leur gloire dans l'exercice de ces fonctions patriotiques. Les Gaufridi, les Mourgues, les Du
Périer, les Boniface, les De Bézieux, les De Cormis, les
Saurin, les Gensolen, les Julien, formaient, selon une expression heureuse, cette *colonne assessorale* qui était celle
même de notre droit public[1] ; illustres devanciers de
Pascalis, ils semblaient lui tracer sa marche. Cette hé-
rédité de la science et de la vertu, est digne de toute
notre admiration.

Le premier consul d'Aix était pris dans toute la province parmi les possédant-fiefs les plus qualifiés ; le second, parmi les gentilhommes d'Aix ; le troisième, dans
la bonne bourgeoisie. L'assesseur avait le second rang et
par conséquent droit de préséance sur le second consul.
On ne concevrait guère aujourd'hui des positions aussi
éminentes, sans de larges émoluments. Les anciens administrateurs du Pays plaçaient le devoir au-dessus de
l'intérêt. « Le règlement adopté par l'Assemblée tenue à
Lambesc, le 5 décembre 1779, sera à la postérité la plus
reculée, dit Coriolis, un témoignage certain du désintéressement de ceux qui en furent les moteurs[2]. » Somme

---

[1] Presque tous ces jurisconsultes étaient les auteurs des principaux ouvrages où étaient contenues les maximes de notre droit provençal.
Voy. *les statuts et coustumes du pays de Provence, commentées par
M. Jacques Mourgues, advocat en la Cour.* A Aix, Charles David, 1658.
— *Le nouveau commentaire sur les statuts de Provence*, par M. Jean-
Joseph Julien, écuyer, ancien avocat au Parlement, conseiller en la Cour
des Comptes et premier professeur royal en l'Université d'Aix. A Aix, Esprit David, 1778, in-4°.—Et les *Éléments de Jurisprudence selon les lois
romaines et celles du royaume*, par le même auteur. Aix, Antoine David,
1775, in-4°, etc....

[2] *Traité sur l'administration du comté de Provence*, tome 1, page
32

toute, et en y comprenant les frais d'assistance au compte du trésorier des États et aux Assemblées, le premier consul recevait tout au plus de six à sept mille livres ; l'assesseur de quatre à cinq mille ; les deux autres consuls avaient des honoraires encore moins considérables.

Outre les Procureurs-nés, il y avait deux Procureurs joints pour chaque Ordre, dont le ministère était temporaire et requis seulement dans certaines occasions, quand il s'agissait des intérêts de leurs corps. Des Assemblées particulières les réunissaient à divers intervalles ; on y délibérait les projets qui devaient être présentés aux États.

Ainsi se concentrait l'action administrative ; ainsi les questions étaient soumises à un examen approfondi ; ainsi la Provence avait une vie propre, une existence à elle, des administrateurs à elle ; ainsi était organisée la liberté municipale, la liberté représentative, la liberté politique.

Comme *lien des trois Ordres*, et comme corps pondérateur, le Parlement exerçait une influence politique élevée, équilibrant les droits du pouvoir avec ceux des peuples, défendant la royauté menacée et lui résistant quand elle devenait despotique, repoussant les impôts inconstitutionnels et refusant d'enregistrer les lois destructives des libertés [1].

---

[1] Louis II, comte de Provence, créa en 1415, une Cour souveraine sous le nom de Parlement. Son fils le supprima dix années après et le remplaça par le *Conseil éminent*. En 1501, Louis XII établit en Provence un Parlement à l'instar de celui de Paris. L'acte de 1535 confirma celui de 1501.

Il y avait aussi en Provence une Cour des Comptes, dont l'établissement remontait au-delà du XIVe siècle.

Voilà notre ancienne Constitution ; voilà quel était cet ensemble de droits séculaires, transmis d'âge en âge depuis la domination romaine, *véritable patrimoine des peuples, comme la Couronne est l'héritage des Rois* [1] ; voilà l'image bien incomplète du régime sous lequel nous vivions avant la révolution de 1789, régime si libéral qu'il excite encore aujourd'hui les regrets de tous les Provençaux [2] ; voilà l'objet des vives affections de Pascalis. Avec les hommes les plus éclairés de son pays et de son siècle, ce courageux patriote sentait que les deux premiers Ordres ne pouvaient s'imposer trop de sacrifices, pour maintenir un tel système d'administration.

« Tous les publicistes, disait Portalis, ont béni notre Constitution [3]. Ils l'ont proposée pour modèle. M. Necker

---

[1] *Mémoire de Portalis, sur le projet de rétablir les états,* etc.

[2] M. Charles Giraud, membre de l'Institut, ancien professeur à la faculté de Droit d'Aix., ancien ministre de l'instruction publique, s'exprime de la manière suivante dans son éloge du jurisconsulte Julien :

« *L'administration de Provence était une des plus libérales de notre ancienne France. Elle a laissé des regrets dans le cœur de tous les Provençaux. M. Necker l'avait admirée, et aucune autre Constitution provinciale n'offrait à un égal degré une telle application de liberté politique.* »

[3] Fénélon, d'abord, qui dans ses mémoires pour l'éducation politique du duc de Bourgogne, disait au sujet des États de Provence et de Languedoc : « *On n'y est pas moins soumis qu'ailleurs, on y est moins épuisé.* » Aussi, voulait-il que les autres provinces fussent dotées d'un semblable régime. — Montesquieu jugeait également, de la manière la plus élogieuse, les Pays d'États. « Dans de certaines monarchies en Europe, ont voit des provinces qui, par la nature de leur gouvernement politique, sont dans un meilleur état que les autres. On s'imagine qu'elles ne paient pas assez, parce que par un effet de la bonté de leur gouvernement, elles pourraient payer davantage, et il vient toujours dans l'esprit de leur ôter ce gouvernement même qui produit ce bien, qui se communique, qui se répand au loin, et dont il vaudrait mieux jouir. » *De l'esprit des lois,* livre XIII, chapitre XII.

dont le nom seul fait l'éloge, écrivait aux Procureurs du Pays en 1779, qu'il suivrait avec empressement toutes les occasions de rendre hommage à une administration publique aussi digne d'estime que celle des communautés de Provence. Depuis, cet homme célèbre a dit : « *que cette administration est de celles qui approchent le plus de la perfection* [1]. »

—«Pourrions-nous ne pas lui être sincèrement attachés, disait encore Coriolis, en terminant son savant ouvrage, pourrions-nous ne pas faire tous nos efforts pour la maintenir dans toute sa vigueur? Elle fait notre force, elle nous donne des ressources incroyables. Dans des temps malheureux, dans des temps de crise, que n'avons-nous pas fait pour le maintien de la chose commune ?

« O vous, mes concitoyens, vous que le choix libre du peuple appelle à l'administration soit générale, soit particulière de votre patrie, vous entre les mains de qui a été confié le dépôt sacré de notre Constitution, ne permettez jamais qu'on lui donne la moindre atteinte ; vous seriez prévaricateurs, vous violeriez votre serment ; vous trahiriez votre souverain, en le privant des ressources que ne cesse de lui offre notre administration [2]. »

Adjuration touchante, et qui empruntait un intérêt de plus aux circonstances ! Coriolis écrivait ces lignes au moment où Pascalis donnait au Pays les gages les plus éclatants de son patriotisme.

---

[1] *Mémoire déjà cité de Portalis.*

[2] *Traité sur l'administration du comté de Provence*, par l'abbé de Coriolis, in-4°, tome 3, page 562. Aix, Pierre-Joseph Calmen, 1788.

On comprendra, maintenant, la nécessité et l'opportunité de cette esquisse[1]. Il n'est pas sans intérêt de rappeler les libertés *pratiques* dont se contentaient nos pères. Combien de personnes, même chez nous, ignorent qu'autrefois, il y a soixante ans à peine, la Provence possédait une Constitution?... Il est vrai, cette Constitution n'était pas selon nos goûts modernes : elle était simple, nationale ; surtout, elle n'était pas *écrite*. Oui ; mais, elle avait duré des siècles, et elle était *gravée* dans le cœur des citoyens.

[1] Je ne parle pas des administrateurs qui représentaient le Roi, parce qu'ils étaient les mêmes que dans les autres provinces. Ainsi, il y avait un gouverneur, un lieutenant-général, un commandant, un intendant et des subdélégués. L'intendant ne participait guère à l'administration ; il n'intervenait que pour ce qui concernait la capitation et les vingtièmes, avec les Procureurs du Pays. Sa juridiction s'étendait surtout aux terres adjacentes.

CHAPITRE III.

PROJETS ET ESSAIS DE RÉFORME.

SOMMAIRE. — Assemblées provinciales. — Mémoire de Pascalis sur la contribution des trois Ordres. — Position respective de la Noblesse et du Tiers.

Dans un siècle tel que le dix-huitième, et à la veille d'une révolution qui allait bouleverser les assises de l'ordre social, ce n'est pas seulement par le récit des faits, mais par le mouvement général des idées, qu'il faut apprécier les hommes. On connaît les franchises dont jouissait la Provence; il reste à voir si ces franchises pouvaient subsister et comment elles le pouvaient. On jugera, j'aime à le croire, que si les bons citoyens, dans chacun des trois Ordres, eussent senti comme Pascalis les devoirs et les règles de la liberté, il n'eût pas été nécessaire que la révolution *détruisît brusquement toutes les institutions qui modéraient l'autorité en tempérant l'obéissance* [1]. Exami-

---

[1] *De l'usage et de l'abus de l'esprit philosophique*, par Portalis, tome 2, page 403. Portalis disait encore : « C'est une bien grande imprudence que de vouloir trop simplifier les ressorts de la société, et de couper tous les fils qui, par leur nombre et leur réunion, lient les mœurs aux lois et les lois aux mœurs. »(Même page).

nons sous quels auspices Pascalis entrait dans les affaires
et par quels actes il signala d'abord son assessorat.

Assemblées provinciales.—Un exemple solennel venait
d'être donné. On avait vu la resplendissante et presque
surhumaine image de la monarchie de Louis XIV, s'éteindre, s'avilir dans la personne de Louis XV, malgré les
apparences d'une prospérité trompeuse. Il est donc
certain, si fort que semble être un gouvernement, il ne
saurait se maintenir sans des institutions réelles et permanentes. Le génie soutient un moment toutes choses; mais
ce moment n'est pas éternel. Tôt ou tard, on aperçoit le
besoin des principes, pour suppléer à l'inévitable faiblesse des hommes. Or, dans un pays aussi vaste que la
France, avec des peuples d'origine et de mœurs diverses,
n'était-il pas imprudent de briser les traditions, les coutumes, d'enlever aux provinces le droit de sauvegarder
et de gérer leurs intérêts, de faire reposer sur une
seule tête le fardeau d'une immense administration?

Les avertissements n'avaient pas manqué. On se
souvient avec tristesse des moyens de réforme en vain
proposés par l'immortel Fénélon. « Heureux, écrivait-il
un jour à M. de Beauvilliers, heureux ceux qui, comme
saint Louis, n'ont jamais fait usage de leur autorité pour
flatter leur amour-propre, qui l'ont regardée comme un
dépôt qui leur est confié pour le seul bien des peuples!
*Il est temps de se faire aimer, craindre et estimer... Il faut
vouloir être le père et non le maître. Il ne faut pas que tous
soient à un seul, mais un seul doit être à tous pour leur bonheur.*» C'étaient bien là les conseils de la sagesse: ils furent

étouffés par les illusions de la gloire. On était si loin de
soupçonner que tant de grandeur et de magnificence fut
destiné à une fin prochaine [1]! Depuis Richelieu, les libertés des Pays d'États n'avaient plus été, au jugement
des ministres, que des armes inquiétantes, laissées entre
les mains des peuples. Ils voulurent les leur arracher,
croyant accroître de la sorte la puissance de la monarchie.
Politique funeste ! elle rompit tout équilibre : on avait
redouté la résistance légale , on eut les abus de l'arbitraire; et avec l'arbitraire, se développa l'esprit de révolte
mille fois plus dangereux.

Cependant, Pascalis, dès l'année 1773, avait dû venger
les droits du Pays. Il existait, à Valence, une commission
extraordinaire, établie pour juger des faits de contre-
bande ; elle prétendait , au mépris de nos lois constitu-
tives, étendre sa juridiction jusqu'en Provence. Pascalis,
en sa qualité d'assesseur, rédigea un mémoire énergique
pour dénoncer la commission au gouvernement.

« Deux points sont invariablement certains , y disait-
il ; le premier, que nous formons , quoique dans l'État ,
un État séparé , qui doit se régir par les lois qui lui sont
propres ; et le second, qu'en passant sous la domination
des Rois de France, nous n'y avons passé que parce qu'ils
sont Comtes de Provence..... D'après ces notions , nous
n'aurions pas besoin de titres , pour empêcher que les
sujets du comté de Provence fussent divertis des juridic-

---

[1] On ne saurait se dissimuler les conséquences désastreuses qu'eut pour
la France la mort du duc de Bourgogne , arrivée le 18 février 1712. Si ce
prince eût vécu, la France aurait échappé aux ignominies de la Régence et du
règne de Louis XV. Des institutions municipales eussent été établies conformément aux idées de Fénélon, et la révolution eut été conjurée.

tions locales et transférés à une juridiction étrangère. Il nous suffirait du droit commun [1]... »

« Qui pourra voir, sans étonnement et sans frayeur, jusqu'à quel point on a porté l'abus du crédit et de la surprise? On ne se contente pas de vouloir substituer une commission gagée à l'autorité légitime, *de faire plier toutes nos lois, tous nos priviléges,* à un intérêt pécuniaire; mais, par le plus étrange de tous les événements, nous voyons encore tout sacrifier à ce même intérêt jusqu'au droit le plus sacré : les arrêts de la Cour des Aides, soumis à la révision de la commission de Valence, et les sujets du Roi qui ont déjà subi les transes d'un premier jugement, exposés au caprice d'un second, disons mieux, au coup de pistolet d'une commission, puisqu'il est convenu que tout ce qui en émane n'ayant ni le caractère ni ni l'autorité des jugements, ne peut en produire les effets [2]. »

C'est avec cette fierté de parole, que Pascalis avait, en 1773, rappelé au gouvernement nos droits et ses devoirs. Le Parlement, à cette époque, était exilé, et la Cour des Comptes, investie de sa juridiction par le ministre Maupéou, n'offrait plus les mêmes garanties d'indépendance à la nation provençale. Telles étaient les douloureuses émotions de Pascalis, qu'il n'avait pu s'empêcher d'écrire au début de son mémoire : « *La sensibilité des peuples, que la calamité publique a pour ainsi dire émoussée,* reprend toute son activité au seul nom de la commission de Valence. »

---

[1] *Mémoire servant à justifier que la commission de Valence n'a aucune sorte d'empire dans le district de Provence,* page 14. Aix, Esprit David, 1773.

[2] *Ibid.,* page 24

Mais le jour n'était pas éloigné où d'autres sentiments rempliraient toutes les âmes. Dans Louis XVI, le Pays salua son libérateur. L'avènement du nouveau Roi *sembla rendre désormais tous les genres de biens possibles* [1]. La Provence y applaudit comme au signal de sa délivrance, et les vivats enthousiastes du peuple accueillirent Pascalis, quand il le proclama, selon les antiques coutumes, en parcourant les rues de notre capitale [2]. Le Parlement, rétabli vers la fin de 1774, acheva de développer l'élan général.

Un enthousiasme non moins vif éclata, trois années après, au passage de Monsieur [3]. Le peuple provençal prouva hautement, dans cette circonstance, son inébranlable fidélité à la famille royale. Les idées nationales du nouveau gouvernement étaient connues. Bientôt Louis XVI allait abolir la corvée, détruire la torture, effacer en Franche-Comté les derniers vestiges de la servitude réelle. Mirabeau père, Turgot, Necker, proposaient des plans plus importants de réforme. Le premier de ces publicistes formulait dans la maxime suivante, les principes féconds qui consacreraient l'alliance de l'autorité

---

[1] *De l'usage et de l'abus de l'esprit philosophique*, etc..., par Portalis, tome 2, page 224.

[2] Louis XV était mort le 10 mai 1774. L'avènement de Louis XVI fut proclamé à Aix, le 18 mai. Une contestation s'engagea dans cette circonstance entre Pascalis et l'avocat-général d'Autheman, qui représentait le Roi dans le conseil des chefs de famille, tenu le 19 mai. L'avocat-général prétendait requérir le serment de fidélité. Pascalis répondit que ce droit ne pouvait être enlevé aux consuls : il protesta plusieurs fois dans ce sens, ajoutant qu'il n'obéissait à l'ordonnance que contraint et forcé.

[3] Monsieur, comte de Provence, arriva à Aix, le 30 juin 1777 ; il y revint encore le 10 juillet. La réception chaleureuse que lui fit le peuple, le toucha vivement.

et de la liberté : « *Au prince, le gouvernement; à l'ordre mu-*
nicipal, l'administration du Pays. » De l'aveu de Louis XVI,
les administrations des Pays d'États , à quelques exceptions près, étaient ce qu'il y avait de mieux dans son
royaume [1]. Des Assemblées provinciales furent créées par
lui dans le Berry et la Haute-Guienne(1778). «Nous voyons
par les procès-verbaux de ces Assemblées, que quand
les contributions forcées, pour les ouvrages publics,
ne suffisaient pas , on obtenait des contributions volontaires ; tant il est vrai que , *plus on unit les hommes aux*
besoins de l'État , plus on les dispose à concourir, par leurs
travaux et leurs sacrifices , au bien de la patrie. On les
condamne à être mauvais citoyens et à ne voir que leur
intérêt privé , quand on les laisse sans rapports avec la
chose publique [2]. »

D'autres essais de la même nature furent suivis d'un
égal succès dans le cours des années suivantes. En 1779
on établit une Assemblée provinciale pour la généralité
de Montauban , et en 1780 pour celle de Moulins [3]. Sans
d'aveugles résistances émanées de quelques Parlements,
ces institutions , à la fois conservatrices et populaires ,
eussent progressivement affranchi les provinces , facilité
l'égale répartition des impôts , soulagé les gouvernants
et les gouvernés , renouvelé l'agriculture , alimenté le
patriotisme , et réglé l'activité des intelligences. La tyrannie subalterne qu'exerçaient dans les Pays d'Élections

---

[1] *Louis XVI peint par lui-même,* page 361.

[2] *De l'usage et de l'abus de l'esprit philosophique ,* etc., par Portalis ,
tome 2 , page 225-226.

[3] Voyez le *Compte-rendu au Roi ,* par M. Necker , au mois de janvier
1781, pages 79 et 80, in-4°

les intendants et leurs subdélégués, eût reçu une répression prompte et efficace ; l'amour du bien public eût associé les intérêts que l'isolement avait jusqu'alors divisés. Enfin, Paris n'eut plus absorbé, pour la ruiner et la corrompre, l'aristocratie des grands propriétaires. La Noblesse rendue aux provinces, se fût façonnée aux affaires [1]. Elle n'eut plus rivalisé avec le Tiers que sur le terrain du patriotisme.

«Ce tableau n'aurait-il paru devant nos yeux que comme un songe?— disait à ce sujet une écrivain de l'époque.— Est·ce un roman que le plan qui se développe? Faut-il renoncer à le voir achever de se réaliser?» Non, non, ajoutait-il. «Ah! sachons mieux juger d'un plan trop profond pour être saisi en un instant. C'est en le méditant dans le calme des passions et le silence des préjugés qu'on finit par y trouver un des plus beaux systèmes de gouvernement qui ait jamais paru. Tout y marche par des principes fixes, nationaux et populaires ; tout y res-

---

[1] On lisait dans une brochure publiée en mai 1788 et ayant pour titre : *Fragment d'une correspondance de M. de Mirabeau.*

«Richelieu commença par accoutumer au joug, en les attirant à la Cour, des vassaux indomptables ; il les avilit ensuite par le métier abject de courtisan. Ils consumèrent leur patrimoine en objets de luxe, ils ne reçurent que quelques pensions, ils oublièrent les provinces...

.«Il fallait affaiblir la Noblesse et on l'a détruite ; ses dépenses à Paris et à la Cour sont annuellement augmentées dans une proportion semblable à celle dans laquelle les fermes négligées et livrées à des régisseurs ont décru. Aujourd'hui, ces nobles ruinés environnent le trône.»

Où est le remède? se demande l'auteur. Il répond : « *Rendre à la population des provinces la plus grande partie de la noblesse que l'amour du luxe et la cupidité retiennent à Paris.* Les assemblées provinciales, ménageant à la noblesse les moyens de s'occuper et d'acquérir de la considération, le courtisan redeviendra citoyen et perdra bientôt sa bassesse et ses autres vices. »

pire l'ordre et la plus tendre bienveillance du souverain pour les peuples [1]. »

« Dans ce moment, écrivait Portalis, en juillet 1787, on vient de publier la loi si longtemps désirée qui ordonne qu'on établira des Assemblées provinciales dans toutes les généralités du Royaume. Un monarque adoré de ses sujets et digne des respects de l'univers a jugé, dans les conseils de sa haute sagesse, qu'on ne saurait trop multiplier les liens qui attachent les citoyens à la patrie et les uns aux autres [2]. »

Ce n'est pas le lieu d'étudier comment furent appliqués ces projets de réforme. Cinquante années plus tôt, ils n'eussent pas rencontré tous les obstacles que l'échauffement des esprits suscita contr'eux, et ils eussent amené par des degrés insensibles la restauration de la monarchie. Le fragment du mémoire de Portalis que je viens de citer, indique suffisamment avec quelle faveur on les apprécia en Provence. Les administrations nouvelles étaient, malgré de profondes différences, formées à l'image de notre administration. Or, n'était-ce pas là le

---

[1] *Dialogue sur l'établissement et la formation des Assemblées provinciales dans la généralité de Grenoble,* 1787, pages 148 et 149.

[2] L'édit du Roi, portant création des Assemblées provinciales, est à la date du mois de juin 1787. Par cet édit, il était arrêté : qu'il serait incessamment établi dans toutes les provinces où il n'y avait point d'*États provinciaux,* des Assemblées provinciales, et suivant que les circonstances locales l'exigeraient, des Assemblées particulières de districts et de communautés. Ces Assemblées provinciales devaient être chargées de la répartition et de l'assiette de toutes les impositions foncières et personnelles. Les voies du Tiers devaient y être égales à celles des deux autres Ordres réunis. On reconnaissait aux Assemblées provinciales le droit *de faire au Roi toutes représentations* et de lui adresser tous les projets qu'elles jugeraient utiles pour le bien des peuples.

meilleur éloge de l'excellence de notre régime...? Pascalis ne pouvait demeurer étranger à des sentiments qui
répondaient si bien à ses croyances. Dans presque tous
ses écrits, on rencontre l'expression des sympathies
qu'un pareil mouvement lui inspirait. Souvent, il constata, non sans orgueil, que notre droit particulier ou
provençal aurait l'éternel honneur *d'avoir servi de base*
aux principes fondamentaux des institutions patriotiques
établies par Louis XVI[1].

Son assessorat s'ouvrit dans ces conjonctures. Jamais la
situation n'avait été plus décisive, plus critique ; jamais
il n'avait fallu une réunion plus rare de qualités pour diriger les affaires du Pays. Il était peu probable que le
gouvernement tentât d'arrêter un élan dont il avait été
le premier moteur. La formation des Assemblées provinciales avait réveillé tous les souvenirs, et les souvenirs se
portaient vers les anciens États que la Provence avait
perdus depuis 1639. On n'ignorait pas l'intérêt que prenaient le Clergé et la Noblesse à leur restauration. On se
rappelait les nombreuses, mais toujours stériles démarches que ces deux Ordres avaient faites en 1638, 1660,
1690, 1716, etc. Le Parlement avait lui-même échoué
dans ses remontrances en 1646, 1680, 1736, 1760,

---

[1] *Mémoire sur les contributions des trois Ordres, aux charges publiques et communes de la province*, par Pascalis assesseur. A Aix, Gibelin
David et Éméric David, 1787, in-4°, page 7.
« Pourquoi, écrivait aussi Coriolis, m'étais-je dit à moi-même, dans un
temps où les administrations provinciales paraissaient avoir pris faveur,
pourquoi n'aspirerions-nous pas à la gloire de *servir de modèles* à nos
voisins ? Pourquoi ne chercherions-nous pas à leur tracer les principes d'une
administration pure, simple, et équitable ? » *Traité sur l'administration,*
etc., tome 3, page 561.

1762, 1769, 1782. Or, il n'était pas à supposer que tant de demandes ne trouvassent enfin une solution heureuse. Déjà le bruit s'était répandu que les États seraient convoqués au mois de décembre. Tout eut été pour le mieux, et nul certainement ne s'en fut alarmé. Mais des obstacles se présentaient, ils étaient graves, ils pouvaient entraver et même rendre périlleux un essai de réforme. Pascalis pensa que son devoir lui commandait de les signaler.

MÉMOIRE DE PASCALIS SUR LA CONTRIBUTION DES TROIS ORDRES. — On a plus d'une fois répété que les crises sociales tiraient nécessairement leur origine d'une mauvaise économie financière ; en cela, la conscience publique ne s'est pas trompée. Tant que les désordres se maintiennent dans la région des principes, ils sont latents, ils préoccupent peu la foule ; en attendant, l'anarchie progresse, les impôts s'accroissent proportionnellement avec les vices ; alors les yeux se dessillent, et les mécontentements se produisent au grand jour.

Le Tiers, à cette époque, supportait presque tout le poids des contributions. La Noblesse était bien soumise à la *capitation*[1] et aux *vingtièmes* ; elle payait aussi les droits indirects ; mais, elle se refusait à accepter *la taille*[2]

---

[1] *La capitation* était un impôt qui frappait, le mot le dit, sur les personnes. Il avait été abonné en Provence. Il en fut de même pour *les vingtièmes*, que Louis XIV établit en 1710, afin de payer les frais de la guerre qu'il soutenait contre toute l'Europe.

[2] *La taille* était en Provence une cotisation établie sur les biens fonds de chaque particulier pour le paiement des deniers royaux, de ceux du Pays, et des charges communales. Elle était *réelle* et la levée en était faite au nom du Pays. (Voir à ce sujet un mémoire de Portalis *sur le rachat des biens roturiers, aliénés par les communautés en département de leurs dettes, avec franchise de taille.* A Aix, Esprit David, 1780, in-4°. —Portalis y combattait déjà les priviléges pécuniaires de la Noblesse.)

sur les biens féodaux. Quant au clergé, il était exempt
de toutes charges obligatoires, et s'il fournissait aux besoins de l'État, c'était à titre de *don gratuit* et en corps
avec le clergé français[1].

Il est permis de dire, à un point de vue général, que
ces priviléges avaient eu leur raison d'être et que nul
jadis n'eût pu en être blessé. Les nobles et les ecclésiastiques payaient mieux qu'en argent, ils payaient en personne. Le service militaire était un impôt dont on réglait
la quotité selon les revenus du fief. Chaque seigneur
était forcé de suivre le Roi à l'armée avec ses vassaux, et
de subvenir aux frais souvent énormes de la guerre.
Dans un pareil ordre de choses, les exemptions pécuniaires n'offraient, certes, rien d'injuste.

Les milices ayant été rendues permanentes, de semblables convocations devinrent naturellement très-rares.
Elles finirent par disparaître des mœurs. Sous Louis XIII
et Louis XIV les possédant-fiefs n'avaient été appelés
que deux fois, et ils n'avaient causé que de l'embarras[2].
Depuis lors, on avait renoncé à exiger d'eux un service
qu'ils n'étaient plus aptes à remplir. Dès ce moment,
leurs priviléges pécuniaires avaient donc manqué de ba-

---

[1] On ne doit pas méconnaître cependant la libéralité avec laquelle le
Clergé français contribuait *volontairement* aux charges publiques. Ainsi,
de 1780 à 1788, il fit verser au trésor public, soixante-quatre millions, pour
cinq années seulement. Assujetti à l'impôt, il eut payé beaucoup moins.
(Introduction au Moniteur, pages 62 et 139).

[2] Depuis 1636, trois ans avant la suspension des États, le Clergé avait
été dispensé du ban. On appelait ainsi la convocation que le Roi faisait de ses
vassaux *directs* pour le service du fief militaire. Depuis 1674, les possédant-fiefs n'y furent plus soumis ; le dernier mandement de 1689 fut sans
suite.

ses légitimes, mais les possédant-fiefs ne consentirent pas à reconnaître cette conséquence : ils persistèrent à se prévaloir de leurs anciens droits.

Et cependant, ils manifestaient le désir de reprendre leur influence dans l'administration ; ils ne craignaient pas de solliciter le retour des États de Provence, où leurs exemptions aux charges communes n'avaient même jamais été regardées comme fondées ; ils feignaient d'oublier qu'un des motifs de la suspension des États en 1639, avait été leur propre refus de participer aux charges. Après un siècle et demi de développement et de pro_grès matériel, le Tiers se résignerait-il sans peine à voir le Clergé et la Noblesse voter un impôt qu'ils ne payaient pas ? *La communion d'administration n'exigeait-elle pas la communion des contributions ?*

Pascalis se posa cette difficulté, dont il ne se dissimulait pas l'importance extrême. En qualité d'assesseur, il représentait bien les trois Ordres ; mais l'absence d'un syndic des communautés, le rendait plus particulièrement défenseur des intérêts du Tiers [1].

Le 2 juillet, une conférence [2] se tint chez le premier président du Parlement, M. de La Tour [3]. Il s'agissait de

---

[1] Ce syndic avait été supprimé en 1702 ; il intervenait dans les affaires des communautés contre les nobles et les seigneurs. Le rétablissement de ce syndic était vivement sollicité par le Tiers.

[2] Cette assemblée se composait de presque tous les présidents du Parlement, d'un président à la Cour des Comptes, des syndics de la Noblesse, des Procureurs du Pays et des six derniers assesseurs.

[3] *Galois de La Tour (Charles-Jean-Baptiste des)*, né à Paris, le 11 mars 1715, avait été nommé intendant de Provence en 1744; il avait succédé à son père dans la charge de premier président au Parlement de Provence, le 14 mai 1748. Il est mort à Paris, le 24 janvier 1802.

fixer d'un commun accord la nouvelle formation des
États, et de s'entendre sur la question des contributions.
Cette conférence n'eut aucun résultat. Il en fut différemment le 10 août, dans l'assemblée des Procureurs nés et
joints. Pascalis raconta les négociations qu'il avait suivies
avec le gouvernement et les deux premiers Ordres. Il
avait même rédigé un projet d'articles où il exposait les
meilleurs moyens de réforme ; mais il n'avait pu ménager un rapprochement.

« Il est d'autant plus essentiel, ajouta-t-il, de se fixer
sur les principes, *que c'est le seul moyen de ne point altérer*
l'allégresse publique, lors du rétablissement des États, et de
ne pas voir les trois Ordres réunis, divisés à l'instant par
l'intérêt personnel. Une fois fixés sur les principes généraux de contribution, les États ne pourront être que
tranquilles, et ils n'auront à s'occuper que du bien général [1]. »

Portalis pensait aussi comme Pascalis quand il écrivait
vers le même temps :

« La discussion de ces objets doit précéder la convocation de nos États, *si l'on ne veut que la réunion apparente*
des trois Ordres ne devienne l'époque d'une division réelle
et interminable [2]. »

Lorsqu'on fait attention à l'époque où ces deux hommes traçaient ainsi la seule politique sage qui eût été capable de prévenir la catastrophe révolutionnaire, il est
difficile de ne pas éprouver un sentiment d'admiration.

---

[1] *Procès-verbal de l'assemblée des Procureurs nés et joints du Pays*
de Provence, convoquée à Aix, au 10 août 1787, page 33.

[2] *Mémoire manuscrit de Portalis*, etc...

Pascalis , avec sa haute raison , comprenait les dangers des assemblées délibérantes qui ne sont guidées par aucun principe : «Ces sortes d'assemblées, avait-il dit, dans un de ses mémoires, ne sont pas assez tranquilles pour que les objets y soient discutés avec réflexion et déterminés avec maturité [1].»

Les administrateurs du Pays furent de l'avis de Pascalis. Il fut décidé qu'on adhérerait aux instances du Clergé et de la Noblesse ; *mais que pour la tranquillité des États*, sa Majesté serait suppliée de les convoquer seulement d'après les motifs énoncés dans les lettres patentes de 1639, *afin que les trois Ordres, concourant à l'administration, concourussent aux charges ;* que les Procureurs du Pays seraient autorisés à suivre, le cas échéant, les derniers errements relatifs à la formation des États, soit par conférences , soit par mémoires.

C'était le moment favorable pour agir sur l'opinion. Il fallait frapper un grand coup ; il fallait mettre à profit les circonstances, et ramener les deux premiers Ordres à une plus saine entente de leurs prérogatives. Pascalis écrivit alors son fameux mémoire SUR LA CONTRIBUTION DES TROIS ORDRES AUX CHARGES PUBLIQUES ET COMMUNES DE LA PROVINCE.

Il prit pour devise ces deux paroles de Cassiodore et de Pline : — *Si fessis minimè relevetur onus , necessitate cernitur jacere prostratus. — Quietis publicæ interest ut onera publica æqualiter ferantur.*

Oui, il était urgent de soulager le Tiers; oui, il impor-

---

[1] *Mémoire de Pascalis pour la communauté de Manosque ,* 1777, page 31.

tait, pour la paix publique, de mieux distribuer les charges ; «et sinon, s'écrie Pascalis, quel est l'État qui, avec un pareil régime, pourrait se promettre de perpétuer son lustre ou même de maintenir son existence ? L'injustice produit le découragement; le découragement, l'inertie; et l'inertie, tous les vices sociaux. La classe la plus pauvre, mais la plus nombreuse et la plus forte, réclamera, subira le joug, mais réclamera toujours ; *et lassée enfin d'une injustice systématique, n'est-il pas à craindre qu'elle ne porte le désordre dans toutes les parties de l'État? Il n'y a que le règne de la justice qui soit éternel*[1]. »

Vérités saisissantes ! la révolution est annoncée dans ces quelques lignes.

« *Unissez* , poursuit-il , *unissez les hommes aux besoins de l'État ; communiquez-leur cet esprit de famille qui dispose aux grands sacrifices et vous renouerez le lien social*[2]. »

Et voilà pourquoi Pascalis, Portalis et tous nos grands citoyens provençaux se montraient si fermement attachés à la Constitution. En intéressant chaque particulier à l'administration, celle-ci assurait l'ordre et soutenait la société.

« Mais, dit-il encore, établir le fardeau d'une manière inégale , c'est déranger l'équilibre des forces. La juste répartition de l'impôt fut toujours dans l'esprit de la loi. C'est l'inégale distribution qui oblige souvent de recourir à de nouvelles inventions fiscales. — Moins le riche

[1] *Mémoire sur la contribution des trois Ordres aux charges publiques et communes de la Province,* page 52.

[2] *Ibid.*

paiera et moins le pauvre se livrera à l'agriculture.....
Protégez-la, et la nature multipliera ses bienfaits. Vous
aurez plus de bras, vous aurez plus de denrées, plus de
soldats, plus de matelots, plus de matières d'échange,
un commerce plus étendu [1]. »

Pascalis oppose à ses adversaires les intentions évi-
dentes du gouvernement :

« Les administrations provinciales, *ce seul moyen de
ranimer le patriotisme et de vivifier l'agriculture*, n'ont été
établies que pour ramener toutes les classes de citoyens
à une égale contribution...» Mais, il prévoit un argument : on pourra se prévaloir de ce qui se passe dans les
Pays d'Élections; on lui dira: — « Si la Noblesse française
a des prérogatives, la Noblesse provençale ne doit-elle
pas de même en avoir ? »

— « Que nous importent les lois des autres Pays, ré-
pond-il, à nous qui n'avons été réunis à la Couronne qu'à
la charge d'être maintenus dans nos droits et dans nos
priviléges? Notre Constitution n'a pas cédé à la Constitution française ; et si c'est la Constitution française qui
s'éloigna de ces principes de justice et d'égalité auxquels
on revient enfin par l'établissement des Assemblées provinciales, il serait absurde d'abdiquer notre Constitution,
*sur le modèle de laquelle les Assemblées provinciales sont cal-
quées*, pour nous ramener à une autre moins parfaite.

« Il est bien plus raisonnable de dire que les administrations provinciales, n'ayant été établies que pour pro-
curer une meilleure administration dans les provinces où
il n'y a point de convocations d'États, et ayant été for-

[1] *Ibid.*, page 53.

mées à l'imitation des États, les États ne peuvent répartir les charges sur une seule classe, quand les Assemblées provinciales n'ont été établies que pour les répartir sur toutes.[1] »

Pascalis termine par une déclaration de principes sur la Noblesse : il n'aurait garde d'en vouloir la suppression; s'il propose des réformes, c'est, au contraire, parce qu'il en désire le maintien[2]. Il sait que l'égalité absolue a , pour alliée inséparable, le despotisme ; que si , dans une armée , tous prétendent être au premier rang , tous seront dispersés bientôt au moindre choc.

« Nous savons , dit-il , qu'il faut respecter les distinctions d'Ordres et d'États, les anciennes formes et les anciens priviléges, et nous n'aspirons pas à les abolir. »

« L'égalité des contributions, observe-t-il en finissant, tarit la source des contestations qui, depuis quatre siècles, fatiguent les différents Ordres. *Elle cimente la paix et*

---

[1] *Ibid.*, page 40.

[2] Pascalis partageait sur ce point les sentiments de tous les grands publicistes, qui étaient ceux même des défenseurs les plus distingués du Tiers. Mounier, dont les idées ne peuvent être suspectes, écrivait en 1790, dans ses *Réflexions politiques sur les circonstances*, page 28 et 29 : « La confusion des États dans une monarchie, jette *nécessairement* dans l'anarchie ou le despotisme. Là où les rangs ont toujours été marqués , on ne peut les confondre sans un grand désordre..... *Si on efface la distinction que procure la Noblesse, c'est sur-le-champ la donner à la richesse ; les écus remplaceront les titres ; toutes les places du royaume se trouveront remplies par les enfants des usuriers et des agioteurs ; il n'y aura plus de gens d'importance que les* MIDAS. *Malheureusement , l'argent n'a eu déjà en France que trop d'influence ; si on y joint la considération , tout sera perdu, parce que ceux qui en seront alors investis, auront encore dans leurs mains les moyens de corruption. C'est ce qu'on voit dans les États républicains , où la fortune élève , en dépit des lois, une classe privilégiée.* »

l'union de la famille ; tous les Ordres réunis pour l'admi-
nistration comme pour les charges, s'acquittant de leur dette
vis-à-vis de l'État par une contribution proportionnée aux
facultés d'un chacun, n'auront à s'occuper que du bien géné-
ral de la province et de la plus grande gloire du prince. »

Il était impossible de réunir plus de sagesse à plus de
fermeté : outre des motifs aussi plausibles de justice,
Pascalis en invoquait d'autres, puisés dans notre
ancien droit public. Cette partie de son mémoire dut
alors produire une impression toute particulière. Les
possédant-fiefs ne cessaient d'alléguer que leur cause
était celle de la Constitution, et que supprimer leurs
priviléges pécuniaires, c'était porter atteinte aux maximes reconnues en Provence. Pascalis examina les diverses époques de l'histoire nationale ; et il prouva par
les procès-verbaux des États et par des titres certains :
« 1° que le Clergé et la Noblesse avaient contribué, jusqu'en 1406, par le service personnel et pécuniaire ; 2°
qu'à cette date, la Noblesse seule fut dispensée du service
pécuniaire ; 3° qu'en 1448, le souverain témoigna lui-
même combien peu il était édifié de sa résistance à contribuer aux charges communes ; 4° enfin, que, depuis
lors, toutes les fois que l'on avait poursuivi contre elle
sa contribution à toute autre charge que celle du service
militaire, ou elle avait offert d'y contribuer, ou elle y
avait été condamnée. »

La question, ainsi soumise au tribunal de l'opinion publique, l'émut profondément. Pascalis avait révélé la
cause du mal ; il ne s'était pas dissimulé que beaucoup
feraient injure à ses intentions, et qu'il aurait à subir de

violentes attaques. Son amour éclairé du Pays avait seul
pu le décider à remplir un si douloureux devoir. Dans
notre époque de désenchantements, écrivains et public
ont avili la presse, au point que les meilleurs écrits
demeurent inaperçus. Vers la fin du XVIIIe siècle, les
âmes étaient encore trop tourmentées par le doute,
pour qu'il n'y eut pas une soif fiévreuse de discussion. Un mémoire tel que celui de Pascalis passionna
la Provence à l'instar d'un grand événement. Presque
toutes les communautés se hâtèrent d'en adopter les
principes. Ajoutons que les projets bursaux, présentés
à l'Assemblée des Notables par M. de Calonne, et
dont l'archevêque de Toulouse venait de démontrer la
nécessité, accrurent aussi l'effet moral du mémoire.
M. de Brienne déclarait : « que la seule manière de rendre l'imposition moins à charge et de la répartir avec la
plus grande égalité, était qu'elle fût supportée par tous
les propriétaires sans exemption [1]. »

La Noblesse, en Provence, de même qu'ailleurs, ne
comprit pas ses véritables intérêts. On ne lui demandait
pas, en 1787 et 1788, l'abandon de ses fiefs ; les écrivains les plus ardents du Tiers ne lui disputaient pas

---

[1] L'Assemblée des Notables s'était ouverte, le 22 février 1787, à Versailles. Calonne y proposa, pour remédier au désordre des finances, la
création des Assemblées provinciales, l'impôt territorial sur *tous* les fonds,
etc. Disgracié, ce ministre fut remplacé par le cardinal Lomenie de Brienne,
qui fut obligé de recourir aux mêmes moyens.

M. de La Tour, premier président du Parlement de Provence, et M. de
Castillon, procureur général, furent membres de cette Assemblée. Le dernier revint à Aix, le 24 juin 1787, après s'y être distingué par son zèle à
soutenir les intérêts du peuple et les droits de la province. « Il s'est fait
la plus grande réputation, » dit M. de Saint-Vincens, dans son *Journal
manuscrit du Parlement*. (Voir sur ce journal la note de la page 72).

ses priviléges honorifiques ; ses exemptions pécuniaires
étaient l'objet unique du débat [1]. Si elle eût bien vu
l'état des choses, elle se fut résolue à un sacrifice qui
consolidait son Ordre, en lui enlevant un germe d'impo-
pularité. La Noblesse ne sentit pas assez, qu'il est des
circonstances où une possession, quelque prolongée
qu'elle puisse être, ne saurait l'emporter sur la considération du bien public ; elle se laissa entraîner par ce
penchant de résistance que l'intérêt blessé est si propre
à mettre en éveil. Des défenses imprudentes parurent en
son nom et pour elle. Pascalis y était apostrophé en ces
termes : « Vos talents méritent bien des égards, mais
votre parti n'en mérite point.» — «En vérité, était-il dit
plus loin, il semble que M. Pascalis se batte les flancs
pour trouver des difficultés aux deux premiers Ordres.
Heureusement, il n'est ni leur législateur, ni leur juge [2]. »

Plût au ciel qu'un vœu contraire se fût réalisé ! Mais,

[1] On connaît l'opinion de Mounier. Voici celle de Rabault Saint-Étienne,
qu'il est encore moins possible de suspecter ; il faut se rappeler que Rabault Saint-Étienne fut ensuite un des niveleurs les plus intrépides de l'Assemblée Constituante.

« On peut, dit-il, rapporter les priviléges de la Noblesse à deux classes :
priviléges d'illustration, et *priviléges d'exemption*. Les priviléges d'illustration sont nécessaires dans un grand État .. Il faut nécessairement des
hommes *décorés*, sans quoi l'État tombera dans une vaste popularité, dans
une immense démocratie, qui doit finir par l'anarchie ou le despotisme, selon que le prince ou le peuple seront l'un ou l'autre le plus fort.....

« C'est à la Noblesse, soit personnelle, soit héréditaire, qu'appartiennent
les illustrations, les décorations..... Avantages que le public ne saurait lui
envier, qui excitent l'émulation et qui servent à remplir graduellement les
distances entre le peuple et le Roi.

«Mais il n'en est pas ainsi *des priviléges d'exemption...» Considérations
sur les intérêts des États, adressées aux provinces*, 1788, publiées en
Languedoc.

[2] *Mémoire manuscrit sur les États de Provence et pour la Noblesse,*

alors, on ne croyait pas à une révolution, et on tarda longtemps d'y croire. L'avocat Gassier, syndic de robe du corps des possédant-fiefs, eut le tort de heurter sans ménagement Pascalis dans sa réponse :

« La nation, dit-il, doit commencer par regarder comme ennemis communs, ceux qui cherchent à diviser les Ordres, *et comme novateurs dangereux, pour ne rien dire de plus, ceux qui veulent détruire les Constitutions sous prétexte de les régénérer* [1]. »

Ce dernier trait dirigé contre l'assesseur était à la fois impolitique et injuste. C'était sans doute le reproche le plus sensible qu'il pût recevoir. Après une année de travaux et de combats, lorsque Pascalis n'épargnait aucun sacrifice pour rallier les Ordres autour du drapeau de la Constitution, une imputation semblable manquait à toutes les convenances. Gassier, qui avait appris à connaître les vues patriotiques de Pascalis, dut faire violence à sa plume, en écrivant cet autre passage qui tendait à déprécier le mémoire :

« Les erreurs de toute espèce abondent dans cette

composé en très grande partie pour répondre au système de l'assesseur sur l'égalité des contributions. Collection de M de Saint-Vincens.

[1] *Observations sur la véritable Constitution de Provence, au sujet de la Contribution des trois Ordres aux charges publiques et communes, pour l'usage des propriétaires des fiefs,* page 395. Aix, Gibelin David et Éméric David, in-4°. Ce mémoire ne fut publié qu'au mois de décembre 1788.

Gassier répondait d'abord à Pascalis, ensuite aux autres écrivains qui avaient publié, depuis 1787, des ouvrages en faveur du Tiers. Les plus importants, parmi ces ouvrages, sont: *le droit public du comté État de Provence,* par Charles-François Bouche, Aix, Pierre-Joseph Calmen, 1788, in-8°; et *le droit constitutif de Provence,* sans nom d'auteur ni d'imprimeur, in-8°.

œuvre purement hostile et non d'instruction. Les faits y
sont dénaturés, les titres obscurcis, la discussion tron-
quée, et le régime perverti. »

Gassier fit un volumineux mémoire de quatre cents
pages.

Une déclaration courte, précise, par laquelle la Noblesse de Provence se serait dessaisie de ses priviléges,
lui eut été plus utile et aurait mieux disposé les esprits
en sa faveur. En vérité, cet acte de générosité consenti
isolement n'eut pas, peut-être, arrêté le cours général des
choses ; mais il eut été un grand exemple. Imité dans les
autres provinces, il eut étouffé toutes les plaintes au
moyen desquelles le parti du désordre semblait légitimer
ses attaques contre l'ordre social. Donc, au lieu de blâ-
mer Pascalis, nous regretterons que sur les différents
points de la France, il ne se soit pas rencontré alors un
nombre suffisant d'hommes, animés par un égal sentiment
de modération et capables de faire entendre à la Noblesse
et au Tiers le langage de la raison et du bon sens. Mais,
comme il arrive trop souvent, les opinions et les passions
allèrent aux extrêmes. De là, vint le choc ; et après le
choc, surtout, avec un pouvoir faible, comment conjurer
l'anarchie ?

POSITION RESPECTIVE DE LA NOBLESSE ET DU TIERS.

La question des contributions eût-elle été résolue
d'une manière conforme à l'équité et aux intérêts de
chaque Ordre, tous les périls n'auraient pas été écartés.
Restait le grand problème de l'accord de la Noblesse et
du Tiers. Ce sujet est assez important pour mériter quelques détails. Il nous fournira l'occasion de déterminer

l'état des esprits, à l'instant où Pascalis écrivit son mémoire, et d'apprécier la ligne de conduite, sage, mesurée, vraiment nationale, que suivit ce généreux citoyen.

Il serait aujourd'hui hors de propos de remuer les vieilles passions du dernier siècle contre la Noblesse. Elle n'est plus ; on peut donc la juger froidement ; sans doute, elle a eu des faiblesses et des torts, mais elle est au-dessus des injures grossières dont la foule des médiocrités envieuses s'est plu à l'abreuver. Tout ceux qui se sont attribué cette mission facile, n'ont pas songé que la Noblesse est tombée sous le coup de leurs haines, parce que trop généralement elle descendit à leur niveau.

« Le Tiers est fougueux, observe peu les formes et les procédés, dit M. de Saint-Vincens, dans son *Journal manuscrit du Parlement* [1] ; mais la Noblesse de Provence a

---

[1] Ce journal est au nombre des manuscrits de la *Bibliothèque Méjanes ;* il renferme à la fois des détails sur les affaires intérieures du Parlement et sur les événements qui préoccupaient alors l'opinion. Sous ce double rapport, il est précieux à consulter. Commencé par M. Fauris de Saint-Vincens (Jules-François-Paul), président à mortier au Parlement, il fut continué pour l'époque dont je m'occupe, et jusqu'au mois d'avril 1789, par son fils (Alexandre-Jules-Antoine). Celui-ci avait succédé à son père dans la même charge, dès le 30 juin 1787. Tous les deux ont mérité, par leurs nombreux travaux dans l'archéologie et la numismatique, une place des plus distinguées dans les annales de la science. Tous deux aimèrent leur Pays avec une inaltérable fidélité. Puisse leur mémoire se perpétuer longtemps parmi nous ! Puisse leur exemple réveiller dans nos cœurs un peu de ce patriotisme qui fit la grandeur de nos pères !

Un trait que j'emprunte au *Journal du Parlement*, peint bien de quelle estime générale M. de Saint-Vincens père était entouré. Ayant été mis en arrestation, après la loi du 17 septembre 1793, il fut rendu bientôt à la liberté par les membres du comité révolutionnaire, sur le motif que *le citoyen Saint-Vincens, occupé des arts et de l'histoire des anciens monuments, ne pouvait être compris dans les dispositions du décret.*

M. de Saint-Vincens père mourut le 23 octobre 1798. Son fils, successivement maire d'Aix en 1808 et 1809, ensuite député au Corps Législatif,

de la hauteur ; elle est aussi attachée à ses droits, qu'elle aurait pu l'être au XVe siècle. »

— « Consentez , s'écrie un citoyen de Draguignan , dans une assemblée générale des citoyens de cette ville , consentez à ce que la Noblesse conserve l'éclat des honneurs, la dignité des rangs, les grâces de la Cour : augmentons même le respect qu'on lui porte et qui lui est dû, mais qu'elle diminue le mépris dont quelquefois elle nous accable. »

La révolution, à son origine, a été l'explosion universelle de ce double sentiment. Avec les idées qui étaient alors reçues, personne, je l'ai déjà remarqué, n'eut osé dépouiller la Noblesse des distinctions honorables dont elle était l'objet. On la regardait même comme un corps nécessaire, *véritable point de milieu sur lequel devait se mouvoir la balance, où les droits du peuple contrepèsent les prérogatives du monarque ;* on allait jusqu'à convenir que des priviléges, *dont l'excès ne serait qu'une source de discordes, pouvaient, au contraire, en les resserrant dans de justes limites, former l'appui de la liberté du peuple et de l'autorité du trône* [1]. Ces paroles, dictées par des bouches non suspectes , indiquent parfaitement sur ce point la disposition réelle des esprits. Cependant , si le Tiers reconnaissait à la Noblesse les droits qui sont les attributs de son rang,

---

est mort à Aix, le 15 novembre 1819, président à la Cour Royale.

Messieurs de Saint Vincens étaient Associés régnicoles de l'Institut.

[1] *Observations adressées aux communautés de Provence , sur la Constitution de leurs Etats* , 1789 , pages 33 et 34. Il y a tout lieu de croire que l'auteur de cet écrit est l'ancien avocat-général Servan , qui publia alors en Provence , un grand nombre de brochures politiques.

il se révoltait contre les procédés de certains gentilhommes , qui , orgueilleux d'un titre acheté, d'ordinaire,
moyennant finance, prétendaient dominer exclusivement
dans les assemblées par leurs suffrages et dans la société
par leurs manières hautaines. Ce grief piquait au vif son
amour-propre ; il était le stimulant de sa colère ; il
l'exaspérait.

Telle était la situation en 1787. Était-elle donc irré-
médiable? Qu'eut-il fallu pour éviter la guerre ? Un peu
de bon vouloir et de déférence réciproque. Quelles que
fussent les animosités personnelles, le calme, l'union se
seraient rétablis. A l'exception d'un petit nombre de
théoriciens , ennemis de toute supériorité sociale , sauf
une fraction turbulente et indocile, la partie honnête du
Tiers , celle qui écoulait sa vie dans les affaires et dans
l'exercice des devoirs de famille, se fût accommodée avec
une sage réforme. Des sacrifices bien légers, quand on
les compare à ceux qui furent acclamés dans la nuit célèbre du 4 août 1789 , eussent satisfait l'opinion. La
Noblesse n'eut rien perdu en affectant moins de fierté,
en se rappelant que la vraie noblesse est incompatible
avec l'orgueil , et en respectant dans le Tiers les vertus modestes qu'il devait à son amour du travail. Le
Tiers ne se fut pas non plus humilié , en acceptant
l'existence politique d'une Noblesse dévouée par position à la défense de la liberté, subvenant comme lui aux
charges publiques , et entretenant les principes d'honneur au sein de la société.

En Provence , plus qu'ailleurs, cette conciliation d'où
dépendait l'avenir du Pays eut été possible. Le Tiers

n'y était pas séparé fatalement de la Noblesse [1], puisque tous deux votaient sans distinction d'Ordre aux États. On se demandera donc pourquoi, s'il en est ainsi, le Tiers vit de mauvais œil le retour des assemblées générales. La raison en est toute simple : c'est que le Tiers ne jouissait aux États que d'un nombre assez restreint de suffrages, tandis que la Noblesse y assistait *in plenis*. Tel était le motif de son mécontentement. Depuis 1639 , il avait concentré dans ses mains l'influence administrative ; les Assemblées des communautés, tenues régulièrement à Lambesc ; étaient devenues , en l'absence des États , le premier des corps politiques. Les États étant reconstitués , le Tiers se trouvait dépossédé de cette longue prééminence. Alors, surgirent de nouveau ses méfiances et ses craintes. Un sentiment de patriotisme lui faisait désirer la restauration de la Constitution provençale ; mais d'un autre côté, cette restauration nuisait à ses intérêts. Entre le patriotisme et l'intérêt , un médiateur était nécessaire ; et ce médiateur fut Pascalis.

Son rôle ne fut en effet qu'un rôle de *fusion* ; Pascalis essaya de réaliser , avant l'heure tardive des regrets , ce que nos soixante années de révolution ont rendu de plus en plus difficile.

---

[1] M. Augustin Thierry, dans son *Tableau de l'ancienne France municipale*, apprécie de la manière suivante la position respective de la Noblesse et du Tiers en Provence , dès le XIIe siècle :

« En Languedoc , de même qu'en Provence, la haute bourgeoisie se distinguait à peine de la Noblesse. Les bourgeois, depuis un temps immémorial, et sans qu'ils eussent besoin pour cela de dispense ni de concession expresse , pouvaient acquérir et posséder en toute franchise des terres nobles. » *Essai sur l'histoire de la formation et des progrès du Tiers-Etat*, page 244.

A la Noblesse, il adressa ces paroles qui contenaient un reproche et un encouragement :

« La Noblesse de Provence ne sera ni moins généreuse, ni moins juste que les deux premiers Ordres à l'Assemblée des Notables. Elle se dira enfin à elle-même... que les services de ses ancêtres ne les ont rendus célèbres que par l'avantage que l'État en a retiré ; que ce n'est qu'en les imitant que leurs descendants peuvent aspirer à la même vénération ; que ce serait usurper leur gloire que de ne pas en soutenir le lustre ; qu'en leur transmettant leur nom, ils leur ont imposé la tâche de devenir comme eux utiles à la patrie ; qu'on n'est pas noble pour surcharger l'État, mais pour le défendre [1]... »

Au Tiers, il recommanda toujours la prudence, la soumission, l'esprit de paix. Il disait, le 4 mai 1788, dans l'Assemblée des communautés :

«Je sais qu'un préjugé, qui n'avait peut-être que trop gagné dans l'esprit de certains membres du Tiers, n'envisageait pas le rétablissement des États sous son véritable rapport ; que la sagesse de l'administration des communes, qui avait mérité l'éloge de tous les publicistes, en imposait ; et que l'on regardait comme dangereux, tout changement dans une administration économique et tranquille.

« Mais ces vues, resserrées dans le cercle de l'administration des communes, ne s'élevaient pas jusqu'au bien général. On n'envisageait que l'intérêt d'un Ordre, et c'est de l'intérêt du Pays qu'il faut s'occuper.

---

[1] *Mémoire sur la contribution des trois Ordres*, etc..., page 54.

« Si tous les Ordres concourent à l'administration ,
tous les Ordres seront intéressés à en maintenir l'harmonie : le fort viendra au secours du faible , le riche au
secours du pauvre , et le patriotisme échauffant tous les
cœurs, l'intérêt personnel disparaîtra et le bien du Pays,
en devenant l'idole , deviendra aussi la raison de toutes
ses démarches.

« *Notre régime ne présentera pas, si l'on veut, dans l'instant de sa résurrection, l'image de la perfection.* Les esprits
ne seront pas encore assez animés ou pénétrés de l'idée
du bien commun ; le mur de séparation qui semblait
élevé entre les différents Ordres ne sera pas absolument
franchi ; les intérêts croisés , les anciens préjugés des
différents Ordres , leur méfiance respective, résultat nécessaire de l'état de guerre dans lequel ils vivaient , ne
permettront pas d'aspirer subitement à cet accord et à
cette union , si désirables pour le bien de tous. *Mais le
temps , la réflexion , l'intérêt commun, les leçons salutaires
du gouvernement..... franchiront bientôt cette difficulté ;* et
vous jouirez en paix des avantages des Pays d'États dans
toute leur plénitude.

« .....Si nous nous permettons quelques réclamations,
que ce ne soit que sur des objets utiles, sans oublier les
égards et le respect qui sont dus aux deux premiers Ordres. Notre modération et notre sagesse donneront un
nouveau poids à notre réclamation. C'est surtout par notre soumission et notre retenue que nous mériterons
d'être écoutés.

« Exposons notre situation avec franchise , confiance
et vérité ; prouvons que nos efforts sont au-dessus de
nos facultés ; pensons et disons comme nos pères en

1578, *que nous sommes prêts à sacrifier à Sa Majesté, nos biens, nos femmes, nos enfants* [1]... »

Il serait superflu de rien ajouter à ces admirables conseils. Voilà comment Pascalis voulait assurer l'avenir des libertés provençales ; voilà comment il entendait une réforme sérieuse, lorsque la convocation définitive des États vint mettre en présence les deux premiers Ordres et le Tiers.

---

[1] *Procès-verbal de l'Assemblée générale des gens du Tiers-Etat, du pays et comté de Provence*, convoquée en la ville de Lambesc, au 4 mar 1788, pages 11, 12 et 13.

CHAPITRE IV.

PASCALIS AUX ÉTATS-GÉNÉRAUX DE PROVENCE, DE 1788.

SOMMAIRE. — Pascalis est mandé au Parlement. — Sa réponse. — Séance
d'ouverture des États. — Messe du Saint-Esprit à Saint-Sauveur. — Discours de Pascalis sur la Constitution provençale. — Composition des États.
— Plans de réduction. — Conduite hostile des deux premiers Ordres
envers Pascalis. — Mgr de Boisgelin. — Anecdote. — Règlements adoptés.
— Affaire des Contributions. — Silence de Pascalis. — Lettre du Tiers
au-Roi. — Conflit entre le conseil municipal d'Aix et le Parlement.

La fin de l'année 1787 approchait. Suivant les anciennes traditions, les Procureurs du Pays furent maintenus dans leurs charges. Un vague pressentiment
annonçait des crises prochaines. L'avocat-général de
Calissane, dans son discours de rentrée prononcé au
Parlement, le 1ᵉʳ octobre, exhorta les avocats au patriotisme : « L'amour de la patrie, dit-il, est une qualité essentielle, surtout dans une province où les avocats participent à l'administration. » Le président d'Arlatan de Lauris
parla sur le même sujet.

Les États devaient être inaugurés par une séance solennelle d'ouverture, le 31 décembre. Le gouvernement
s'était décidé à ne rien changer dans leur ancienne com-

position , et à leur confier le soin de se réformer , eux-mêmes, tout accord préalable ayant été impossible.

Le Parlement, sur les instances de la Noblesse, voulut donner quelque éclat à cette restauration de la Constitution. Le 22 décembre , avant l'audience des pauvres , il manda dans la grand-chambre, les consuls d'Aix, Procureurs du Pays, et leur exprima le désir qu'une illumination fût ordonnée. Pascalis saisit cette circonstance pour manifester de nouveau ses vœux les plus chers :

« Messieurs , la Cour envisageant le rétablissement des États comme l'époque de la félicité publique , annonce son vœu pour que les charges soient réparties sur les trois Ordres avec plus d'égalité qu'elles ne le sont aujourd'hui. Ce sentiment fait l'éloge de son cœur paternel. Nous acceptons l'augure : *ce sera le véritable triomphe , le triomphe le plus honorable de notre administration.* La Cour ne doit pas douter de notre empressement à exécuter ses ordres. Jeudi 27, nous les transmettrons au public [1]. »

Mais le peuple n'avait nul besoin d'ordres, ni d'invitations officielles. Quand l'enthousiasme existe, le zèle de l'autorité n'y ajoute rien. Le dimanche 30 décembre , M. le comte de Caraman, commandant en chef du Pays, fit publier sur les places et dans les rues d'Aix, la cérémonie du lendemain. Le soir , toutes les maisons de la ville furent illuminées sans exception [2].

---

[1] *Cérémonial d'Aix.* Archives de l'Hôtel-de-Ville.

[2] Messieurs des Comptes firent cependant quelques difficultés sur les illuminations ordonnées par le Parlement. Entre ces deux Cours , la rivalité n'était pas nouvelle. Les magistrats des Comptes prétendaient qu'un ordre

La séance d'ouverture n'eut pas la simplicité des temps anciens. Aix avait à cœur de reprendre son lustre de capitale. Ce n'était plus cette ville du silence, asile recueilli des études et des lettres, et qui aimait à se consoler de la perte de sa souveraineté par les calmes travaux de l'intelligence. Tout en elle semblait revivre. Une brillante Noblesse et une multitude d'étrangers affluaient dans sa vaste enceinte, et ses hôtels, naguère si déserts, si tristes, ne retentissaient plus que du bruit des fêtes et des plaisirs.

Le 31 décembre, à neuf heures du matin, Messieurs de la Noblesse, ayant à leur tête les trois syndics, MM. de Saint-Tropez [1], de Vintimille et de Galiffet, les députés du Tiers, avec les consuls d'Aix, se rendirent à l'Archevêché, où les attendaient les membres du premier Ordre. Les Évêques étaient en rochet et en camail violet. Les possédant-fiefs avaient leurs costumes habituels. On n'avait pas commis la faute d'humilier sans raison le Tiers, comme on le fit plus tard aux États-Généraux de France. La procession des gens des trois États se déroula ensuite de l'Archevêché à l'église du collége royal Bourbon [2]. Tous étaient placés selon l'ordre des opinants,

du Roi était seul obligatoire. Ils se soumirent cependant, lorsqu'il leur fut démontré que dans les questions de police, leurs maisons étaient assimilées à celles des simples citoyens.

[1] M. de Suffren Saint-Tropez (Joseph-Jean-Baptiste) avait été consul d'Aix, Procureur de Pays en 1779 et 1780 ; il était frère du célèbre vice-amiral Pierre-André de Suffren Saint-Tropez. Ce fut dans l'hôtel de ce gentilhomme que se tinrent presque toutes les assemblées de la Noblesse.

[2] Cette église, qui est justement renommée pour la beauté et la richesse de son architecture, avait été bâtie par les R. P. Jésuites, en 1684. Depuis la Restauration, elle est encore occupée par les religieux de cet Ordre.

et avaient près d'eux leur livrée. Mgr de Boisgelin marchait, précédé de sa croix archiépiscopale. Les consuls et Pascalis portaient le chaperon [1].

Au fond du sanctuaire , avait été dressée une estrade sur laquelle devaient siéger MM. de Caraman et de La Tour , commissaires du Roi. Des tapis et de riches tentures décoraient la grande nef. Les deux autres nefs latérales étaient encombrées de spectateurs. Les tribunes étaient occupées par les dames.

Il y eut plusieurs discours prononcés , et ils ne parlèrent que de paix et de concorde.

«Vous voilà donc réunie, nation fidèle autant qu'éclairée , dit M. de Caraman... Qu'il est flatteur pour moi d'être à portée de rendre compte de la sagesse de vos délibérations, de vos soins pour augmenter l'agriculture, le commerce et la circulation intérieure et extérieure de la Provence , pour répandre dans tous les États cette instruction si essentielle à l'ordre et à la tranquillité publique , pour fournir aux cultivateurs et aux artisans les avantages nécessaires aux progrès de leur culture et de leur industrie, *et pour établir une sage économie*, en assurant cependant aux habitants des villes et des campagnes tout ce qui peut contribuer au bonheur et à l'agrément de leur vie. »

M. de La Tour, premier Président du Parlement et Intendant de la province , encouragea l'assemblée à l'union :

---

[1] Charles VIII avait, en 1496, accordé aux consuls d'Aix le droit de porter la robe rouge et le chaperon cramoisi. Ce droit leur fut retiré en 1524, parce qu'ils n'avaient pas résisté avec assez d'énergie au Connétable. Depuis lors, ils ne portèrent que le chaperon mi-partie de noir et de rouge.

« Connaissez tous vos avantages et toute l'importance du ministère auguste que vous allez remplir. Travailler pour la gloire du trône, poser les bases permanentes de la félicité publique, donner à votre patrie des lois éternelles, *devenir les interprètes des besoins des peuples*, les modèles, les garants de leur obéissance, voilà le but auquel vous devez atteindre, voilà le grand et l'unique objet de vos délibérations.

... L'union des cœurs et des esprits peut seule rendre utile ce concours de lumières, de talents et de vertus. Clergé, Noblesse, Tiers-État, vous n'êtes plus ici que citoyens. »

L'Archevêque d'Aix, célébrant ensuite la Constitution, exprima la désapprobation la plus formelle du despotisme de Richelieu.

Alors, dans les assemblées politiques, on ne rougissait pas de tourner d'abord ses esprits vers Dieu, *sans l'ayde et assistance duquel toutes entreprises et assemblées sont de nulle valeur*. Les États, *suivant les saintes et louables coutumes*, allèrent entendre la messe dans la métropole de Saint-Sauveur [1].

Les gens des trois États se réunirent, les jours suivants, dans la grande salle de l'Hôtel-de-Ville [2]. Ils prêtèrent

---

[1] M. de Saint-Vincens raconte longuement, dans son Journal, le cérémonial de la rentrée des États et de la messe célébrée à Saint-Sauveur. — Pages 506-510.

[2] Les conseils de ville se tenaient dans cette grande salle. Aujourd'hui, elle ne présente plus qu'un aspect de dévastation; alors, elle était décorée par des portraits représentant les Comtes et Comtesses de Provence, et les rois de France depuis Louis XI. Ces portraits furent tous détruits le 24 août 1792, par une bande de sans-culottes venus de Marseille. Voyez les *Rues d'Aix*, par M. Roux-Alphéran, tome I, pages 86-91.

serment le 3 janvier. Pascalis ouvrit la discussion par un discours où il parut vouloir résumer tous ses sentiments et toutes ses espérances.

Il montra d'abord, dans le nouveau plan d'administration, que Louis XVI avait commencé d'appliquer, par la création des assemblées provinciales, l'heureux présage de la félicité publique ;

« C'est au système de l'établissement des Assemblées provinciales, dit-il, que nous en sommes redevables; ces établissements, qui ne sont qu'une imitation imparfaite des États provinciaux, devaient nous conduire au rétablissement de notre Constitution et au renouvellement de notre régime [1]. »

Énumérant les avantages et les bienfaits de cette Constitution, il ajouta :

« On regarda jadis l'assemblée des États, comme le contrepoids de l'autorité royale. L'esprit d'ambition prétexta qu'il était dangereux d'accoutumer le peuple à discuter avec son maître. L'esprit d'ordre et de justice n'a envisagé les États que comme la ressource de la nation, la réunion des lumières et des moyens, l'occasion d'exciter une honnête émulation, *d'instruire l'agriculteur, d'animer les grands de cet esprit de bienfaisance qui leur attire les bénédictions du peuple, d'alléger le fardeau des charges par une juste distribution, et de maintenir entre le souverain et la nation cette correspondance affectueuse par*

---

[1] Ce fragment du discours de Pascalis ne se trouve pas dans le procès-verbal imprimé des États de 1788 ; mais il est consigné dans le cahier original des assemblées tenues de 1788 à 1789. (*Archives du département des Bouches-du-Rhône*).

*laquelle tous les ressorts sans cesse en activité tendent toujours
vers le bien général.*

« Charlemagne, pénétré de la sublimité de ce régime,
voulait l'établir dans tous les États. Deux de nos plus
grands princes en avaient conçu la même idée, le duc de
Bourgogne et le Dauphin, père du Roi ; et les projets du
père , le fils les a heureusement exécutés pour son bonheur et pour sa gloire.

« Et , quel régime plus parfait que celui d'un père de
famille traitant avec des enfants des moyens de subvenir
aux besoins communs, fixant la contribution de chacun
conformément à ses facultés , et recevant leur tribut
comme l'hommage d'une offrande volontaire ?

« Quelle administration plus douce que celle qui laisse
au contribuable le choix des moyens de s'acquitter , qui
met à couvert des exécutions fiscales , qui confie à des
frères l'exaction des deniers publics , et qui, après avoir
déterminé les impôts , assure la facilité des recouvre-
ments? »

Pascalis finit en exhortant chacun des trois Ordres ,
« à cimenter la paix et l'union par un concours mutuel ,
et à se dépouiller de tout intérêt personnel pour ne s'occuper que de la chose publique...

« Votre patriotisme et votre union , dit-il enfin , justi-
fieront à M. le Commandant combien vous étiez dignes de
recouvrer votre Constitution... Les divers intérêts une
fois conciliés , vos États deviendront *l'emblême de la liberté , le symbole de l'union*, le triomphe de la reconnaissance , le monument éternel de votre fidélité et de votre
amour pour le meilleur des Rois. »

Le mémoire de Pascalis, *sur les contributions*, se trou
vait entre les mains de chaque député du Tiers. D'après
le témoignage de Gassier, il avait été répandu à profu-
sion [1]. Quelques membres du Clergé et de la Noblesse
furent blessés en voyant l'attitude agressive du troisième
Ordre, et ils en marquèrent leur déplaisir par des signes
non équivoques. L'évêque de Toulon, Elleon de Castellane, s'emporta au point d'injurier l'assesseur, qu'il
accusa de semer la discorde [2]. Celui-ci ne répondit que
par le silence. Cette conduite toucha tellement l'évêque,
qu'il reconnût sur--le-champ sa faute, et que, le soir même, il en demanda pardon à Pascalis.

Cent vingt-huit membres de la Noblesse assistaient
aux États : dix prélats, des vicaires-généraux, un prévôt, plusieurs commandeurs, formaient le Clergé. Quant
au Tiers, il n'avait que cinquante-six députés, tous consuls de communautés ou de chefs-lieux de viguerie. Parmi ces derniers, on remarquait plusieurs hommes distingués par leurs talents et leur esprit, tels que M. Beau,
consul de Saint-Maximin, M. Mougins de Roquefort,
maire de Grasse [3], et M. Reguis, maire de Sisteron. Ces
deux derniers touchèrent beaucoup la Noblesse par leurs
efforts à maintenir la paix et à modérer, au sein de leur
Ordre, de trop vives impatiences.

[1] Mémoire de Gassier, intitulé: *Observations sur la véritable Constitution de Provence*, etc..., page 387.

[2] Le banc de l'assesseur était placé immédiatement après celui du Clergé.

[3] *Mougins de Roquefort (Jean-Joseph)*, né à Grasse en 1742, avocat au
Parlement de Provence, maire premier consul de Grasse en 1786, 1787 et
1788, député aux États-Généraux de France par les sénéchaussées de Draguignan, de Grasse et de Castellane, élu président du tribunal de district de
Grasse, mort en 1822, président du tribunal civil de la même ville.

Les membres du Clergé et les possédant-fiefs ne le cédaient pas du reste au Tiers en lumières et en connaissances administratives. Le premier de ces Ordres comptait, dans son sein, plusieurs prélats également renommés pour leur savoir et le commandeur de Beaulieu, M. de Gaillard , *homme d'esprit et d'une grande sagacité pour les affaires* [1]. Dans la Noblesse , ceux qui attirèrent particulièrement l'attention , furent les magistrats des cours souveraines, MM. les présidents d'Arlatan de Lauris , d'Arbaud de Jouques [2], et de Mazenod [3] ; celui-ci , surtout , se montra très-versé dans l'étude des lois et de la Constitution provençales. De simples gentilhommes , le marquis de Galiffet , le marquis des Pennes , M. de Castellane Mazaugues, etc., défendirent avec beaucoup d'éclat, quoiqu'avec trop d'emportement et d'aigreur, les intérêts de leur corps. Mais, l'un d'eux, mérita au plus haut degré l'estime de tous, et exerça la plus utile influence : ce fut le comte de Vintimille. Il était conseiller d'État d'épée, ami de M. de Lamoignon , et il jouissait à la Cour d'un grand crédit. On attribuait à ses démarches le rétablissement des États. A son arrivée en Provence, il avait été élu syndic de la Noblesse, au mois de juin. Il ne négligea rien pour amener les esprits à la conciliation, dans

---

[1] *Journal du Parlement, etc...*, page 570.

[2] André-Elzéard d'Arbaud , seigneur de Jouques et marquis de Mison , président au Parlement, périt plus tard révolutionnairement à Lyon, le 26 décembre 1793, victime de ses sentiments de fidélité pour le Roi.

[3] *De Mazenod (Charles-Antoine)*, né en 1745, président à la Cour des Comptes, mort à Marseille, le 10 octobre 1820, père du vénérable évêque actuel, Charles-Joseph-Eugène de Mazenod. M. le président Mazenod a laissé des manuscrits précieux sur l'histoire de Provence.

les assemblées que les possédant-fiefs tinrent, chaque jour, après les séances des États, chez le marquis de Suffren Saint-Tropez.

Le grief le plus sensible pour le Tiers était dans l'inégalité des suffrages. Cette disproportion de nombre eut été bien plus considérable, si le corps des possédant-fiefs, s'élevant au chiffre de trois cents, se fût présenté. Cependant, nul dans le Tiers ne pouvait se plaindre. Les États avaient été convoqués par le Roi, *afin de régler leur nouvelle forme*. L'avis unanime était pour une réduction. Mais comment s'opérerait-elle ? Payant la meilleure partie des impôts, le Tiers se contenterait-il d'une simple égalité de voix ? La commission où fut discuté le projet, fut très agitée. Pascalis inclinait vers le Tiers, et il sollicitait en sa faveur une supériorité de suffrages. Il citait comme exemple les États de Languedoc, où les députés des villes et diocèses étaient plus nombreux que les Évêques et les Barons. Il proposa donc que les États de Provence se composassent, à l'avenir, de 16 Évêques ou prévôts de chapitre, de 30 gentilshommes convoqués au tour de rôle de leurs fiefs, de 60 représentants du Tiers[1]. La Noblesse se récria ; elle accabla Pascalis de reproches. Il ne lui suffisait pas, disait-elle, d'avoir écrit un violent mémoire ; il fallait que dans les États, il prît à tâche de faire naître des difficultés incessantes, et qu'abusant de son pouvoir d'assesseur, il voulut ravir au second Ordre du Pays, les droits qui lui appartenaient.

Heureusement, le prélat qui dirigeait l'Assemblée, était doué de qualités conciliantes. Mgr Jean de Dieu

---

[1] *Journal du Parlement*, de M. *Saint-Vincens*, page 522.

Raymond de Boisgelin, après avoir été prieur de Sorbonne, grand-vicaire à Rouen, et évêque de Lavaur, avait, depuis 1770, succédé à Mgr de Brancas dans l'Archevêché d'Aix [1]. Le côté distinctif de son caractère consistait en une certaine habileté de manières, dont il usa toujours dans les circonstances les plus difficiles. Aussi, disait-on volontiers de lui qu'il avait *l'esprit ménageur*. Les critiques allaient jusqu'à le taxer d'ambition. Malgré ces malignités, il n'était personne qui ne rendît justice à ses lumières et à ses vertus sacerdotales. « L'Archevêque, écrivait alors M. de Saint-Vincens, a toujours bien vécu avec le Parlement, avec le chapitre et avec tous les corps. Il n'est point chicaneur, point vétilleux ; il a de l'esprit et de l'aptitude aux affaires ; il parle avec grâce, et on est dans l'enchantement lorsqu'on l'entend parler en public [2]. »

Un trait viendra naturellement compléter ces détails. Il indique l'intelligence de Mgr de Boisgelin, et le caractère digne, indépendant de Pascalis.

Quand l'Archevêque vit arriver l'ouverture des États, il fut embarrassé. Inexpérimenté dans l'art de gouverner ces grandes assemblées politiques, et peu habitué à traiter publiquement des affaires graves et multipliées, il eut la

---

[1] Mgr de Boisgelin appartenait à une famille très-ancienne de Bretagne ; il était né à Rennes, le 27 février 1732. Il prononça le discours d'usage, au sacre de Louis XVI, et son éloquence fut telle, qu'on l'applaudit deux fois. En 1776, il fut nommé membre de l'académie française. Élu député aux États-Généraux en 1789, il devint l'orateur habituel du Clergé, et il se distingua par son courage. Il est mort cardinal archevêque de Tours, le 22 août 1804.

[2] *Extrait du recueil de notes et recherches historiques sur Aix*, par M. de Saint-Vincens, tome III, page 1179 *(Manuscrits de la Bibliothèque Méjanes)*.

pensée de mander auprès de lui l'assesseur. Pascalis,
tout en comprenant les égards que méritait un aussi éminent prélat, crut qu'il était du devoir de sa charge d'en
conserver les priviléges honorifiques. Il fit répondre à Sa
Grandeur qu'il était à sa disposition, mais qu'elle dai-
gnât venir chez lui. L'Archevêque ne se formalisa pas de
cette noble fierté; il alla consulter Pascalis, et c'est ainsi
qu'il s'éclaira.

« Savez-vous, disait plus tard Pascalis à ses amis, que
l'Archevêque préside merveilleusement ; il semblerait
qu'il n'a fait que cela toute sa vie. »

Aussi, n'hésita-t-il pas à lui confier hautement le
soin de disposer les esprits à une entente :

«Monseigneur, je m'en réfère à votre prudence et à votre sagesse; j'ai annoncé que les trois Ordres devaient vous
regarder comme leur centre de réunion. Je l'ai dit, parce
que c'est, à mon sens, le seul moyen *de s'entendre, de se
concilier, de se garantir de toute effervescence, de fraterni-
ser, en un mot, de ne se proposer que la chose publique ;* et
j'invite bien sincèrement les trois Ordres à se pénétrer
de la nécessité de ce sentiment. »

Des adversaires malintentionnés publiaient que Pascalis était l'ennemi secret des États; et, il ne se permettait
point d'observations relatives à l'intérêt du Tiers, sans
qu'on ne les référât à ce motif. « Je dois à cet égard, dit-il
encore le 8 janvier, une profession publique, et je ne puis
mieux faire que de la consigner dans le sein de l'Assemblée la plus auguste, dans le sein même de la nation.

« Je déclare donc avec toute la franchise dont je suis
capable, qu'il n'est point de bon citoyen qui ne doive
soupirer après la stabilité des États ;

« Que ce n'est qu'avec les États que nous pouvons conserver notre liberté, le régime de notre pays, la Constitution de nos pères, nos priviléges, notre force, et le concours des lumières.....

« *Mais qu'en formant les États, 'on n'en doit pas moins tâcher de concilier les divers intérêts, et conserver cette liberté d'opinions que je regarde comme une dépendance de la liberté publique.* »

La réduction à moitié avait été définitivement adoptée par la commission. Les États la sanctionnèrent sans difficultés, sur le rapport de l'Évêque de Sisteron, et après des exhortations chaleureuses de Mgr de Boisgelin. Il fut donc décidé que désormais « la fixation des voix des deux premiers Ordres serait faite, de manière que les voix du Tiers seraient égales à celles des deux autres Ordres réunis [1]. »

Le don gratuit de 700,000 livres demandé par Louis XVI fut ensuite voté par acclamation, et un courrier fut expédié à Paris pour annoncer au Roi *cette preuve de zèle et de fidélité.*

Si je ne savais toute la puissance des préjugés modernes, j'aurais lieu de m'étonner ici. Suivant les banales déclamations qui ont cours, la véritable indépendance aurait été inconnue à nos pères. Au delà de 1789, il

---

[1] Restait à fixer la proportion de nombre qui serait établie entre le Clergé et la Noblesse. Après une séance chez l'Archevêque, il fut convenu qu'il y aurait 24 membres du Clergé, savoir 13 prélats, 3 du second ordre, (le prévôt de Pignans, l'abbé de Saint-Victor et celui de Saint-Eusèbe), et 8 commandeurs de Malte. La Noblesse devait avoir ainsi 32 membres. Cet arrangement, par lequel le Clergé sacrifia quatre voix, n'a pas été rapporté aux États, dit M. Saint-Vincens. *Journal du Parlement,* etc..., page 528.

n'existait aucun élément de liberté politique. En affirmant
le contraire, on serait mieux dans la réalité des choses.
« Le despotisme, a remarqué Mounier, désabusé par
l'expérience, n'avait de force en France que lorsque les
lois se taisaient ; il ne s'agissait pour le faire évanouir,
que de les faire parler toujours au besoin[1]. » Or, depuis
soixante ans, où sont les lois assez respectées, assez
élevées, assez efficaces, pour obliger le pouvoir à reculer
devant *la résistance légale* des peuples ?

- Bodin a comparé, dans son *Traité de la République*, les
Pays d'Élections et les Pays d'États. Le tableau qu'il
trace des premiers est triste : « Mais, dit-il, quand les
colléges, les communautés, les Estats d'un Pays, d'un
peuple, d'un royaume, font leurs plaintes au Roi, il lui
est malaisé de les refuser. *Combien qu'il y a mil autres
utilités des Estats en chacun Pays ; c'est à savoir le bien
concernant la communauté de tout le Pays, s'il est question
de faire levée d'hommes ou d'argent contre les ennemis, ou
bien de bastir fortement, unir les chemins, nestoyer le Pays
de voleurs, et faire teste aux plus grands*[2]. »

Les États de 1788, présentent un nouvel appui à cette
opinion de Bodin. Le Roi demandait un supplément à
l'abonnement des vingtièmes, qui excédait les ressources
de la province. Eh bien, quelle fut la conduite des États ?

---

[1] *Réflexions politiques sur les circonstances présentes,* par Mounier,
page 38. Mounier fait encore l'observation suivante : « Il existait sûrement
des abus énormes... mais ces abus n'étaient pas inhérents à notre gouvernement, ils embarrassaient souvent la machine politique, mais elle pouvait
facilement en être dégagée. Alors cette machine, libre dans ses mouvements,
assurait la tranquillité et le bonheur de tous les individus, page 37. »

[2] Bodin, *Traité de la République.* Livre III, pages 366 et 367, de l'édition de 1577.

De l'avis même de l'Archevêque, et sur le motif que le Pays méritait des ménagements à cause de son peu de fertilité et de la variabilité de ses récoltes , ils déclarèrent ne pouvoir admettre des prétentions si exorbitantes. Ils limitèrent leur offre à 350,000 livres , somme inférieure de 112,000 livres à celle proposée par le gouvernement. Et encore , les États se réservèrent-ils le droit de faire valoir en tous temps, les priviléges, franchises, coutumes et statuts de Provence , notamment ceux concernant le prix et la vente du sel[1].

Les 15 et 16 janvier furent consacrés à entendre la relation de Pascalis, au sujet des affaires du Pays. Le 26, les États adoptèrent un règlement pour l'administration intermédiaire, dans lequel étaient fixées, soit les époques où devraient se tenir les trois assemblées des Procureurs du Pays , soit la destination et le but spécial de chacune d'elles[2]. «Ainsi, dit l'Archevêque , se forme la chaîne de l'administration qui rapproche et qui lie les assemblées des États , malgré les intervalles du temps qui peut les séparer.» Un autre règlement sur les travaux publics fut encore approuvé le 28 janvier.

Le 30 , arriva la grande affaire des contributions.

---

[1] *Procès-verbal de l'assemblée de Nosseigneurs des Etats-Généraux du pays et comté de Provence.* A Aix , Gibelin David et Éméric David , pages 120, 121, 1788, in-4°.

[2] Trois assemblées des Procureurs du Pays, devaient être tenues annuellement. Dans la première, fixée au 1er février, on délibérerait sur les projets votés par les États. Dans la seconde , fixée au 1er juin, on délibérerait sur tout ce qui avait été fait et sur tout ce qui serait à faire. Dans la troisième, fixée au 4 novembre , il serait rendu compte des travaux de l'année et on examinerait les objets à proposer aux États. La durée de ces assemblées était déterminée de quinze jours à trois semaines.

On s'interrogeait sur l'attitude que prendraient le Clergé et la Noblesse. Leur hostilité n'était que trop certaine. Pascalis fut attristé, en voyant ses espérances ruinées, et il fut saisi d'un profond découragement. Depuis plusieurs mois, il subissait des aggressions malveillantes. M. de Caraman, M. de la Tour, l'Archevêque, lui avaient adressé de nombreux reproches pour son mémoire. Des brocards n'avaient cessé de pleuvoir sur lui pendant les États et dans les bureaux. A la séance du 30 janvier, il parut anéanti, rapporte M. de Saint-Vincens. La Noblesse, repoussant le principe de l'égalité des impôts, offrait seulement une contribution à la dépense des chemins, et un *don charitable* de 4,000 livres, destiné à l'entretien des bâtards [1]. Le Clergé réduisait ses propositions à la moitié de celles faites par les possédant-fiefs. Interpellé s'il n'avait rien à dire, Pascalis étonna l'assemblée en répondant négativement à l'Archevêque. Ce silence était plus éloquent que de vaines paroles. On n'en sentit pas la signification. Les deux premiers Ordres ne virent dans Pascalis qu'un homme vif, passionné, emporté jusqu'à l'excès pour ce qu'il croyait être la bonne cause, mais facile à se laisser abattre. « *Il aurait dû,*

---

[1] Jadis, sous le régime féodal, les enfants trouvés étaient considérés comme des épaves. Les seigneurs se chargeaient de fournir à leur nourriture ; par là, ces enfants devenaient leurs serfs. Dans la suite, la servitude de la glèbe ayant été abolie, les seigneurs voulurent s'exonérer. En Provence, cette charge était retombée sur les communautés. (Voyez un *Mémoire sur les enfants trouvés, présenté à MM. les Procureurs du Pays de Provence, par les recteurs de l'hôpital général Saint-Jacques de la ville d'Aix.* A Aix, Esprit David, 1780, in-4°. — L'auteur de ce mémoire était M. de Miollis, conseiller à la Cour des Comptes, un des recteurs de l'hôpital).

disait-on, *parler dans cette occasion, plutôt que de répandre auparavant son mémoire*[1]. » Effets déplorables de l'esprit de parti ! Certes, les hommes qui ne craignaient pas d'exercer ces misérables représailles, ignoraient que le jour n'était pas loin, où Pascalis serait seul, ou presque seul, à élever la voix pour sauver, en leur absence, l'honneur et les libertés de son Pays[2].

Le Tiers n'en accepta pas moins la contribution proposée, mais avec la réserve d'en demander une plus forte, et d'en déférer à la justice du Roi.

Le 1er février, les États se séparèrent ; ils avaient délibéré, en mémoire de leur rétablissement, qu'une médaille serait frappée et offerte au Roi, ainsi qu'à l'Archevêque de Toulouse, premier ministre. On eut oublié Mgr de Boisgelin, si le Tiers, désireux de témoigner son

---

[1] *Journal du Parlement, de M. de Saint-Vincens*, pages 571 et 572.

[2] Un triste incident signala cette séance du 30 janvier. On sait que le marquis de Piquet de Méjanes, premier consul d'Aix, Procureur du Pays en 1777 et 1778, était mort le 5 octobre 1786, après avoir légué à la Provence sa riche bibliothèque, qui ne renfermait pas moins de soixante-dix mille volumes. L'Assemblée des communautés avait accepté le legs dans sa séance du 14 décembre 1786, sous les conditions imposées par le testateur. Des contestations surgirent bientôt au sujet des frais d'établissement de cette bibliothèque. Le Tiers se refusait à les payer lui seul ; il était même disposé à renoncer au legs, si le Clergé et la Noblesse ne contribuaient pas pour les deux tiers.

M. de Saint-Vincens raconte ainsi dans son journal, page 560, l'incident qui s'éleva le 30 janvier : « Il y a eu tant d'effervescence parmi les opinants, qu'un d'eux a dit, sans qu'il fût question d'aucune proposition relativement à la bibliothèque, qu'il était d'avis que si la communauté d'Aix ne voulait pas prendre cette bibliothèque pour son compte, elle devait être livrée aux flammes. Mgr l'Archevêque a dit que, depuis que le calife Omar avait fait brûler la bibliothèque d'Alexandrie, personne n'avait manifesté une pensée aussi barbare. »

(Voyez sur la Bibliothèque Méjanes, une notice publiée en 1831, par M. Rouard, bibliothécaire. A Aix, Aubin, in-8°).

attachement à ce prélat , ne se fût levé spontanément ,
pour réclamer qu'un même honneur lui fut accordé [1].

Les États avaient encore exprimé le vœu d'être convoqués, chaque année, du 15 novembre au 10 décembre.

Les faits avaient justifié Pascalis. Avant de rassembler
les trois Ordres, on aurait dû se fixer sur les principes.

L'émotion produite par les États eut des conséquences
fâcheuses. D'abord la Noblesse se réunit les 7 , 8 et 9
février. Elle délibéra que les ministres seraient priés de
donner des marques d'improbation au mémoire de Pascalis ; « avis, observe M. de Saint-Vincens, qui a souffert
de très-grandes difficultés et qui est très-peu raisonnable [2]. » Les députés du Tiers écrivirent de leur côté une
lettre de doléances au Roi. Ils y énuméraient leurs sujets de mécontentement ; puis, ils ajoutaient : —« Voilà,
Sire , les griefs que nous dénonçons à Votre Majesté. Le
peuple vous est cher , vous ne vous occupez que des
moyens de le soulager , vous avez voulu venir au secours
de celui de Provence , vous avez voulu adoucir en sa
faveur une Constitution déjà si populaire ; vous daignerez donc , Sire, nous tendre une main protectrice...
Vous daignerez accorder aux communes de Provence
une Assemblée générale, où elles puissent se choisir des
défenseurs, et pourvoir à tout ce qui sera nécessaire au
maintien de leurs droits [3]. »

Cette lettre devint l'occasion d'un conflit entre le

---

[1] L'évêque de Sisteron, pour le Clergé; M. de Vintimille, pour la Noblesse,
et M. de Saint-Ferréol, pour le Tiers, furent chargés par les États, de porter
le cahier au Roi.

[2] *Journal du Parlement*, etc..., page 575.

[3] Cette lettre était datée d'Aix, le 1er février 1788.

conseil municipal d'Aix et le Parlement. Déjà, les communautés de Tarascon, de Draguignan, de Riez, etc., y avaient adhéré. Dubreuil obtint, le 26 février, un vote par lequel la communauté d'Aix s'unissait à la cause du Tiers, déclarait les offres du Clergé et de la Noblesse insuffisantes, et demandait une Assemblée des communautés.

Le 27 février, les consuls et Pascalis étaient mandés au Parlement, et M. le premier Président de La Tour leur faisait inhibition et défense de suivre la délibération prise la veille.

Pascalis opina *qu'il fallait se soumettre à l'arrêté, et que la ville d'Aix, capitale de la province, devait donner l'exemple de la soumission à l'autorité*[1]. Dubreuil persista dans son premier avis. Enfin, sur la proposition de Pascalis, quatre commissaires furent nommés pour rédiger un mémoire justificatif. Ce furent MM. Dubreuil, Siméon, Mollet de Barbebelle[2], et le marquis de Tressemane.

Un second arrêté fut rendu par le Parlement, afin de calmer l'agitation populaire. M. de Breteuil blâma la démarche du conseil, *qui s'attribuait ainsi le droit de prendre en mains les intérêts généraux du Tiers*. Pascalis exprima le désir d'éclairer de nouveau la religion du ministre. Mais, d'autres périls s'avançaient. Les deux pre-

---

[1] *Registre des délibérations du conseil municipal d'Aix*, commencé le 1er décembre 1787.

[2] *Mollet de Barbebelle (Pierre)*, avait été troisième consul en 1785 et 1786. Pendant la Terreur, il eut l'imprudence de rester caché dans sa demeure. Découvert par les sans-culottes, le 11 mars 1794, il aima mieux se donner la mort avec un pistolet qu'il avait sur lui, que de subir un jugement dont le résultat n'était que trop certain.

miers Ordres compromettaient la Constitution par leur
résistance ; M. de Brienne allait l'ébranler par un coup
d'État.

CHAPITRE V.

ÉDITS DU 8 MAI 1788.

Le gouvernement avait prévenu les sollicitations manifestées par les députés du Tiers dans leur lettre. L'Assemblée générale des communautés de Provence était déjà arrêtée, pour le 4 mai, lorsque le conseil municipal d'Aix s'exposa aux censures du Parlement et des ministres, par l'inoportunité et la hardiesse de sa délibération.

Ce court intervalle de temps fut employé par le Tiers à préparer les instructions dont il devait charger ses représentants. Il était convenu que la prochaine Assemblée aurait toute liberté de débattre les droits en litige. L'Archevêque tenta de rapprocher les esprits, en rétablissant, dans un court mémoire, la vérité des faits qui s'étaient

passés aux États et qu'on dénaturait aux yeux du peuple [1]. Sur ces entrefaites, et vers la fin du mois d'avril,
on apprit à Aix l'orage terrible qui menaçait les Cours
souveraines. Des lettres annoncèrent que des porteurs
d'ordres cachés étaient partis pour les provinces dans la
direction des villes capitales. Mgr de Boisgelin écrivit
lui-même que les ministres étaient plus que jamais im-
pénétrables, et qu'ils gardaient le secret le plus absolu.

Tout présageait en effet des mesures violentes ; il était
difficile que, tôt ou tard, le conflit élevé entre la Cour et
la magistrature du Royaume ne fut suivi d'un éclat. Tant
que le Parlement de Paris s'était borné à émettre de
simples remontrances, les ministres les avaient subies,
bien qu'avec peine ; mais ils ne se résignèrent pas à lui
laisser le mérite d'une opposition qui, sous des dehors de
popularité, tendait précisément au maintien des priviléges pécuniaires. Les nouveaux édits portaient la création
d'un droit sur le timbre, et remplaçaient les vingtièmes
par une subvention territoriale, à laquelle contribue-
raient tous les possesseurs de fonds. Pour ne pas accepter
les édits, le Parlement de Paris en appela aux États-Généraux. Exilé à Troyes, puis rétabli, il persista dans le
même système d'hostilités ouvertes. Il flattait le peuple,
espérant accroître ainsi son influence. Le peuple le sou-
tint de son côté, avec la pleine certitude que ces discordes
tourneraient à son profit. D'autres tribunaux des provinces avaient pris également des arrêtés où ils demandaient
le vote des subsides par la nation. Ce fut alors que M. de

---

[1] Ce mémoire n'est pas signé.

Brienne vint consommer la gloire des Parlements, en les entourant de l'intérêt qui s'attache toujours aux victimes.

Aussitôt éventé que conçu , le projet devait mettre en feu la France entière. L'alarme fut telle en Provence, que l'Assemblée des communautés fut presque oubliée. Le 4 mai, les députés se réunirent à Lambesc, sous l'influence de vives émotions. On sait déjà les conseils de modération et de sagesse que leur adressa Pascalis [1]. Ces conseils étaient d'autant plus remarquables, que les circonstances étaient plus inquiétantes. Le lendemain même de ce jour, le Parlement déclara, dans un arrêt solennel expédié sur le champ aux sénéchaussées , qu'apprenant les dangers dont il était menacé , et craignant de ne pouvoir plus réclamer dans la suite , il qualifiait, d'avance, de nulle et d'illégale , toute transcription d'édits faite sans son consentement.

Il ne se trompait pas dans ses prévisions. Le 8 mai , pendant que Louis XVI tenait un lit de justice à Versailles et annonçait au Parlement de Paris ses volontés , M. de Miran , commandant de la province , et le conseiller d'État Pajot de Marcheval, se présentèrent au palais, au milieu d'une grande escorte de troupes , pour ordonner l'enregistrement des édits.

Messieurs du Parlement étaient assemblés dans la grand chambre. En vain, M. de La Tour, revenu en hâte de Lambesc, la veille au soir [2], protesta-t-il au nom de la

[1] Voyez plus haut pages 76 et 77.

[2] M. de la Tour assistait à l'Assemblée des communautés en qualité de commissaire du Roi.

compagnie contre ce qui allait être fait ; inutilement , après la lecture de la première ordonnance , la Cour ne pouvant délibérer, demanda-t-elle à se retirer ; la justice était dominée par la force : des gardes avaient été placés par les commissaires du Roi autour de la salle. M. de Miran exhiba des lettres de cachet, dont il avait le pouvoir de remplir les blancs.

La séance dura plus de neuf heures. Les gens du Roi formulèrent courageusement leur opposition à l'enregistrement. En l'absence du Procureur général de Castillon [1], l'avocat général de Calissane fut l'éloquent interprète des sentiments de la magistrature: «Notre serment, s'écria-t-il , la fidélité que nous devons au souverain , l'intérêt du Pays , l'immutabilité des pactes de notre union , tout nous force à déclarer *que nous aimerions mieux mourir , que de voir porter atteinte aux droits de la patrie*. Nous devons sacrifier à elle nos biens , nos fortunes, notre existence. Hésiter, serait un crime d'État.»

Ce coup, que le Parlement n'avait pu réussir à conjurer, n'abattit pas son énergie. Les édits furent enregistrés forcément; mais, M. de Castillon et son fils, tous les avocats-généraux et tous les substituts refusèrent de les

---

[1] *Leblanc de Castillon (Jean-François-André)*, né à Aix, le 9 mars 1719, avait succédé le 30 mars 1775, à l'illustre Ripert de Montclar, dans la charge de Procureur général au Parlement de Provence. M. de Castillon fut du nombre de ceux qui , dans les Assemblées des Notables de 1787 et 1788, crurent à bon droit servir la cause de la liberté, en repoussant comme dangereuse la convocation immédiate des États-Généraux. Cet éminent magistrat est mort à Brignoles, le 26 février 1800. (Voyez une notice publiée à Paris , en 1829, in-4° ; — et une biographie par M. Jules de Séranon. Aix, 1847.

Le fils de M. de Castillon *(Jean-Baptiste-Prosper-Claude)* , avait été reçu Procureur général en survivance de son père, le 28 juin 1787.

envoyer dans les sénéchaussées [1]. Une commission, nommée par la Cour, délibéra les résolutions à prendre. Les
jeunes magistrats proposèrent de tenter une démarche
éclatante: d'aller au palais, de s'en faire ouvrir les portes,
et d'y rendre aussitôt des arrêtés. Leur fougue parut
trop périlleuse aux anciens. On n'était plus au temps
où des conseillers, en robe rouge et armés de piques,
descendaient dans les rues d'Aix, ameutaient le peuple,
dressaient des barricades, et retenaient en otage le gouverneur [2].— « Il est certain, disaient les anciens de la Cour
en 1788, qu'une compagnie telle que le Parlement ne
doit pas faire des coups d'éclat pour la seule gloriole de se
distinguer par des actes de bravoure. Il faut qu'elle se
propose un but utile et avantageux pour elle ou pour le
public. Or, à quoi servirait d'aller au palais ? Les commissaires du Roi ont des ordres pour y tenir des troupes
et pour empêcher les magistrats d'y entrer. Ferait-on le
coup de poing avec eux ? Cela ferait un effet peu agréa-
ble [3]... »

Du reste, le Parlement de Provence n'était pas mal
vu par les ministres. Il ne s'était pas obstiné, comme
ceux de Bordeaux [4] et de Toulouse, à repousser l'édit des
Assemblées provinciales et ceux relatifs à la prorogation

---

[1] Les avocats généraux étaient MM. de Calissane, de Montmeyan, et de
Beauval ; les substituts, MM. Meriaud, Bermond, Aguillon et Estrangin.

[2] Voir le récit de la journée du 18 janvier 1649, dans les *Essais historiques sur le Parlement de Provence,* par M. Prosper Cabasse. Paris, 1826.
t. II, pages 313 et suivantes, et le *Résumé* de M. Rouchon, pages 472 et
suivantes.

[3] *Journal du Parlement,* etc.., page 702.

[4] Ce Parlement resta exilé près d'un an à Libourne.

du vingtième, et aux non-catholiques. Plusieurs fois, des imprudents avaient bien essayé de le compromettre, en l'engageant dans quelques démarches en faveur des Parlements disgraciés; mais il avait toujours résisté à ces mauvais conseils[1]. M. de Brienne venait d'écrire; lui-même, pour lui exprimer sa peine d'être obligé de le comprendre dans les dispositions des édits. On savait que le Roi avait témoigné naguère à Mgr de Boisgelin toute la satisfaction que lui inspirait la conduite des magistrats d'Aix. On remarquait encore que les États avaient été rendus à la province, que les membres des Cours souveraines y avaient eu entrée, sans difficulté de la part du gouvernement. Toutes ces raisons se réunissaient pour décider ceux-ci à ne faire du bruit qu'autant qu'ils y seraient forcés par les circonstances. Enfin, le Parlement de Provence était soutenu par les trois Ordres du Pays, tandis que les autres méritaient de n'être soutenus par personne. Son intérêt lui conseillait donc le parti de la modération, qui fut adopté[2].

Le même jour, un semblable enregistrement avait été opéré à la Cour des Comptes, malgré la noble protestation de son premier Président M. d'Albertas[3], sur les

---

[1] Des réunions fréquentes avaient eu lieu, en effet, dans le mois de février de cette année, chez le premier Président, dans le but de discuter l'attitude que prendrait le Parlement. Malgré l'avis de MM. des enquêtes, il fut délibéré d'attendre et de ne faire aucune démarche.

[2] *Journal du Parlement*, etc..., page 704.

[3] D'Albertas *(Jean-Baptiste-Suzanne)*, avait succédé le 12 octobre 1775 à son père *(Jean-Baptiste)*, dans la charge de premier Président à la Cour des Comptes. Préfet des Bouches-du-Rhône et pair de France sous la Restauration, il est mort en 1829. (Voir aux *Pièces justificatives*, n° 6, la protestation de ce magistrat).

ordres impératifs de M. de Coincy, commandant de
Toulon, et de M. de Messimy, maître des requêtes.

Les édits consacraient d'utiles réformes dans la procédure criminelle [1], mais la plupart étaient la violation
flagrante de nos droits et de nos libertés [2]. Le premier
établissait, à Aix et à Digne, deux grands bailliages souverains jusqu'à 20,000 livres. Toutes les sénéchaussées
étaient transformées en présidiaux. On mettait indéfiniment en vacance le Parlement ; on lui enlevait le plus
grand nombre des affaires. Les offices de conseillers, qui
s'élevaient alors au nombre de cinquante-quatre, étaient
réduits à quarante. Enfin, le droit d'enregistrement était
donné à une *Cour plénière* dont le siége serait à Paris, et
où les Parlements des provinces n'auraient la faculté de
concourir à la transcription des lois, que par le suffrage
d'un seul député. Un autre édit supprimait les tribunaux
d'exception, tels que les trésoriers de France, les élections et juridictions des greniers à sel, et maîtrises des
eaux et forêts.

La capitale de la Provence, surtout, se trouvait atteinte
par le nouveau régime. Ville essentiellement parlemen-
taire, Aix était enrichi par ses grands tribunaux. On
comptait dans son sein le Parlement, la Cour des
Comptes qui était aussi chez nous Cour des Aides, le

---

[1] On abolissait l'usage de la sellette, la question préalable ; on ordonnait
que les crimes seraient définis dans les jugements, et que ceux-ci seraient
rendus publics.

[2] Un statut portait, qu'aucunes ordonnances et lettres patentes ne pourraient être exécutées en Provence, *nisi habitâ priùs interinatione et an-
nexâ concilii in provinciâ residentis.*

Bureau des finances, le Tribunal des Monnaies, l'Université et la Sénéchaussée ; mais entre ces corps éminents, le plus considérable, sans contredit, était la Cour souveraine.

Pascalis apprit cette désastreuse nouvelle à Lambesc, pendant qu'il soutenait tout le fardeau des affaires, dans l'Assemblée des communautés[1], et qu'il discutait les questions relatives aux contributions. Une motion y fut délibérée unanimement ; les Procureurs du Pays furent chargés de représenter la douleur générale à Monsieur, frère du Roi, ainsi qu'aux ministres. L'Assemblée, par l'organe de M. Mougins de Roquefort, votait en même temps des remercîments à Pascalis, *pour le zèle infatigable qu'il avait employé dans l'exposition des objets qui intéressaient les droits des communautés, pour la décence et l'impartialité avec laquelle il avait discuté ceux qui pouvaient être en opposition avec les deux premiers Ordres*; « à raison de quoi, est-il dit dans le procès-verbal, elle rend avec justice l'hommage public et authentique qu'elle doit à ses lumières, à ses connaissances et à son cœur patriotique ; si elle pouvait se flatter d'avoir le même crédit que la Noblesse, elle lui donnerait des témoignages encore plus éclatants de sa reconnaissance[2]. »

Aix était dans une grande fermentation, lorsque Pascalis y arriva. Tous ses administrateurs consulaires étaient absents. Ses revenus ne venaient que de ses fermes, et

---

[1] Cette Assemblée, qui s'était ouverte le 4 mai, clôtura ses séances le 9 du même mois.

[2] *Procès-verbal de l'Assemblée générale du Tiers-Etat*, etc... Lambesc, 4 mai 1788, page 124.

la consommation diminuant, celles-ci devaient baisser en valeur. Le conseil de ville se réunit le 11 mai.

« Messieurs, dit Pascalis, les événements du jour ont jeté la consternation dans tous les cœurs... Différentes lois surprises à la justice du meilleur des Rois, revêtues du caractère législatif, avec toute la force et l'appareil de l'autorité, portent aux priviléges de la nation et de la ville, des atteintes contre lesquelles tout bon citoyen doit s'efforcer de réclamer. »

Puis il ajoute en parlant des droits de la Provence :

« Un Pays principal doit avoir *principalement* tout ce qui est nécessaire à son régime, son souverain, ses administrateurs, sa Cour suprême, ses tribunaux vérificateurs et intermédiaires, destinés à porter aux pieds du trône les doléances et les besoins des peuples..... »

Pascalis expose ensuite les motifs de ses appréhensions. Les syndics généraux des arts et métiers lui ont confié l'embarras où sont les membres de leurs jurandes. Plus de mille familles vont être réduites à la misère. Les travaux du nouveau palais ont été abandonnés [1]... *Le*

---

[1] La destruction du palais des anciens Comtes de Provence, où étaient établis depuis des siècles les Cours et tribunaux du Pays, était terminée en 1786, et les fondements du nouvel édifice apparaissaient à peine. Il est peu d'exemples dans l'histoire d'un si incroyable vandalisme. Ce palais, avec ses trois tours romaines, dont l'une était un mausolée, résumait en quelque sorte les souvenirs de la gloire antique de la ville d'Aix. Les magistrats qui commirent cet acte sacrilége dans le but d'élever un palais plus beau, entièrement réservé à la justice, obéirent à cet esprit de nouveauté qui égarait même les têtes les plus sages au XVIIIe siècle. Ils prétextèrent que ces monuments étaient vieux, menaçaient ruine.—Il fallait les étançonner avec des poutres d'or, s'écriait M. J.-E. Gabriel. (Voyez sa *Supplique à Monseigneur le premier Président et Intendant de cette province*, page 29. Voyez aussi dans les *Rues d'Aix*, par M. Roux-Alphéran, t. I, pages, 10-17,

patriotisme, s'écrie-t-il alors, *est le germe de toutes les vertus;* et, il annonce qu'un citoyen généreux a proposé une aumône de cinq mille livres. Le conseil décide qu'on implorera la justice du Roi.

Cependant, les protestations s'élevaient déjà de tous les corps et de toutes les villes. Bientôt, les avocats d'Aix, de Toulon, les trésoriers de France, les procureurs au siége d'Aix, délibérèrent de n'accepter aucune charge dans les bailliages et les présidiaux. Une même déclaration fut faite par les sénéchaussées d'Aix, d'Arles, de Toulon, de Brignoles, de Grasse, d'Hyères, de Sisteron et de Draguignan. L'Archevêque rédigea un mémoire qui fut aussitôt expédié aux députés des États pour être présenté aux ministres [1]. Les syndics de la Noblesse adressèrent également leurs supplications à Louis XVI. Ce n'était plus la protestation isolée de quelques magistrats renversés de leurs siéges ; c'était celle de toute la Provence se soulevant au cri de détresse poussé par ses administrateurs.

On comprenait ainsi le droit et le devoir de la résistance légale, avant que la révolution n'eût centralisé tous les pouvoirs, brisé tous les principes et tous les souvenirs par lesquels s'était formé l'esprit public, et détruit au sein de la société, les éléments qui constituent la véritable indépendance. L'élan du Pays fut si irrésistible, que M. de Miran ne put s'empêcher d'en partager l'impres-

---

des détails sur cet ancien palais, et deux lithographies qui le représentent avec les tours romaines qui s'y trouvaient enclavées.)

[1] *Mémoire présenté au Conseil par l'Archevêque d'Aix, président des États de Provence.*

sion. « Je ne saurais trop vous renouveler, Monseigneur, écrivit-il, le 10 mai, au garde des sceaux, l'excès de la désolation générale et à quel point la province serait en souffrance et cette ville entièrement ruinée, si la bonté du Roi, bien instruite des anciennes prérogatives du Pays, ne conciliait le nouveau régime avec la justice et la possibilité de l'exécuter en Provence[1]. »

Aux doléances des divers corps, les avocats du barreau d'Aix joignirent, le 17 mai, leurs réclamations particulières. Leur lettre, remarque M. de Saint-Vincens, fait honneur à leur patriotisme et aux talents de M. Portalis, son auteur[2]. Écoutez le noble et fier langage qu'on savait tenir, alors, aux gouvernements :

« Les plus grands Rois et les ministres les plus éclairés, ne sont point à l'abri de l'erreur ; mais ils aiment constamment le bien et la vérité. *Le lâche dessein de faire le mal ne va pas avec la grandeur et la toute-puissance.* C'est dans cette ferme et juste confiance que nous osons élever notre voix, pour défendre l'intérêt de l'État, l'intérêt du monarque, celui même de votre gloire[3]. »

Le 15 mai, Pascalis rend compte au conseil municipal des travaux politiques accomplis dans l'Assemblée du Tiers. Les vœux du troisième Ordre sont formulés franche-

[1] M. de Miran écrivit deux lettres pleines de douleur, l'une au garde des sceaux, et l'autre à M. de Brienne. Elles sont rapportées par M. de Saint-Vincens, dans son journal, pages 692-700.

[2] *Recueil de notes et recherches historiques sur Aix*, par M. de Saint-Vincens, t. III, pages 1203. Portalis écrivit aussi une brochure intitulée : *l'Examen impartial des édits de 1788.*

[3] *Lettre des avocats au Parlement de Provence, à Mgr le garde des sceaux, sur les nouveaux édits...* 1788, in-8°. Cette lettre fut signée par 82 avocats. (Voyez leurs noms dans les *Pièces justificatives*, n° 7.)

iment : demande d'un syndic, réforme de l'administration
ntermédiaire où le Tiers est en minorité, contribution du
Clergé et de la Noblesse..... Une médaille d'or a été
décernée à M. de La Tour, pour consacrer à jamais le
souvenir de la protection spéciale qu'il accordait au
Peuple provençal [1].

S'occupant ensuite des difficultés de la situation :

« Craignons, dit-il, qu'un excès de zèle ne nous porte
trop loin ; pesons toutes nos démarches avec le sang-
froid de la réflexion ; ne précipitons rien , et que nos
délibérations, combinées avec sagesse et maturité, soient
telles, qu'en opérant le bien-être de la communauté, cet
avantage soit réel et permanent [2]. »

Son appel est entendu , et des commissaires sont
chargés d'un travail de réforme dans l'économie de
l'administration.

On touchait à la Fête-Dieu [3]. Cette époque était celle
de la gaîté populaire. La capitale de la Provence se

---

[1] Voilà pourtant le magistrat que les révolutionnaires pendaient, plus tard,
en effigie, à Marseille. Cette médaille fut présentée à M. de La Tour en 1789,
par l'assesseur Roman Tributiis ; on lisait sur le revers : *le Tiers-État de
Provence, à Charles-J.-B. des Galois de La Tour, Intendant du Pays,
son ami depuis plus de quarante années.*

[2] *Registre des délibérations du conseil de ville, commencé le 1er décembre 1787*, pages 49 et 50.

[3] Il n'est pas besoin de rappeler ici l'origine des Jeux de la Fête-Dieu.
Institués en 1462 par le roi René, ils furent célébrés chaque année jusqu'à la
révolution, et depuis , ils ont reparu à de longs intervalles. Les personnages
allégoriques qui en étaient les acteurs , avaient été , par le plus étrange
amalgame, empruntés, soit à la mythologie, soit aux traditions du christia-
nisme, soit à la chevalerie ; la plupart figuraient en tête de la procession du
Saint-Sacrement, à laquelle assistaient le Parlement en robes rouges , les
consuls et assesseur d'Aix, la sénéchaussée, etc... (Voyez les *Rues d'Aix*,
par M. Roux-Alphéran, t. I, pages 106-140).

ranimait ; les étrangers et les habitants des communes voisines affluaient dans ses murs. Le moyen âge , avec ses exhibitions originales, apparaissait encore pour la plus grande utilité de la ville et à la vive satisfaction des anciens.

C'était plaisir de voir notre Cours se remplir de somptueux équipages. Le conseil de la communauté avait fait choix solennellement des principaux dignitaires de la fête. *Le Roi de la Bazoche* avait été nommé, dans la grand'chambre, par les syndics des procureurs et des notaires, sous la présidence de deux conseillers commissaires, assistés d'un des gens du Roi. Jeunes et aimant la dépense, les élus exerçaient magnifiquement leur royauté d'un jour. Pascalis tenait beaucoup aux vieux usages. En 1773 , dans la séance du 31 mai , il avait remarqué certaines négligences. On n'observait plus cette clause du règlement, par laquelle ne pouvaient être admis à la charge de *Lieutenant de Prince, que des personnes qualifiées, soit gentilshommes, soit bourgeois, vivant noblement*[1].

Mais, la joie était-elle permise au milieu de la douleur publique ? Pascalis avait déjà proposé d'économiser l'argent consacré à ces cérémonies plutôt mondaines que religieuses. Le conseil délibéra d'appliquer la somme en secours aux malheureux, après avoir pris l'agrément de M. de La Tour et du Procureur-général. Les consuls et l'assesseur n'allèrent point à la procession ; il en fut de même pour les trésoriers de France et la sénéchaussée.

La procession se fit, le 22 mai , sans aucune pompe.

---

[1] *Registre des délibérations du conseil de la ville d'Aix, pour l'année* 1773.

Messieurs les *Abbés*, en costumes, étaient sans officiers ni tambours. L'*Abbé*[1] de l'année, qui était tailleur, eut une suite, dont le corps paya la dépense. Le *Lieutenant de Prince* marcha en habit ordinaire, n'ayant ni bouquet ni guidon. Il n'y eut point de *Bazoche*. Le chapitre supprima tout dîner , et distribua 1,200 livres aux pauvres des paroisses. La capitale demeura morne et triste comme dans les jours de calamités. Tout fut suspendu , *la passade, le gué*, et les différents jeux.

Au lieu de se réjouir, on rédigeait des suppliques. Les communautés , le corps de la Noblesse , les tribunaux , l'Université[2] envoyaient adresses sur adresses. Plusieurs sénéchaussées et plusieurs barreaux prirent encore des délibérations contre les édits. Seules, deux ou trois villes abandonnèrent la cause commune. «On s'est mal conduit à Marseille , à Digne et à Draguignan , raconte M. de Saint-Vincens ; ces villes ont fait des démarches pour avoir un grand bailliage.» De telles démarches reçurent de tout le Pays l'improbation qu'elles méritaient.

Pendant que ces manifestations se produisaient spontanément en Provence, Pascalis stimulait, à Aix, l'esprit de patriotisme avec une infatigable activité. Il porte la parole, le 2 juin, dans l'Assemblée renforcée des Procureurs nés et joints du Pays ; il défend la Constitution et ses priviléges reconnus par le Roi de France.

« On subordonne , s'écrie-t-il , l'exécution des lois

---

[1] On nommait ainsi un des dignitaires de la fête ; il était choisi par le conseil de ville parmi les artisans , et il avait même le privilége de faire partie du conseil dans le cours de l'année.

[2] *Délibération de l'Université d'Aix* , du 13 *mai* 1788 , prise par les quatre facultés, sous la présidence du recteur.

provençales à l'enregistrement d'une Cour étrangère ,
qui n'a nulle connaissance de nos Constitutions , de la
misère du Pays , de l'ingratitude du sol..., des besoins
du peuple..., en sorte que le Pays n'aura plus dans son
sein ce tribunal, soit vérificateur, soit intermédiaire... »

« Le cours de la justice suspendu , nos premiers tribunaux fermés , la tranquillité publique ébranlée , la
consternation générale du Pays..., la subversion totale
de nos priviléges, l'anéantissement de notre Constitution
et *le danger qui menace la Monarchie* , exigent aujourd'hui
toute votre attention.

« Dépositaires des droits du Pays, c'est à vous de
prendre les moyens que votre sagesse vous inspirera [1]... »

Il fut délibéré qu'on s'opposerait à la transcription des
édits ; qu'aussitôt après le rétablissement des Cours, les
Procureurs du Pays se porteraient dans la grand'chambre et s'y feraient concéder acte de leur opposition ; que
jusqu'à leur libre enregistrement, les nouveaux édits seraient regardés comme non advenus. Sur la motion de
Pascalis, dans la séance du 7 juin, la conduite de la ville
de Draguignan fut stygmatisée. On exprima aussi le vœu
d'une convocation des États-Généraux.

En lisant ces détails, si curieux et si peu en harmonie avec nos mœurs modernes , on se sera sans doute
étonné du silence du Parlement. Lui seul donc se taisait-
il ? Plusieurs jeunes gens des enquêtes dont la tête était

---

[1] *Procès-verbal de l'Assemblée renforcée, du 2 juin* 1788, pages 6-
12.

Le 8 juin, la Noblesse, réunie en corps chez le marquis de Saint-Tropez,
adhéra à cette délibération de l'Assemblée intermédiaire du 2 juin.

en fermentation, n'avaient pas été satisfaits du parti pris par les commissaires. Pleins d'une impatiente ardeur, ils stimulèrent les anciens. Le 30 mai, une assemblée de Messieurs se tint dans les salons du premier Président. Les jeunes gens y présentèrent leurs réclamations par la bouche de M. de Saint-Estève ; ils proposèrent de faire un arrêté des plus énergiques pour déclarer nul et illégal tout ce qui s'était passé le 8 mai, pour qualifier d'infâmes ceux qui prendraient des charges dans les nouveaux tribunaux, et dénoncer au Roi et à la nation les ministres, en les peignant des couleurs les plus noires[1]. Le projet était hardi ; les avis se partagèrent. Les jeunes gens prétendaient rédiger l'arrêté tout de suite. Il fut remontré qu'un tel travail exigeait plus de prudence et de calme. L'arrêté fut définitivement remplacé par une protestation qu'on envoya aux sénéchaussées le 7 juin[2]. Il fut encore résolu que les magistrats du Parlement de Provence n'accepteraient aucune proposition, tant que les autres Parlements ne seraient pas rétablis.

Une décision, analogue à celle adoptée pour les Jeux, priva la ville de toute réjouissance, la veille de la Saint-Jean. *La Bravade*[3] n'eut pas lieu ; la compagnie des

---

[1] *Journal du Parlement, de M. de Saint-Vincens*, p. 708-709.

[2] *Protestation des officiers du Parlement d'Aix*, du 7 juin 1788. « Les magistrats, y était-il dit, dans un moment de crise, doivent montrer plus que tous les autres citoyens, ce courage et cette fermeté supérieurs à toutes les disgrâces ; ils doivent s'immoler comme des victimes honorables à la patrie et défendre jusqu'au dernier soupir le dépôt précieux qui leur a été confié. »

[3] La *Bravade* de Saint-Jean avait une origine plus ancienne que les Jeux de la Fête-Dieu ; elle avait été établie, vers le milieu du XIIIe siècle, par Charles d'Anjou, frère de saint Louis et mari de Béatrix, héritière de Pro-

arquebusiers ne s'assembla point ; les consuls et l'assesseur n'allèrent point, selon l'usage, tirer à l'oiseau dit *Papegai*[1]; le Roi de Saint-Jean ne fut pas nommé, et l'on ne convoqua pas la coterie des arts et métiers.

Un long procès-verbal, dressé à ce sujet, se terminait ainsi : « *Quand la patrie est menacée de perdre ses priviléges et sa Constitution, peut-elle se livrer à la joie, et appeler les citoyens à des fêtes*[2]? »

Pendant cet intervalle, le comte de Caraman était revenu de Paris le 10 juin. Il était chargé de négocier avec le peuple provençal. C'était un homme aimable, mais on lui reprochait de manquer de caractère. Son entrée dans Aix se fit à sept heures du soir. Un morne et profond silence fut le signe le plus expressif de la douleur publique[3]. Aucun citoyen ne se rendit chez lui. La foule, immobile et pressée devant l'hôtel du Commandant, s'indigna à la vue d'un artificier qui se disposait à tirer des boîtes, et le mit en fuite. Vers les huit heures, des tambours ne reçurent pas un meilleur accueil; ils virent leurs caisses brisées ; ils furent poursuivis par des huées, et

---

vence, dans le but d'exercer la jeunesse au maniement de l'arbalète. Après l'invention de la poudre, l'arquebuse fut l'arme employée dans cette fête populaire, qui consistait principalement dans des décharges de mousqueterie et dans des feux de joie. Le Parlement en robes noires, les consuls et assesseur d'Aix en chaperon y assistaient. (Voyez l'*Explication des Jeux de la Fête-Dieu et de la Bravade de Saint-Jean*, par M. Roux-Alphéran. Aix, 1851, pages 39-43).

[1] Cet oiseau était en bois, peint en vert ; jadis on se servait d'un oiseau vivant. Celui qui l'abattait, ou celui que ce vainqueur désignait, était nommé roi de Saint-Jean.

[2] *Cérémonial d'Aix*. Procès-verbal, fait le 15 juin 1788.

[3] *Récit de ce qui s'est passé à Aix, à l'occasion de l'arrivée du comte de Caraman, Commandant en chef en Provence.*

n'échappèrent à ces aggressions, qu'en se réfugiant dans
l'hôtel, d'où ils s'évadèrent par une porte de derrière.

Les voies de conciliation que devait offrir le comte de
Caraman, étaient les suivantes: 1° on rendrait aux Cours
de Provence le droit d'enregistrement, mais leurs remontrances passeraient par la Cour plenière : 2° au lieu de
deux grands bailliages, il n'y en aurait plus qu'un, qui
serait à Aix, et dont on diminuerait la souveraineté.

Mais déjà, le 9 juin, les Cours avaient manifesté leur
volonté de maintenir *intégralement* les droits de la nation
provençale. « Ces plans, écrivait M. de Saint-Vincens,
ne sont pas faits pour plaire. Fussent-ils meilleurs pour
la Provence, jamais elle ne consentira à aucun arrangement particulier et qui sera fait absolument pour elle. Il
ne serait ni sûr ni honorable [1]. »

Tous les tribunaux, les syndics de la Noblesse, le
chapitre métropolitain, les trésoriers de France, l'administration intermédiaire, vinrent, le 11 juin, prouver au
comte de Caraman qu'un pacte était impossible. Le sentiment public était que le Pays se serait couvert de honte,
en acceptant des offres *aussi dérisoires*. Le conseil de
ville, convoqué au son de cloche, se présenta chez le
Commandant, vers midi. Plus de six cents citoyens le
suivaient. Il fut salué sur le Cours par les applaudissements de la population entière.

«Monsieur, dit Pascalis, la situation du Pays ne saurait
être plus désastreuse; la consternation y est générale,
le deuil universel, la misère à son comble.

« Nos peuples, partagés entre l'obéissance et l'atta-

---

[1] *Journal du Parlement, de M. de Saint-Vincens*, p. 713.

chement aux droits de la patrie, mettent en vous toute leur confiance.

«Votre justice, la connaissance que vous avez des titres du Pays et l'intérêt que vous lui avez témoigné, nous garantissent, avec le retour de la tranquillité publique, le maintien absolu de notre Constitution. »

Que pouvait le commissaire du Roi, en assistant à cette explosion universelle de douleur ? N'était-ce pas un spectacle touchant, que celui de tout un peuple revendiquant, avec des larmes, les droits fondamentaux attachés à sa nationalité ? Eh bien, ce peuple était plus fort, plus imposant dans cette calme attitude, qu'il ne le fut jamais au milieu des enivrements de sa fausse puissance. Tel était, autrefois, l'empire de la prière, qu'elle désarmait les gouvernements. Le comte de Caraman fut ému , et promit une réparation prochaine.

Le zèle admirable de Pascalis pourvoyait cependant aux nécessités de la capitale. Par ses soins, d'abondantes aumônes purent soulager la détresse d'une multitude de familles. Dès le lendemain du 8 mai, le Parlement avait lui-même organisé une distribution régulière de secours, et le conseiller de Beauval avait été chargé de soutenir , dans leur malheur, les procureurs , huissiers et greffiers qui ne vivaient que de leur travail. Mais, l'avenir n'était pas assuré par ces remèdes temporaires. L'Archevêque avait envoyé 6,000 livres ; le Gouverneur, le Commandant, le chapitre, avaient fourni des sommes considérables. Ces secours ne tardèrent pas à s'épuiser, et il fallut songer à réformer l'administration. Pascalis était accablé par le poids des affaires ; sa santé se trouvait compromise ; il avait même refusé la défense du Tiers dans la dernière

Assemblée de Lambesc[1]. Les abus qu'il ne lui était pas permis de corriger , furent signalés au conseil par des commissaires. On diminua le traitement de tous les employés, et il n'est pas jusqu'aux trompettes de la ville, les sieurs Vallier[2], qui ne durent subir une réduction.

Les mois de juillet et d'août s'écoulèrent dans ces perplexités et dans un état de résistance passive. Un arrêt du conseil, rendu le 20 juin, avait cassé comme séditieuses toutes les protestations des Cours, corps et communautés. Pascalis s'effrayait aux approches de l'hiver : « La misère publique , disait-il le 19 août, passe l'idée que nous nous en étions formée...; que sera-ce quand le peuple n'aura plus de ressources ! » Le 21 août, la Noblesse de Provence délibéra que des remontrances énergiques seraient adressées au Roi... Tout d'un coup , on annonce que les Parlements vont être rétablis[3]; M. de Brienne s'est retiré le 24 août ; M. de Lamoignon, garde des sceaux, s'est démis le 14 septembre. Necker reprend l'administration des finances. Les États-Généraux sont promis pour le mois de janvier, par la déclaration royale du 23 septembre , et ordre est donné aux magistrats de toutes les Cours, d'exercer les fonctions de leurs offices.

---

[1] Sur le refus de Pascalis , l'Assemblée des communautés avait chargé l'avocat Barlet , ancien assesseur d'Aix , du soin de rédiger les Mémoires qu'elle devrait adresser au Roi, à l'appui de ses délibérations.

[2] Il est curieux de noter ici que les membres de cette famille sont trompettes de la ville de père en fils, depuis un Philibert Vallier reçu en 1572, jusques à aujourd'hui. La noblesse résultant de cette ancienneté , en vaut bien une autre, observe avec raison M. Roux-Alphéran , dans ses *Rues d'Aix*, t. I, page 105.

[3] Un arrêt du Conseil , du 8 août , avait déjà fixé la tenue des États-Généraux au 1er mai, et suspendu l'établissement de la *Cour plénière*.

On trouvait dans cette déclaration, la parole suivante, où se révélait, avec son ineffable bonté, le cœur de Louis XVI : « le bien est difficile à faire, nous en acquérons chaque jour la triste expérience ; mais nous ne nous lasserons jamais de le vouloir et de le chercher. » Quelle émouvante image que celle de ce Roi, luttant *seul* contre tant d'obstacles, et conservant toujours, néanmoins, le même amour pour son peuple!

La déclaration ne fut reçue à Aix, que le 12 octobre. Des fêtes d'une splendeur inusitée solennisèrent cette pacifique victoire, achetée au prix d'une si respectueuse douleur. Pascalis ordonna que les boutiques et magasins demeureraient fermés dans la matinée du lundi 20 octobre, jour fixé pour la rentrée des deux Cours. Le même élan qui avait entraîné le peuple dans ses supplications, se manifesta dans sa joie. Le triomphe de la Constitution était son triomphe ; et il trouvait dans le rétablissement de ses magistrats une reconnaissance nouvelle de ses droits et la sauvegarde de ses intérêts. Aussi, voulut-il lui-même se charger des frais. Une compagnie de tambourins et de timbalons, ces symboles traditionnels de la gaîté provençale, fut payée par les coteries des artisans et des marchands, et parcourut la cité en jouant des aubades aux deux premiers Présidents, aux Présidents à mortier et aux Procureurs généraux. Dans la soirée du dimanche, les procureurs en la sénéchaussée firent chanter un *Te Deum* en musique, dans l'église du Collége, pendant que les perruquiers entonnaient le leur dans l'église des Carmes. Sur le Cours, sur la place des Prêcheurs, on improvisa des feux de joie qui furent allumés successivement par les syndics des corporations, on lança des milliers de fusées volantes ; mais ces fêtes allaient être effacées par celles du lendemain.

Le lundi 20 octobre, la capitale de la Provence vit accourir dans son sein une multitude d'étrangers. Toutes les sénéchaussées, tous les corps d'avocats, de procureurs, d'huissiers, les prud'hommes, les lieutenants des amirautés de Marseille et de Toulon, les chapitres, les ordres religieux, les conseils de communautés, envoyaient leurs députations. Des boîtes furent tirées au moment où le premier Président, M. de La Tour, fit son entrée au palais. A neuf heures et demie, le Parlement entra en séance ; puis, il assista dans l'église des Dominicains [1] à la messe du Saint-Esprit, qui fut dite par l'abbé de La Beaume, conseiller-clerc. Les cloîtres furent tellement remplis par la foule, que les magistrats eurent grande peine à parvenir dans la chambre. M. de La Tour prononça un discours, où il remercia avec effusion les différents corps et Ordres de la province ; il loua surtout le barreau d'Aix, qui, le premier entre ceux de France, avait signalé son zèle par sa lettre énergique aux ministres.

Rien n'avait été oublié pour rendre cet événement à jamais mémorable. Des guirlandes de buis et des emblèmes peints sur toile décoraient la porte du couvent des Dominicains, où le Parlement se réunissait depuis la destruction de l'ancien palais, et celle du couvent des

---

[1] Cette église, placée aujourd'hui sous l'invocation de sainte Marie-Magdeleine, fut plus tard transformée en *Temple de la Raison*. Le couvent dont elle dépendait, a été, longtemps encore après la révolution, occupé par les tribunaux de justice jusqu'à l'achèvement du nouveau palais.

Grands-Carmes, occupé par la Cour des Comptes[1]. On y voyait représenté un soleil chassant les nuages, avec ces devises : *post tenebras lux.—Fugatis nubibus, lucet et ditat*. Les artisans ne se montrèrent pas moins ingénieux. Chacun de MM. du Parlement qui arrivait en robe rouge, reçut de leurs mains, à son entrée au palais, une branche d'olivier ornée de rubans et de fleurs. Deux menuisiers, Sec et Langlais, *très-riches artisans et très-bons citoyens* [2], furent remarqués par leurs démonstrations de patriotisme ; ils établirent, à leurs frais, une tribune près de la porte, et payèrent une belle musique qui ne cessa de faire retentir l'air de ses symphonies.

Il y eut, le soir, des réjouissances superbes sur les détails desquelles les manuscrits du temps s'étendent avec complaisance. L'Archevêché, le Palais, l'Hôtel-de-Ville, les demeures des magistrats, des avocats, des artisans, toutes les maisons les plus pauvres s'illuminèrent. Le marquis de Galiffet fit tirer devant son hôtel un feu d'artifice. Le corps des artisans, après avoir chanté un nouveau *Te Deum* dans l'église des Augustins, alluma ensuite un feu de joie près du chemin de Marseille. Le plaisir fut partagé par tous, comme l'avait été naguère la consternation. Les artisans donnèrent aux pauvres 400 livres ; les droguistes et les autres corporations une même somme ; la Cour des Comptes 4,000 ; le Parlement 6,000. Une salle verte avait été construite au haut du Cours par les pro-

---

[1] Ce couvent était situé au haut du Cours et une de ses façades s'y développait au midi, depuis l'ouverture de la rue des Grands-Carmes, en se dirigeant vers le levant.

[2] *Journal du Parlement, de M. de Saint-Vincens*, page 725.

cureurs. Le peuple y dansa toute la nuit au son de la musique du régiment de Lyonnais et à l'éclat d'une pyramide éblouissante de lumières. Le premier Président réunit, dans un dîner de 160 personnes, les représentants des Ordres et des Cours. Les dames de l'aristocratie et de la bourgeoisie eurent également leurs fêtes dans les salons [1].

Les députations firent, le lendemain et les jours suivants, leur visite aux Cours souveraines. M. Lavabre, orateur des prud'hommes de Marseille, prononça un très-joli discours, dont toutes les pensées étaient empruntées à la navigation. « Le vaisseau de l'État, dit-il, était agité par la tempête ; heureusement, vous en étiez les pilotes. Après l'orage, les pilotes viennent vous féliciter dans le port. » Les religieux d'Aix s'exprimèrent par l'organe du R. P. Roman, Observantin, qui appela M. de Brienne, *le Philistin*, et M. de Lamoignon, *le*

---

[1] Le soir du 20 octobre, on joua sur le théâtre d'Aix, une pièce intitulée: *les Vœux satisfaits ou lou Roumavagi,* dont l'auteur était un sieur Bonneville, de Marseille. Entr'autres couplets qui terminèrent la représentation, je citerai le suivant :

« Vivo lou Rei de Franço,
Vivo lou Parlamen,
Vivo dejea l'aboundanço
Que nous coumblo de ben.
Deven tout espera
D'un Rei qu'es adoura,
Et d'aquesto assemblado
Tant noblo et tant famado,
Que s'es tant ben moustrado,
Maougra leis envejous.
    Chou, chous,
    Chou, chous,
Leis vaqui, leis vaqui dins lou pous.
Leis vaqui, leis vaqui dins lou pous.

Macédonien. — «Ce discours, raconte M. de Saint-Vincens, renfermait des idées neuves et originales qui ont fort diverti le public. On lui a applaudi à tout rompre[1]. »

Les consuls d'Aix et Pascalis parurent ensuite revêtus des marques distinctives de leur dignité. Une salve de vingt-trois boîtes les annonça. Pascalis venait mêler sa voix à celle de ce bon peuple qui répétait son nom avec amour et regardait en lui son libérateur et le plus dévoué de ses soutiens. Après avoir complimenté les deux Cours en qualité d'assesseur d'Aix, il les harangua encore comme Procureur du Pays. Réquisition fut faite par lui d'enregistrer la délibération de l'Assemblée intermédiaire et renforcée du 2 juin.

L'avocat-général de Calissane lui répondit en faisant l'éloge public de sa fermeté et de sa patriotique conduite.

Hélas ! Pascalis devait se montrer une dernière fois à la barre du Parlement, mais pour le voir mourir et pour mourir avec lui.

---

[1] *Journal du Parlement*, etc..., page 734.

CHAPITRE VI.

Convocation des États-Généraux de France.

Vers le même temps, M. d'Esprémenil, conseiller au Parlement de Paris, dont la renommée avait rendu célèbre la courageuse protestation contre les édits du 8 mai, était rappelé avec sa famille de son exil de l'île Sainte-Marguerite. S'étant arrêté à Marseille, il fut harangué par l'avocat Villecrose, syndic de l'Ordre. Celui-ci lui présenta l'hommage de l'admiration qu'éprouvait pour lui une association d'hommes, *francs par caractère et indépendants par principe*. Le soir de ce jour, M. d'Esprémenil fut couronné solennellement au théâtre.

Les ovations que ce magistrat reçut à Aix, ne furent

pas moins brillantes. L'esprit d'opposition, irrité par les derniers édits, se mêlait à toutes ces manifestations d'allégresse. Dans beaucoup de villes, on célébra de même le triomphe des libertés provençales. Une mesure de rigueur fut prise par le Parlement contre les cinq officiers de la sénéchaussée de Marseille, qui, pendant la suspension des Cours, avaient demandé l'établissement d'un grand bailliage dans cette ville. M. d'André [1] les dénonça en présence des chambres réunies, le 23 octobre. On ne voulut pas les poursuivre, et on aima mieux les engager à vendre leurs offices [2].

Mais les fêtes de ce monde sont courtes, et la joie semble n'être souvent que le prélude de la souffrance. Qui aurait dit alors le triste lendemain de ces jours d'enivrement populaire ? Qui aurait prévu que, dans une année, la Provence perdrait sa nationalité, que son Parlement serait détruit, que sa Constitution démantelée n'aurait plus qu'une existence nominale et précaire? Qui aurait révélé à Pascalis, à Dubreuil, à tous ces intrépides champions de notre indépendance, qui leur aurait découvert les terribles secrets de l'avenir ?

L'époque qui va se dérouler devant nous, est inscrite en lettres de feu dans les annales des sociétés humaines. Quels que soient les sentiments qu'elle ait inspirés, sentiments d'admiration ou de réprobation, personne ne lui

---

[1] *D'André (Antoine-Joseph-Balthazard)*, conseiller au Parlement de Provence, député par la Noblesse de la sénéchaussée d'Aix aux États-Généraux de France en 1789, plusieurs fois président de l'Assemblée Constituante, ministre de la police en 1814, mort en 1825, intendant des domaines de la Couronne.

[2] *Journal du Parlement*, etc..., page 745.

a contesté son caractère surprenant de grandeur. Véritable image du sphynx antique , elle a posé dans le monde le plus redoutable et le plus obscur des problèmes. Si je ne puis hasarder mes pas sur un terrain aussi périlleux et aussi vaste, je dois, cependant, ne pas négliger le point, où l'histoire que je traite se rattache à l'histoire générale, et où se place l'action de Pascalis.

Le mouvement de réforme dont Louis XVI avait donné lui-même le premier signal , venait d'entrer, tout d'un coup, dans une nouvelle phase. Il ne suffisait pas d'avoir retiré les édits bursaux de M. de Calonne et de M. de Brienne ; il fallait rétablir les finances par d'autres moyens ; il fallait, sans entâmer les priviléges pécuniàires , combler le déficit. La question était toujours telle que Pascalis l'avait formulée en Provence, dans son *Mémoire des contributions*, et aux États de 1788. La Cour plenière , ridiculisée dès son origine ,. semblait n'avoir laissé d'autre issue que celle ouverte par l'hostilité des Parlements, *les États-Généraux.* Le sort en était jeté. Le gouvernement suivit la pente , et la nation s'y précipita avec un aveugle enthousiasme.

Ainsi donc, ce n'était plus par des réformes lentes et par des améliorations progressives [1], qu'on espérait dé-

---

[1] « Il eût été préférable que le rétablissement des finances par la réformation des priviléges abusifs, par l'accomplissement de tous les retranchements économiques auxquels Votre Majesté s'était déterminée et par l'institution complète des Assemblées provinciales dans tout le Royaume , précédassent la renaissance des grandes Assemblées nationales proprement dites, et qu'on ne pût pas croire que leur retour fût l'effet du besoin. »

(*Lettre adressée au Roi, par M. de Calonne, le 9 février* 1789. Londres, T. Spilsbury, in-8°, pages 73 et 74).

nouer les difficultés du moment. On s'élançait dans la région des tempêtes ; on invitait les trois Ordres à vider eux-mêmes leur différend, et on croyait que du choc des éléments surgirait le remède à tous les maux ! Mais, du moins, avait-on un plan, des idées nettes et précises, un système de conduite mûrement combiné ? Enfin, avait-on sondé les abîmes au milieu desquels on allait s'aventurer?

Entre les nombreuses calamités de ce temps, la plus lamentable vint de la timidité et des faux scrupules du pouvoir, qui n'osa prendre un parti courageux et serrer les rênes. Le besoin impérieux de l'union eût exigé qu'avant de convoquer les États-Généraux, on tranchât des questions évidemment insolubles en dehors d'une intervention de l'autorité. On ne réunit pas sans d'immenses périls, une masse d'hommes divisés par le rang, par l'éducation, par les mœurs, par l'intérêt, n'ayant que des notions vagues et mal définies sur le mécanisme compliqué du gouvernement, ne se connaissant pas, ne pouvant donc s'entendre et se concilier. « On a dit, observe Portalis, que rien n'est quelquefois moins sage qu'une assemblée de sages. Que faudra-t-il donc penser d'une multitude de forcenés et de furieux qui croient être arrivés au moment de réaliser leurs vaines spéculations, et qui s'imaginent, en profitant des vices de la multitude, pouvoir faire sortir le bien de la corruption même [1] ? » En 1787, lorsqu'on demandait le retour des anciens

---

[1] *De l'usage et de l'abus de l'esprit philosophique*, etc... tome II, page 384. Portalis parlait de cette foule de meneurs de bas étage qui allaient séduire et pervertir le peuple, qui dominèrent dans l'Assemblée Constituante par la terreur et gouvernèrent la France par les clubs.

États de Provence, Pascalis n'avait pas caché les résultats inévitables de cette reconstitution, et il avait supplié les trois Ordres *de se fixer d'abord sur les principes, s'ils n'aimaient mieux établir entr'eux un état de guerre.* Une nécessité de même nature existait, certes, à un plus haut degré, quand il s'agissait des États-Généraux du Royaume. Devait-on reculer devant la résistance que manifestaient les deux premiers Ordres à se dessaisir de leurs priviléges pécuniaires ? Ce sacrifice urgent pour le bien public, était le vœu le plus cher de Louis XVI ; il eût applani bien des obstacles. Ne convenait-il pas de choisir, comme siége des États-Généraux, une cité moins tumultueuse que Paris, de décider si le vote aurait lieu par Ordres ou par têtes, et de rassembler, sans tarder trop longtemps, les représentants des provinces, pour ne pas laisser s'aggraver la crise...?

Au lieu d'adopter cette marche, on retarda l'époque des États, on ne fixa aucun principe, et on abandonna le mouvement à son impétuosité. Déjà, en vertu d'un arrêt du Conseil du 5 juillet, les citoyens de tous les Ordres, les écrivains, les Assemblées municipales et provinciales avaient été autorisés à éclairer le pouvoir par des observations et par des mémoires. Quelles étaient les conséquences inévitables de cette liberté illimitée d'écrire ? Un conflit désordonné de théories et de systèmes. On préludait à l'anarchie par l'anarchie.

Quand, à soixante années de distance, nous parcourons les innombrables pamphlets qui furent publiés à cette époque [1], nous ne doutons plus de ces vérités. Ja-

---

[1] Parmi les pamphlets qui parurent en Provence, vers la fin de 1788 et

mais, en effet, on n'a tant parlé, tant écrit, tant sacrifié
le bon sens à la phrase ; dans aucun autre siècle, l'ambition présomptueuse de tout juger, de tout censurer,
de tout fronder, de tout savoir, ne détruisit plus activement les liens de subordination, sans lesquels il ne saurait exister d'ordre social. On vit alors ce que l'histoire
nous montre, à des degrés divers, chez les peuples perdus dans le matérialisme, lorsque la corruption en est
venue à ce point, d'effacer des consciences les premiers
principes de la morale. Les ténèbres naquirent de l'excès
même et de l'abus des lumières. L'exaltation fébrile des
têtes n'était égalée que par la profonde dépravation des
cœurs. On déclamait contre les abus, et les abus crois-
saient chaque jour, à chaque pas. On avait sous les yeux
le tableau des plus grands désordres, et on rêvait des
institutions d'une perfection absolue. Il eut fallu borner
ses désirs à des réformes lentes, mesurées, progressives;
on prétendit innover subitement, en tout et partout.
Aussi, l'ancienneté devint un motif déterminant de mépris. L'empire de la mode fut donné à l'utopie et au
paradoxe. Il y eut une sorte de gloire à ridiculiser les

---

au commencement de 1789, nous citerons seulement ceux qui suivent ; ils
sont presque tous sans nom d'auteur ni d'imprimeur. — *Mon mot sur la
contribution aux charges publiques. — Catéchisme du Tiers-Etat, à
l'usage de toutes les provinces de France, et spécialement de la Provence,* 1789. *— La voix de la raison et de la justice. — Observations
sur ce pamphlet.— Manuel à l'usage du Tiers-État de la Provence et
de beaucoup d'autres provinces, pour l'année* 1789. *— Seconde partie
du manuel à l'usage du Tiers-État, du second ordre de l'Église, et des
Nobles sans-fiefs de la Provence et de beaucoup d'autres provinces,
pour l'année* 1789, etc.

Il n'est pas besoin d'observer que nous ne comprenons pas dans cette
énumération les nombreux et célèbres pamphlets de Mirabeau.

maximes et les coutumes des ancêtres. Depuis longtemps, certains philosophes s'étaient chargés de prouver qu'une destruction complète de la société était nécessaire pour ramener les hommes au beau idéal de *l'état de nature*. D'autres écrivains moins insensés, recherchèrent dans les constitutions des peuples anciens et modernes, les formes de gouvernement qui flattaient le mieux leurs passions et leurs intérêts. Au milieu d'une si effrayante anarchie morale, dans un moment où le bien et le mal, le vrai et le faux, se trouvaient si étrangement mêlés, il est aisé de concevoir avec quelle confusion d'idées et quelle acrimonie de langage, furent discutées les questions irritantes que souleva définitivement entre les Ordres la convocation des États-Généraux.

Il faut sans doute le reconnaître : des idées justes, excellentes, nationales, des projets utiles de réforme, surnageaient au-dessus du cahos des opinions. Malheureusement, les écrits consacrés à les propager et à les défendre, demeuraient inaperçus. Si le pouvoir flottait incertain, il en était de même des trois Ordres. Où marchait-on ? où allait-on ? Nul n'aurait pu le dire, pas mieux le Tiers que le Clergé et la Noblesse. Dans l'un et dans l'autre camp, on espérait tout aveuglément. Et cependant, on ne cessait d'invoquer la puissance de l'opinion comme la grande divinité du jour. « Mais, je le demande, s'écrie ici Portalis, où était donc cette prétendue opinion publique dont nous étions si orgueilleux ? Il y a une opinion publique, partout où il y a des maximes reçues et invariables qui dirigent les familles et l'État, les mœurs particulières et les mœurs générales,

les idées privées et les idées communes. Mais comment pouvait-on se vanter d'avoir une opinion publique dans un état de société où, depuis un demi-siècle, on était sans cesse poussé en avant par la multitude des découvertes, et étourdi par l'opposition éternelle des systèmes et la succession des idées ? Comment pouvait-on se glorifier d'avoir une opinion publique dans un état de choses où l'on était sans cesse obligé de tout sacrifier à l'idée du moment, et dans un pays où il y avait tant de coteries et point de public, tant d'ecclésiastiques et point de Clergé, tant de nobles et point de Noblesse, tant de gouvernants et point de gouvernés ?

« Ah ! il n'est que trop vrai, que depuis longtemps, il n'y avait plus d'opinion publique; et c'est parce qu'il n'y en avait plus, que les hommes, manquant d'idées et d'affections communes, n'avaient aucune prise les uns sur les autres, aucun lien entr'eux ni avec la société générale... ; c'est parce qu'il n'y avait plus d'opinion publique, que toute nouveauté était accueillie avec empressement, et qu'on ne demandait jamais d'un système s'il était bon, mais s'il était nouveau ; s'il était vrai, mais s'il était hardi[1]..... »

Dans une situation si dangereuse, un pouvoir fort qui aurait contenu et réglé l'élan, eût beaucoup contribué à amortir le choc. « Je ne dis point, ajoute Portalis, que l'ancien régime de la France n'eût pu durer encore longtemps sans les circonstances accidentelles qui en ont précipité la ruine ; je ne dis même pas qu'il eût été im-

---

[1] *De l'usage et de l'abus de l'esprit philosophique durant le* XVIIIᵉ *siècle,* tome II, pages 377-379.

possible de prévenir la catastrophe, si les gouvernements avaient su corriger et diriger l'esprit général de leur siècle , *s'ils n'avaient pas négligé toutes les institutions qui tenaient aux mœurs , pour ne s'occuper que de celles qui pouvaient accroître les finances*..... Mais je dis qu'il est bien difficile que le gouvernement soit plus sage que la nation, et que, dans un certain état de choses, il ne soit pas emporté par le même tourbillon qui emporte la nation elle-même[1]. »

Ces lignes , écrites par le philosophe chrétien , par le législateur à venir de la France , qui devait concourir plus tard à relever dans l'ordre civil les ruines faites par la révolution, suffisent à indiquer ici, dans leur ensemble, les causes qui vicièrent le mouvement politique de 1789. Portalis ne s'est pas arrêté seulement à découvrir et à constater le mal. Se souvenant des luttes dont il avait été le témoin en Provence , s'inspirant des mêmes maximes qui l'avaient alors dirigé, et qui avaient eu dans Pascalis leur représentant le plus vrai et le plus énergique , il a tracé le programme d'une réforme sérieuse , honnête , raisonnable; il a opposé aux doctrines sauvages du nivellement, celles qui eussent vraiment établi et consolidé la liberté parmi nous.

« Avec le temps , dit-il , les mœurs se corrompent , les bonnes institutions s'affaiblissent et sont négligées , les abus se glissent partout. *Il ne faut alors ni tout tolérer, ni tout détruire.* Sans doute , il faut savoir se résigner aux changements nécessaires , lorsque , par la force des

---

[1] *Ibid.*, page 387.

circonstances , ce serait une innovation que de ne pas innover. *Mais comme l'homme ne change pas de nature, en changeant de mœurs, il faut changer les formes, sans aban-donner les principes qui naissent de la nature même de l'homme*[1]. »

Tel eut été, en effet, avec un peu moins d'orgueil, et un peu plus de patriotisme, le but désiré qu'aurait atteint la France, en 1789. On eut graduellement supprimé les abus, tout en conservant les principes essentiels de nos vieilles institutions nationales... Mais les événements ne devaient prouver que trop tôt, quel abîme existait entre ces idées et celles qui prévalurent par l'influence dissol-vante des philosophes, par les menées sourdes des cons-pirateurs et par l'absence d'un chef et d'un maître.

Regrets amers et vains ! Regrets, cependant, qu'il est utile de ne pas déguiser ! Pourquoi craindrions-nous de remonter à la source originelle de nos malheurs et de nos fautes? Pourquoi, avec Portalis, n'avouerions-nous pas les erreurs funestes qui ont créé et qui créent encore de nos jours, pour la société, une perpétuelle alternative de vie ou de mort ?

Dans le moment qui nous occupe, on n'assistait qu'à l'épanouissement d'un irrésistible enthousiasme. Les États-Généraux étaient la panacée souveraine qui allait calmer toutes les inquiétudes. Aussi, la déclaration du 23 septembre suscita un nouvel élan en Provence. Sans doute, les bienfaits de la Constitution y rendaient moins sensible le passage subit d'un état d'obéissance passive

---

[1] *Ibid.*, page 396.

à l'exercice d'une entière souveraineté. Cependant , la fermentation populaire ne tarda pas de s'y développer avec une grande violence. Naguère, les désirs de réforme ne dépassaient pas les limites du Pays ; alors ils s'universalisèrent , et une double action dût s'en suivre. Comment la Provence députerait-elle ? Et même , lui convenait-il de députer ? Formant une nation indépendante , avions-nous intérêt à nous immiscer activement dans les affaires générales du Royaume ? Notre situation à l'égard de la France était analogue à celle des terres adjacentes, d'Arles , de Marseille , vis-à-vis de nous [1]. Tout au plus , nos représentants pouvaient-ils assister aux délibérations sans y prendre part. Envoyer à Paris une députation munie de pleins pouvoirs , c'était nous dépouiller de notre liberté , c'était , au point de vue de la nationalité provençale , commettre un véritable suicide.

Ce danger fut alors senti dans plusieurs Pays d'États, et particulièrement dans le Béarn [2]. Le seul reproche qu'on pourrait adresser à Pascalis serait de ne pas en avoir apprécié la gravité , dès l'origine. Son excuse se trouve dans l'impossibilité d'une opposition efficace à l'entraînement des esprits. Du reste , plus que jamais , on espérait que les États-Généraux ne seraient que le

[1] Les députés des terres adjacentes n'avaient pas voix délibérative aux États de Provence ; ils n'y assistaient que pour veiller au maintien de leurs priviléges.

[2] C'est ce qui ressort d'une pièce imprimée , ayant pour titre : « *Lettre écrite par plusieurs citoyens du Clergé, de la Noblesse et des Communes de Dauphiné , à messieurs les syndics généraux des États de Béarn.*» Elle est datée de Grenoble, le 24 octobre 1788.

couronnement d'un vaste système d'Assemblées provinciales ; la Constitution de Provence, dès lors, loin d'être compromise , acquerrait une plus grande force par son annexion avec celle des autres Pays d'États, et avec les administrations indépendantes dont seraient pourvus les Pays d'Élections. Tels étaient les projets avoués du gouvernement. Je n'en veux pour preuve que ces paroles de Necker au Roi , dans son rapport du 27 décembre 1788 :

« Vous avez encore , Sire , le grand projet de donner des États provinciaux au sein des États-Généraux, et de former un lien durable entre l'administration particulière de chaque province et la législation générale. Les députés de chaque partie du Royaume concerteront le plan le plus convenable, et Votre Majesté est disposée à y donner son consentement , si elle le trouve combiné d'une manière sage et propre à faire le bien sans discorde et sans embarras [1]. »

La Provence serait donc représentée aux États-Généraux. Ce n'était pas tout. Qui députerait ? Serait-ce la nation par une élection directe ? Seraient-ce les États ?

Le premier mode d'élection n'était ni dans la raison des choses , ni dans le vœu des hommes éclairés. La Provence était un corps unitaire et indivisible. Selon la Constitution , les députés aux États-Généraux devaient être nommés par les États du Pays, ou du moins par les trois Ordres assemblés séparément. Mais les États ne se

---

[1] *Rapport fait au Roi, dans son conseil, par le ministre des finances, le 27 décembre 1788.*

trouvaient pas constitués d'une manière satisfaisante pour le Tiers, malgré la réduction adoptée aux États de 1788. Les Nobles non possédant-fiefs en restaient exclus, ainsi que les membres du Clergé secondaire. Quelques communes jouissaient d'un droit de représentation, qu'en justice il fallait répartir sur toutes. Il est donc urgent d'achever l'œuvre de réforme, afin qu'une députation constitutionnelle puisse être faite. Pascalis va diriger de ce côté ses efforts les plus persévérants.

Entendez quel accent prennent dans sa bouche, les sentiments de bonheur qui éclatent de toute part :

« Messieurs, dit-il au conseil municipal d'Aix, le 14 novembre, nous touchons à l'instant d'une régénération universelle. L'opinion publique, cette idole des âmes vertueuses, a éclairé tous les Ordres sur les véritables intérêts de la nation et sur ceux de chaque classe de citoyens. Un monarque qui ne veut régner que par la justice, dépose dans le sein de ses peuples, l'état et la situation désastreuse des finances.....

« Déjà, les États du Pays de Provence, suspendus depuis cent cinquante années, ont été rétablis. Déjà, *les trois Ordres du Pays*, *formant la nation*, ont tenu une assemblée qui, suivie d'une seconde, dissipera *les antiques préjugés dont les Ordres ne pouvaient se dépouiller au premier instant de leur réunion.* Déjà, la voix publique, le cri de la raison, l'empire de la justice, annoncent une égalité de contribution qui n'est que le résultat des principes de toute association.....

« Ce premier pas fait vers le grand œuvre de la régénération politique, a été suivi d'un second. Sa Majesté a annoncé la convocation des États-Généraux pour le mois de janvier prochain.

«C'est dans cette Assemblée, véritablement représentative de la nation, qui fera époque dans l'histoire, qui sera l'instant de la restauration publique, le signal de ralliement de tous les Ordres, le triomphe des lois, de la justice, de la raison, que seront discutés et approfondis les grands intérêts qui en ont déterminé la convocation, et tout autre tenant au bien général, au droit public, *et à celui de la classe la plus indigente, trop évidemment et depuis trop longtemps surchargée en France* [1]. »

La pensée dominante de Pascalis est encore exprimée ici avec la même modération de parole. Que les deux premiers Ordres contribuent, et le remède à l'état désastreux des finances est trouvé. Pascalis ne dit pas, non plus, avec l'abbé Siéyès [2], et avec les flatteurs perfides de la bourgeoisie, *qu'est-ce que le Tiers-État ? Tout*. Mais il dit : « *les trois Ordres composant la nation…* » Pour répondre à l'invitation faite par le Roi dans son arrêt du 5 juillet, il exhorte ensuite le conseil à présenter son vœu sur la composition des États-Généraux.

---

[1] *Extrait des registres des délibérations du conseil municipal d'Aix, du 14 novembre 1788.*

[2] *Siéyès (Emmanuel-Joseph)* était né, le 3 mai 1748, à Fréjus (département du Var). Le fameux pamphlet qu'il publia en 1789, sous le voile de l'anonyme, portait pour titre : « *Qu'est-ce que le Tiers-État ? Tout. Qu'a-t-il été jusqu'à présent dans l'ordre politique ? Rien. Que demande-t-il ? Devenir quelque chose…* » On assure que 30,000 exemplaires furent vendus dans trois semaines.

L'abbé Siéyès a été l'idole et le chef de cette funeste école, issue du XVIIIe siècle, qui, après avoir imposé à la France la stérile expérience de

Le conseil municipal de la capitale de la Provence exerçait naturellement une influence prépondérante, et il adhérait à la cause de la réforme. J'ai déjà raconté comment il s'associa aux réclamations renfermées dans la lettre des députés du Tiers, après les États de 1788. Le 14 novembre, il formula ainsi ses doléances :

La Provence aura un nombre de représentants, proportionné aux sommes qu'elle verse dans le Trésor public, et à son caractère d'*État uni, principal et indépendant.* Les députés seront nommés par les trois Ordres composant les États, et non par bailliages ou par vigueries. Enfin, chaque Ordre fournira un nombre de députés en rapport avec les impôts qu'il paie, en les nommant séparément.

Le conseil adressa de nouvelles supplications pour qu'un syndic fût accordé au Tiers.

Des délibérations analogues furent prises dans d'autres communautés importantes. Elles étaient imprimées et on les répandait dans tout le Pays. Aussi, une sorte de fièvre avait déjà gagné les moindres hameaux. Pascalis avait cherché jusqu'alors à la dominer; mais, la fin de son administration approchait. Bientôt redevenu simple citoyen, il n'aurait plus assez de pouvoir, pour prémunir le Tiers contre ses propres excès. Une crainte secrète saisit en ce moment tous ceux qui ne se dissimulaient pas la difficulté des circonstances, et qui connaissaient le prix d'un homme de devoir et de caractère au milieu d'une si grande crise. « L'assessorat de Pascalis touchait

---

dix ou onze Constitutions, l'a laissée énervée, sans croyances, sans principes, sans traditions, et doutant même de son avenir.

à sa fin, rapporte un historien, et les communes provençales sentaient vivement la perte qu'elles allaient faire.
On lui cherchait partout un homme digne d'occuper sa
place. Le conseil municipal d'Aix s'assembla, le jour fixé
pour procéder à la nomination du nouvel assesseur et
des nouveaux Procureurs du Pays. Jamais élection n'a-
vait été plus difficile et plus importante. Pascalis fixa
l'incertitude du conseil ; il assura que l'avocat Roman-
Tribuiiis méritait les suffrages à tous égards, et qu'il
serait toujours fidèle à la cause du peuple. L'Assemblée
le nomma à l'unanimité, et le peuple sanctionna ce choix
par des cris d'enthousiasme [1]. »

Pascalis reste néanmoins à son poste jusqu'au premier
janvier. A mesure que l'année 1789 apparaît à l'horison,
le mouvement s'accélère ; l'agitation populaire grossit
toujours davantage. Pendant que la seconde Assemblée
des Notables essayait vainement de réagir contre les
tendances avouées du ministère, le Tiers mettait à profit
dans les provinces les témoignages de faveur qu'on lui
prodiguait. La représentation de cet Ordre au sein de nos
États, n'était formée que de consuls de communautés [2].
Le conseil municipal demanda, le 18 décembre, que les
choix pussent désormais se porter librement sur des
hommes plus instruits et plus capables de soutenir les
intérêts des communes.

[1] *Histoire de Provence*, par Augustin Fabre, Marseille, 1835. Tome IV,
pages 369 et 370.
Les consuls d'Aix, Procureurs du Pays, nommés avec Roman-Tribuiis,
furent le marquis de La Fare, Duranti-Collongue et Arnulphy.
[2] L'Assemblée générale, tenue en décembre 1640, à Draguignan, l'avait
décidé ainsi.

Ce fut après cette séance que Pascalis reçut un honneur dont sa grande âme de citoyen dut avec raison s'énorgueillir :

« La délibération étant terminée, le conseil considérant, qu'après tant de siècles d'erreur, d'abus, de faiblesses [1], le moment est venu où les droits légitimes du Tiers-État vont être rétablis ; que le zèle et le courage du sieur Pascalis, assesseur, ont donné la première impulsion à des réclamations universelles dont l'opinion publique, sanctionnée par le premier tribunal du Royaume, a fixé désormais la justice ; que depuis il n'a cessé de poursuivre avec le même zèle la perfection de ce grand ouvrage, a délibéré unanimement, et par acclamation, de lui présenter des remercîments et de consigner à la suite de la présente délibération, qui sera imprimée, le témoignage public de sa reconnaissance ; et les délibérants ont signé... [2]. »

Mais la question importante, celle d'où dépendait l'avenir, était encore laissée incertaine. Comment reconstituer les États ? Depuis ceux de 1788, l'opinion s'était de plus en plus prononcée pour une véritable réforme, qui concilierait mieux les divers intérêts en litige. L'Assemblée des communautés de Lambesc avait manifesté un semblable vœu. Nul, en réalité, n'était satisfait. Il

---

[1] On voit bien percer dans ce peu de mots, l'esprit de suffisance et de présomption, qui a été le caractère particulier de cette époque. Aujourd'hui, dans l'état de lassitude morale où la révolution nous a réduits, nous pouvons apprécier si nous sommes en droit de mépriser aussi absolument les siècles passés.

[2] *Extrait du registre des délibérations du conseil municipal d'Aix,* commencé le 1er décembre 1787, page 180.

était évident que rien , dans le dernier arrangement', ne
pouvait être regardé comme définitif. La Noblesse elle-
même se livrait à des démarches actives , dans le but
d'obtenir que tous les possédant-fiefs fussent convoqués
in plenis aux prochains États. Pascalis consulté ne méconnut pas la justice de cette demande; il fallait, croyait-
il , ménager aux trois Ordres les moyens d'être complètement représentés , afin que l'œuvre de restauration
s'opérât enfin selon le vœu national. Il accéda donc aux
sollicitations de la Noblesse, et il se disposait à réclamer
un même droit en faveur du Tiers , lorsque l'Assemblée
des Notables vint arrêter le cours des négociations [1].

Cependant , des bruits alarmants se propageaient ; on
annonçait que le Tiers serait maintenu en minorité aux
nouveaux États. Pascalis pensa que le silence n'était plus
possible. Il écrivit le 20 décembre à MM. de Villedeuil
et Necker. Dans cette lettre , il leur présentait un projet
qui aurait permis de convoquer tous les gentilshommes
possédant-fiefs , et de donner aux communes un nombre
égal de voix à celui du Clergé et de la Noblesse. Le lendemain, le comte de Caraman transmettait à Pascalis les
ordres du Roi qui déterminaient au 25 janvier la réunion
des États; ceux-ci seraient composés, tels qu'ils l'avaient
été en 1639 et en 1788. Les ordres portaient, en outre,
que les Procureurs du Pays s'abstiendraient de convoquer
les communautés qui n'avaient entrée aux Assemblées
générales que depuis 1739.

Il est facile d'imaginer l'émotion que produisit une

---

[1] *Procès-verbal et délibérations de l'Assemblée de la viguerie d'Aix,
convoquée au 9 janvier 1789, pages 26 et 27.*

pareille nouvelle. La Provence entière se souleva. Les antiques priviléges dont jouissait la ville d'Aix, la constituaient comme la mère de toutes les autres communautés[1]. Une résolution soudaine fut prise par les défenseurs du Tiers. La fameuse Assemblée des Notables de Grenoble, tenue dans cette ville, après les édits du 8 mai, offrait un exemple qu'on s'empressa d'imiter[2]. Le jour même où les ordres du Roi furent reçus, M. d'André, conseiller au Parlement, rédigea un acte de demande, sous le nom de *comparant*, qui fut signé par 200 personnes[3]. On y sollicitait la convocation immédiate d'une Assemblée des trois Ordres de la ville d'Aix, où tous les ecclésiastiques, tous les gentilshommes sans distinction, et tous chefs de famille du Tiers seraient admis.

Pascalis était trop fidèle à ses maximes de modération et de prudence pour consacrer de sa propre autorité, un acte aussi grave. Il réunit sur-le-champ le conseil, et le 26 décembre, il soumit le comparant à sa décision. « Convaincus de l'importance de la réclamation, dit-il, votre sagesse vous prescrira ce que le devoir exige de votre zèle. »

Le conseil arrêta que les trois Ordres de la ville d'Aix s'assembleraient, le lundi 29 décembre ; que tous les citoyens seraient invités à venir prendre part au vote ; que des affiches, destinées aux gens de la campagne, seraient

---

[1] *Ibid.*, page 28.

[2] Plusieurs autres villes avaient eu également des Assemblées extraordinaires des trois Ordres, ainsi Rouen, Toulouse, etc.

[3] M. d'André reconnut, en effet, plus tard, qu'il en était l'auteur ; mais il ne l'avait pas signé. — *Journal du Parlement, de M. de Saint-Vincens,* page 778.

apposées aux portes des églises paroissiales de Puyricard
et des Milles. Au surplus, le conseil déclara protester
contre les prochains États et contre la députation aux
États-Généraux, si les représentants du Pays ne recevaient de la nation leur mandat et leurs pouvoirs.

Le lieu où devait être convoquée l'Assemblée, fut fixé
dans la chapelle des Pénitents des Carmes [1]; mais M. de
La Salle, conseiller au Parlement, qui en était le recteur,
se fit remettre les clefs et refusa de les livrer [2]. Alors,
les consuls choisirent l'église du Collége Bourbon. Au
milieu de ces démonstrations de résistance, le Parlement
témoignait de son embarras par la réserve de son attitude. On ne lui avait pas demandé son autorisation, bien
que les lettres patentes de 1575 fussent expresses.
Cependant, l'élan était tel, qu'il aima mieux garder la
neutralité, afin d'éviter de plus fâcheux désordres. Un
seul point nécessita son intervention. Le dimanche, 28
décembre, plusieurs des principaux magistrats ayant
appris que MM. d'André et de Montmeyan voulaient se
rendre à l'Assemblée du lendemain, provoquèrent une
réunion de tous Messieurs présents à Aix. Elle se tint, à
huit heures du soir, chez M. de Vitrolles. MM. d'André, de
Montmeyan, de Vitrolles et de Beauval fils, furent d'avis
que l'Assemblée était légale. On leur objecta les lettres
patentes de 1575 ; on ajouta que si le Parlement con-
sentait à se taire par esprit de paix, il fallait, du moins,

---

[1] Cette chapelle est encore occupée aujourd'hui par la même confrérie,
dans la rue du Louvre. Les Pénitents blancs portaient alors le nom des
Carmes, parce qu'ils avaient établi d'abord leur chapelle dans l'église de ce
nom ; ils l'avaient abandonnée, en 1654, pour celle du Louvre.

[2] *Journal du Parlement*, etc..., page 779.

qu'il ne parut pas autoriser de semblables démarches.
Les opposants cédèrent à ces raisons et promirent de
renoncer à leurs projets [1].

Cette divergence de conduite s'explique, quand on
observe les intérêts contraires qui partageaient la Noblesse. Les gentilshommes non possédant-fiefs étaient
repoussés des États par le règlement de 1622, et leur
grande ambition était de se créer des titres pour y être
admis [2]. De là, leur union apparente avec le Tiers. M.
d'André se trouvait placé, par son activité et ses talents,
à la tête de cette fraction nombreuse du second Ordre.
Il avait écrit un mémoire qu'il avait le dessein de pré-

---

[1] *Ibid.*, page 786.

[2] Le règlement adopté en 1620 par les propriétaires de fiefs et ratifié en
1622 par les États, portait que *dorénavant, ainsi que toujours a été
accoutumé, les seuls gentilshommes possédant-fiefs auront entrée aux
États et Assemblées.*

En 1789, les simples gentilshommes ne manquèrent pas de protester contre
ces mots : *ainsi que toujours a été accoutumé*, et ils cherchèrent à démontrer, par des exemples tirés des procès-verbaux des plus anciens États,
qu'ils avaient eu jadis droit de suffrage dans nos Assemblées nationales.
Cette affirmation fut combattue avec énergie par les Nobles possédant-
fiefs. Ces derniers prouvèrent victorieusement que les exemples cités étaient
sans valeur.

Du reste, il n'est pas hors de propos de remarquer ici, que les prétentions
des Nobles non possédant-fiefs étaient contraires aux vrais principes de
la Constitution provençale, en vertu de laquelle le droit de représentation
était attaché à la terre, soit noble, soit roturière, et non à la personne.
Aussi, les qualifications d'*Ordre de la Noblesse* et d'*Ordre du Tiers-
État*, n'étaient pas exactes ; et si, dans le cours de ce travail, nous avons
donné cette désignation aux possédant-fiefs et aux communes, c'est qu'en
1789, elle était devenue générale, ou à peu près, par suite des causes qui
viciaient dans les esprits la rigueur du droit.

On ne sera pas surpris davantage, quand on verra Pascalis pencher pour
l'admission des Nobles non possédant-fiefs aux États de Provence. L'intérêt
des communes, les entraînements du moment le portèrent, sans doute, à ap-
prouver, sur ce point, une modification des anciens principes.

senter à l'approbation de l'assemblée du 29 décembre. Ne pouvant se séparer de son corps, il chargea de ce soin un de ses amis.

La situation était telle que je viens de la dépeindre, lorsque l'assemblée se réunit au jour indiqué. Pascalis était appelé à en diriger les débats et la marche. Sa qualité d'assesseur, son influence, ses lumières, le patriotisme dont il avait donné depuis deux ans de si éclatantes preuves, fixaient sur lui les regards de tous. De même que Mounier, à Grenoble, il était considéré comme le guide le plus éclairé et le plus sûr que pût avoir le Tiers. Il commença par tracer un tableau des imperfections et des vices qui déparaient les anciens États. Il n'eut pas de peine à signaler ainsi les causes qui paralysaient la réforme des abus, détruisaient l'harmonie, et empêchaient les Ordres de se rapprocher. « La formation d'une Assemblée nationale, s'écria-t-il, ne peut être que l'ouvrage de la nation. Ses représentants exercent ses pouvoirs; ils doivent donc avoir sa confiance; elle doit donc les choisir. » Or, les États de Provence, tels qu'ils étaient composés en 1639, ne répondent plus aux mœurs et aux besoins nouveaux. Aucune loi constitutive n'exclut telle ou telle partie de tel Ordre. Sur un si grand nombre de communautés, trente-cinq seulement ont des députés, les autres ne sont représentées que par les vingt et un députés de vigueries. Le Clergé inférieur et les gentilshommes non possédant-fiefs n'ont pas droit de suffrages, et se plaignent d'un état de choses, où tous les membres des Ordres ne participent pas à l'administration.

«Quel est donc le moyen de faire cesser l'agitation qu'il y a dans tous les Ordres, d'obvier aux plaintes, de représenter la nation, *d'assurer notre Constitution*, d'avoir des représentants légalement constitués, et qui, députant aux États-Généraux, puissent leur conférer le pouvoir national ?

« *C'est d'assembler la nation, de concerter dans son sein un règlement salutaire, qui, formé d'après le vœu de tous les citoyens, soit vraiment constitutionnel, et fasse la loi du Pays, comme émané de tous et sanctionné par l'autorité*[1]. »

On ne se rendrait pas un compte exact de l'impression qui suivit ces paroles, si on ne savait les événements qui attiraient alors l'attention publique sur une province voisine. Le Dauphiné montrait en ce moment à la France et à l'Europe, tout ce que peut le patriotisme secondé par l'union. Après avoir perdu ses États particuliers, en 1628, il venait de les reconquérir vaillamment, le 21 juillet, à Vizille[2] ; puis, il avait désarmé le pouvoir, par la sagesse qu'il avait gardée dans son triomphe. Les

---

[1] *Procès-verbal de l'Assemblée des trois Ordres de la ville d'Aix, tenue, le 29 du mois de décembre 1788, à neuf heures du matin, dans l'église du Collége*, page 11. A Aix, Gibelin David et Éméric David, 1788.

[2] Dans l'Assemblée des Notables de Grenoble, tenue le 14 juin 1788, il avait été délibéré de faire une adresse au Roi, pour demander le rappel du Parlement et le rétablissement des anciens États de la province, où les trois Ordres délibéreraient ensemble et voteraient par tête. Il avait été encore décidé que si les députés des trois Ordres n'étaient pas convoqués par le gouvernement, ils se réuniraient dans soixante-dix jours. Les gentilshommes prirent une même résolution. Six d'entr'eux allèrent à Paris négocier avec le ministre qui leur proposa des États formés sur le type de ceux de Provence. Mais déjà les députés s'étaient assemblés. Le maréchal Devaux, qui avait reçu la mission de les dissoudre, n'osa lutter contre l'entraînement de l'opinion. On sait que c'est de Vizille, que partirent les premières réclamations pour la convocation des États-Généraux.

États accordés par le ministre, s'étaient réunis à Romans.
Là, un règlement constitutionnel avait été unanimement
adopté, pour fixer d'une manière égale et avec l'adhésion
de tous, la représentation du Clergé, de la Noblesse et
du Tiers. Ainsi, pendant qu'ailleurs les trois Ordres
accroissaient leurs divisions par des querelles stériles,
ils avaient fait taire en Dauphiné de vaines suscepti-
bilités, et ils s'étaient conciliés à l'amiable. Il avait été
décidé qu'à l'avenir les États de cette province seraient
formés de 24 députés du Clergé, de 48 députés de la
Noblesse, de 72 du Tiers-État, nommés respectivement
par les libres suffrages de chaque Ordre. De plus, la
Noblesse n'avait pas hésité de sacrifier une grande partie
de ses priviléges pécuniaires. Tels étaient les premiers
fruits de cette union, que Pascalis n'avait cessé de re-
commander comme la sauvegarde de la paix sociale.
Sanctionné par le Roi, le 22 octobre, le règlement était
donc déjà en pleine vigueur; d'innombrables exemplaires
en avaient été répandus dans toutes les communautés
du Midi, et il excitait en Provence, comme dans le reste
du Royaume [1], des transports d'enthousiasme.

On comprendra, dès lors, au milieu de quels applaudissements furent accueillies les propositions faites par
Pascalis, le 29 décembre. Il s'agissait de réclamer pour
la Provence, le même privilége qui avait été reconnu au
Dauphiné, et de demander une même convocation des

[1] Une foule de provinces voulurent alors reconstituer leurs anciens États,
ou former leurs Assemblées provinciales, sur le modèle des nouveaux États
de Dauphiné; ainsi, la Franche-Comté, la Normandie, l'Alsace, la Lorraine,
l'Auvergne, le Poitou, la Guienne, etc...

trois Ordres du Pays. « Nos voisins , dit Pascalis , nous ont prouvé qu'il n'est ni impossible, ni même difficile de convoquer la nation et de la représenter. *Chaque communauté, prenant le vœu des individus de chaque Ordre, donne ses pouvoirs à un ou plusieurs députés ; et ces députés concourant par eux-mêmes ou par d'autres députés , à la formation de l'Assemblée Nationale , concourent ainsi à représenter la nation et à former l'expression de ce vœu qui porte le caractère d'un vœu vraiment national.*

« Par cette organisation facile, qui n'est que le résultat de nos administrations, la nation provençale s'assemble, délibère, députe aux États-Généraux, concourt à conso·lider la dette nationale , au rétablissement de l'ordre dans les finances, à donner au souverain de nouvelles preuves d'amour et de fidélité , au maintien de l'harmonie générale et à la discussion des grands objets qui doivent être agités dans l'Assemblée de la nation [1]... »

« Si l'on n'a pas pris pour règle de la formation des États de Dauphiné, ses États de 1628, dit encore Pascalis, on ne peut pas prendre pour règle de nos États ceux de 1639. — Implorons donc avec confiance la justice du meilleur des Rois , nous sommes dignes de sa bienfaisance , par notre amour et par notre fidélité. Le peuple de Provence n'a cessé de faire des efforts au-dessus de ses moyens [2]... »

Les circonstances sont impérieuses ; mais avant de délibérer , Pascalis requiert la lecture du mémoire de

---

[1] *Procès-verbal de l'Assemblée des trois Ordres de la ville d'Aix,* etc..., pages 6 et 7.

[2] *Ibid.,* page 15.

M. d'André. Il exprime le désir qu'il soit présenté au Roi. Puis, la motion sur l'assemblée des trois Ordres est votée *unanimement et par acclamation*. Pascalis se lève encore, et il demande que *des commissaires choisis dans les trois Ordres s'occupent de la correspondance et accélèrent l'exécution du plan qu'il propose*. Ces commissaires sont nommés. Des députés doivent aussi être envoyés à Paris, *pour porter au pied du trône les justes réclamations de la Provence, et l'hommage de ses vœux et de son amour pour le meilleur des Rois*. Les plus modérés de la réunion indiquèrent les noms de Siméon et de Portalis [1]. Pascalis eut voulu que ces deux célèbres avocats, avec lesquels il était lié par une étroite sympathie, reçussent de leur cité ce témoignage de confiance. Obéissant à d'autres influences, la masse des assistants aima mieux désigner les avocats Bouche et Barlet. Celui-ci refusa à cause de l'état de sa santé. Le lendemain, un conseil renforcé de cent personnes, adjoignit à Bouche, le Président de l'Evesque [2] pour la Noblesse, l'avocat Pochet et Mollet de Barbebelle pour le Tiers.

Ainsi se termina cette Assemblée qui eut un si grand retentissement dans le Pays, et qui fut le point de départ d'une nouvelle ère de combats. Le barreau y assista dans la personne de trente de ses membres, parmi lesquels se trouvaient les plus illustres, Portalis, Siméon, Pazery,

---

[1] *Journal du Parlement*, etc..., page 783.

[2] *L'Evesque (François-Auguste de)*, président de la Cour des Comptes, second Consul d'Aix, Procureur du Pays en 1785 et 1786, mort en 1803. Il eut la douleur de voir son fils, âgé de 33 ans, exécuté révolutionnairement à Marseille, en 1793 (Voir sur cette ancienne famille, les *Rues d'Aix*, tome I, pages 380-387).

Barlet, Dubreuil [1]...; tous se serraient autour de Pascalis, animés par un égal sentiment de patriotisme. Les ecclésiastiques et les possédant-fiefs n'y parurent pas. Mais la foule des bourgeois, des artisans et des cultivateurs fut considérable, et leur nombre s'éleva à 1,200. Cet abandon dans lequel on laissa le Tiers fut fâcheux ; car le Tiers avait besoin d'être retenu sur la pente glissante de la révolution. Le comte de Galiffet et M. de Suffren Saint-Tropez essayèrent en vain de s'opposer au voyage des députés, en signifiant au conseil municipal un acte protestatif. Repoussés de ce côté, ils se replièrent vers le Parlement, où leur but était d'évoquer l'affaire. Après bien des instances, ils obtinrent qu'une réunion de Messieurs serait tenue, chez le Premier-Président, le 8 janvier. Mais les mêmes magistrats qui avaient d'abord conseillé le silence, se prononcèrent encore contre toute mesure de rigueur. Leur opinion prévalut [2]. Du reste, les députés étaient déjà partis le 3 janvier.

La marche était tracée. Malgré les tentatives hostiles, l'Assemblée des trois Ordres devint l'objet des plus vives espérances. Les conseils de viguerie et de communautés adoptèrent bientôt des délibérations dans le même

---

[1] Nous ajouterons à ces noms ceux qui suivent, et qui appartenaient presque tous au barreau : Arbaud, Émérigon, Bouche, Chansaud, Guieu, Mollet de Barbebelle, Espariat, Serraire, Alphéran, Éméric-David, Bouteille, Cappeau, Roux-Martin, Pellicot, Muraire, Clappiers-Collongue, Henricy fils cadet, Reinaud-Fonvert, Bernard, Dubreuil aîné, Baille, ancien notaire, etc... (Voyez le *Registre des délibérations du conseil municipal d'Aix*, commencé le 1er décembre 1787, pages 194 et 195).

[2] *Journal du Parlement, de M. de Saint-Vincens*, page 787.

sens. Chacun envoya aux quatre députés élus à Aix, le
29 décembre, les pouvoirs particuliers qui leur étaient
nécessaires pour agir au nom de la province[1]. Le gouvernement montra, lui aussi, l'intérêt qu'il prenait à ses
doléances, en accueillant d'une manière flatteuse les
mandataires de la ville d'Aix.

Mais il était à craindre qu'on ne parvînt à égarer sa
justice, en lui représentant l'Assemblée des trois Ordres
de Provence comme une innovation dangereuse. Des
écrivains se chargèrent de réduire à leur véritable valeur
les exagérations de certains esprits. Il fut prouvé que
dans des occasions solennelles, en 1480 et 1482, et
spécialement lorsque le Pays, en 1486, ratifia l'union
de la Provence à la Couronne, une assemblée des trois
Ordres, *concilium trium Statuum*, fut appelée. On invo-
qua les anciens procès-verbaux, où était attestée la présence *de plusieurs personnes de tout genre, condition et état,
savoir : nobles, principaux, notables, bourgeois, gens du
peuple, réunis pour tenir conseil*[2].

Pendant que Pascalis déployait tant d'énergie pour
assurer l'avenir des libertés provençales, il ne négligeait
pas ses fonctions administratives et il veillait à la bonne
gestion des intérêts publics. On sait avec quel zèle il
avait pris en main la cause du peuple. Les agents du fisc

---

[1] *Observations sur un imprimé ayant pour titre* : LETTRE DE LA NO-
BLESSE DE PROVENCE AU ROI, DU 31 JANVIER 1789, par les commissaires des
députés des communautés et des vigueries de Provence. A Aix, Pierre-
Joseph Calmen, in-8°, page 19. Cette pièce porte la date du 28 février 1789.
La Noblesse, dans sa lettre du 31 janvier, avait qualifié *de séditieuse* l'As-
semblée du 29 décembre.

[2] *Observations sur l'Assemblée des trois Ordres,* 1789. A Aix, Gibelin David et Éméric David, in-8°.

se livraient à de nombreuses violences. Il n'était pas rare
que les contribuables fussent en butte à des procédures
de mauvaise foi ou à des saisies arbitraires. Déjà, l'Assemblée des communautés de 1786, alarmée par de tels
abus de la force, avait établi *un défenseur gratuit pour les
pauvres*, soit afin de les dissuader d'une résistance coupable, soit dans le but de les protéger contre une injuste
avidité. Les Etats de 1788 s'étaient aussi occupés de
cette importante réforme. Ils avaient même décidé qu'un
bureau central de correspondance serait créé au sein de
l'administration, et que les communautés, vexées par le
fermier, seraient averties qu'elles pourraient y recourir[1]. Pascalis mit tous ses soins à hâter l'établissement
d'une institution aussi utile. Le bureau entra en fonctions
dès les premiers mois de l'année 1788. Chaque particulier
qui se croyait injustement attaqué, devait référer ses
plaintes aux chefs de viguerie, qui les transmettaient ensuite aux Procureurs du Pays.

Pascalis étendit plus loin sa sollicitude. Dans l'assemblée intermédiaire du 27 décembre 1788, il signala
d'autres abus qui se glissaient journellement dans la
perception des droits royaux. « *Ces abus*, ajouta-t-il,
*méritent d'autant plus l'attention des administrateurs du
Pays, qu'ils portent souvent sur la classe de citoyens la plus
faible et la plus pauvre*[2]. » Il fut convenu, d'après sa
motion, qu'une requête serait adressée à l'intendant,

---

[1] *Procès-verbal des Etats de 1788*, pages 167 et 168.

[2] *Procès-verbaux manuscrits des Assemblées particulières de 1788
à 1789*. Registre nº 1. (*Archives du département des Bouches-du-
Rhône)*.

pour qu'il voulût bien admonester le fermier, et qu'un mémoire dénonciatif serait présenté par les Procureurs du Pays aux prochains Etats. Plus on étudie notre ancienne administration provençale, plus on a lieu d'en admirer l'esprit pratique et la courageuse indépendance.

Pascalis venait d'arriver au terme dernier de son assessorat. Quelles pénibles émotions ne dut-il pas éprouver, en se retirant ainsi des affaires ! C'était, en effet, au moment du péril et à la veille de l'ouverture de ces funestes Etats qui ne pouvaient amener que des catastrophes ; c'était lorsque les droits constitutionnels du Pays, dans la députation aux Etats-Généraux du Royaume, avaient besoin d'être énergiquement défendus, et qu'il fallait obtenir du gouvernement la convocation immédiate des trois Ordres provençaux.

Pour nous, qui nous reportant par la pensée dans cette époque si féconde en contrastes, essayons d'arracher à l'oubli un des plus nobles caractères qu'elle ait produits, nous comprenons de telles émotions dans des conjonctures aussi malheureuses ; car, nous sentons que l'heure propice de la réforme s'en va, et que celle de la révolution commence ; et, de plus, nous savons comment les faits allaient répondre bientôt aux patriotiques désirs de concorde dont était animé Pascalis.

CHAPITRE VII.

LUTTES POLITIQUES DE 1789 EN PROVENCE.

SOMMAIRE.—Pascalis au conseil municipal d'Aix.—Apparition de Mirabeau en Provence. — Protestation et déclaration des possédant-fiefs sur
le rapport fait au Conseil du Roi, le 27 décembre 1788. — Ajournement
de l'Assemblée des trois Ordres de Provence.—États du Pays convoqués
au 25 janvier, sans réduction. — Moyens de conciliation proposés par
Pascalis et adoptés par le conseil municipal. — Rôle de Mirabeau aux
États. — Leur suspension. — Plan des commissaires du Roi. — Entrée
triomphale de Mirabeau à Aix. — Les six réquisitions de Pascalis dans
le sein du conseil municipal.—Le règlement du 2 mars.—Soumission du
Tiers.—Opinion de Mirabeau.—Les huit députés particuliers de la Noblesse.—Insurrections à Aix et en Provence.—Mandement de l'Archevêque. — La Noblesse renonce à ses priviléges pécuniaires le 27 mars. —
Élections, par sénéchaussées, pour les États-Généraux du Royaume. —
Pascalis est élu par le Tiers-État à Aix.—Son refus.—Reprise des États
de Provence.— Nouveaux désordres.

Un usage excellent avait attribué en Provence une
sorte de magistrature politique aux anciens Procureurs
du Pays. Après leur sortie de charge, ils restaient membres du conseil municipal d'Aix[1], et on les consultait
même souvent pour les affaires générales dans les cas
difficiles. On imprimait ainsi une marche régulière et

[1] Les consuls et assesseur d'Aix, prenaient le titre d'*ex-consuls* et
d'*ex-assesseur*, dans l'année qui suivait leur sortie de charge. Après

uniforme à l'ensemble de l'administration de la province;
on évitait les changements brusques de direction et de
conduite. Certes, rien n'est comparable, en majesté
et en autorité, à ce corps d'hommes éminents, tous
grands jurisconsultes, qui perpétuaient dans le Pays la
science du droit public, le culte des traditions et les
principes du véritable patriotisme.

Pascalis ne s'éloigna donc point complètement des
affaires. Sans doute, il avait perdu une arme puissante
d'influence, en cessant d'être assesseur ; mais, en lui, le
citoyen restait debout. L'homme de dévouement conservait la même force et les mêmes droits à la confiance
publique.

L'année 1789 s'ouvrit sous les plus tristes auspices.
Le froid fut si rigoureux, que les consuls d'Aix ne purent être installés dans la forme ordinaire[1]. A ces sujets
de crainte, s'ajoutaient les incertitudes politiques de
l'avenir. Ce fut dans ces circonstances que Mirabeau
arriva à Aix, le 13 janvier.

Affamé de pouvoir, impatient de trouver un emploi à

cette année, ils étaient désignés sous le nom de *pro-consuls* et de *pro-
assesseur*.

Dans le cours des années suivantes, lorsque le conseil procédait, selon les
règlements municipaux, au renouvellement de la moitié de ses membres, les
anciens consuls et assesseurs d'Aix étaient presque toujours élus conseillers. C'est ainsi que dans la séance du 30 novembre 1788, Pascalis, exer-
çant son droit de présenter huit candidats, proposa entr'autres : Portalis,
Barlet et Pochet, tous anciens assesseurs.

[1] Voyez, dans les *Rues d'Aix*, tome I, pages 98-103, quelques détails
curieux sur le mode d'installation des consuls d'Aix.

M. de Saint-Vincens raconte que le 31 décembre, le thermomètre descendit, dans la ville, à 10 degrés au-dessous de la glace.

l'activité dévorante de ses passions, las d'user vulgaire-
ment sa vie dans les travaux stériles du pamphlet, Mirabeau n'avait plus qu'une ambition, celle d'être élu
député aux États-Généraux du Royaume. Il avait d'a-
bord jeté les yeux sur l'Alsace ; il perdit bientôt l'espoir
d'y faire réussir sa candidature. Il se détermina enfin
pour la Provence. Il n'avait pas oublié les humiliations
qu'il y avait endurées, et l'opprobre que la Noblesse avait
déversé sur lui dans son procès en séparation avec sa
femme, Mlle de Marignane. La haine au cœur, il venait
exploiter les instincts populaires contre cette aristocratie
dont il brûlait de se venger. Pour entreprendre un voyage
aussi dispendieux, en l'état de détresse pécuniaire auquel il était réduit, il vendit à un libraire l'*Histoire
secrète de la Cour de Berlin.* Cette production, où il jouait
le rôle de délateur, le déshonora dans l'opinion et souleva un moment contre lui toute l'Europe.

Il ne voulut pas, d'abord, occuper trop vivement la
curiosité publique. Il s'était réservé pour les Etats. Tout
au plus le vit-on aux Assemblées de la Noblesse, auxquelles il ne négligea point de prendre part, et où il
plaida chaleureusement la cause du Tiers[1]. Cependant,
l'Assemblée des trois Ordres était toujours impatiemment
attendue. C'était par elle que le Pays devait avoir une
députation régulière aux Etats-Généraux ; c'était aussi
dans elle que la réforme de nos Etats s'opérerait. Les
quatre députés que la ville d'Aix avait envoyés à Paris,
entretenaient eux-mêmes cette douce confiance. Ils

---

[1] Ainsi à l'Assemblée générale de la Noblesse de Provence, dans la
séance du 21 janvier 1789.

annonçaient les dispositions favorables de la Cour et le
bon accueil qu'ils recevaient des ministres. Le rapport
au Conseil, du 27 décembre, acheva de porter l'enthousiasme à son comble. Le gouvernement, cédant à la
pression qu'il avait imprudemment provoquée, le 5 juillet, et dirigé par les vues secrètes de Necker, avait, en
effet, décidé : 1° que les députés du Tiers-Etat aux Etats-
Généraux seraient en nombre égal à ceux des autres
Ordres réunis ; 2° que les députés seraient au moins au
nombre de mille.

Le Tiers obtenait, sans coup férir, presque tout ce
qu'il demandait, et même, sur certains points, il était
satisfait au-delà de ses espérances. Le rapport de Necker
contenait, en outre, des promesses vagues qui laissaient
entrevoir dans l'avenir bien d'autres concessions. Les
esprits sages jugèrent ce rapport peu favorablement.
Accorder au Tiers la double représentation, sans fixer
si le vote aurait lieu par Ordres ou par têtes, était une
nouvelle et mortelle imprudence [1]. Multiplier le nombre
des députés, en ne traçant pas les limites de leurs droits,
c'était préparer la voie à tous les désordres. Mirabeau
ne s'était pas trompé, quand il écrivait, au mois d'août
1788 : « *Huit cents hommes se mènent plus aisément que*

---

[1] « Les ministres du Roi, dit Mounier, ne calculèrent point les conséquences de la double représentation ; ils ne prévirent point qu'elle entraînerait la réunion forcée du Clergé et de la Noblesse. Ils ne prirent aucune
mesure pour diriger les suffrages des électeurs, pour se concerter d'avance
avec les députés les plus éclairés, pour écarter ou gagner les hommes dangereux. (*Influence attribuée aux philosophes, aux francs-maçons et
aux illuminés de France, sur la révolution de France*, par Mounier.
Paris, Ponthieu, nouvelle édition de 1822, page 85).

trois cents. Cinq ou six personnes détermine ont *le troupeau, quelque gros qu'il soit* [1].

A la même date que le rapport de Necker, fut publié le résultat d'une Assemblée, tenue au Louvre, le 20 décembre, par les Princes et Pairs de France. Dans leur déclaration présentée au Roi, ils le suppliaient *de recevoir le vœu solennel qu'ils portaient au pied du trône, de supporter tous les impôts et charges publiques, dans la juste proportion de leur fortune, sans priviléges pécuniaires quelconques.* Deux jours après, le Parlement de Paris exprimait *son vœu formel pour l'entière suppression des priviléges pécuniaires.* Hélas! il était dit que les meilleures tentatives seraient frappées d'impuissance. Le ministère, au lieu de saisir cette occasion pour rapprocher les trois Ordres, sembla ne pas s'en apercevoir.

Ces inconséquences et cette faiblesse avaient rendu inévitable l'anarchie. Elle ne tarda pas à se manifester. Le 24 janvier, 46 membres de la Noblesse de Provence adoptèrent l'avis de protester contre l'arrêt du Conseil qui doublait le Tiers; ils annoncèrent que les députés de leur Ordre seraient tenus de se retirer, si on délibérait par têtes et non par Ordres [2]. «Peut-on disputer aux Etats-Généraux, remarquait à ce sujet M. de Saint-Vincens, de régler la manière dont ils émettront leur vœu et leur opinion? Et si les Etats veulent qu'on opine par

---

[1] Lettre de Mirabeau, du 16 août 1788, insérée dans les *Mémoires de Mirabeau,* tome V, page 189. Paris, Adolphe Guyot, 1834.

[2] *Protestation et déclaration de la Noblesse, dans son Assemblée générale, commencée le 20 janvier 1789.* A Aix, Gibelin David et Éméric David, 1789. Sa publication ne fut faite que le 4 février.

têtes, dépendra-t-il des députés de la Noblesse de Provence de ne pas reconnaître la légalité des Etats-Généraux ? Voilà le Dauphiné qui veut qu'on opine par têtes. *Le Royaume est perdu, si la division se met ainsi entre les Ordres. Le despotisme prendra bientôt le dessus*[1]. » La même Assemblée rejeta, le 23 janvier, la demande d'admission aux Etats, formée par les nobles non possédant-fiefs. M. d'André, que son zèle poussait toujours dans l'action, avait rédigé le mémoire, et il l'avait signé avec M. Duranti de La Calade et le chevalier d'Orsins, au nom de 60 gentilshommes [2]. Les possédant-fiefs résolurent d'imprimer à leur tour une réponse.

Sur ces entrefaites, M. de la Tour reçut un arrêt du Conseil qui cassait les délibérations de l'Assemblée des trois Ordres de la ville d'Aix, comme n'ayant pas été autorisée par le Parlement [3]. La forme était improuvée, mais on avertissait le Tiers qu'on ne condamnait pas les réclamations du Pays dans l'avenir. Quelles que fussent ces assurances, elles n'empêchaient pas les Etats de se réunir sans réduction, le 25 janvier. Il était certain, désormais, que l'Assemblée des trois Ordres avait été remise après la tenue des Etats-Généraux. Quelle serait donc l'attitude du Tiers ? Satisfait des avantages que lui donnait le règlement royal du 27 décembre, ajournerait-

---

[1] *Journal du Parlement*, etc..., page 788.

[2] *Observations pour les nobles non possédant-fiefs de Provence.* A Aix, Pierre-Joseph Calmen, 1789, in-8°. Les nobles non possédant-fiefs publièrent encore plusieurs mémoires auxquels les possédant-fiefs répondirent.

[3] *Journal du Parlement*, etc., page 791.

il la réalisation de ses vœux ? Ou bien se jetterait-il dans les moyens extrêmes ?

Par malheur, les communautés avaient déjà donné leurs instructions aux députés. Il n'était plus permis d'en douter. Ces Etats, convoqués tels que l'avaient été ceux de 1788, et où les possédant-fiefs viendraient *in plenis*, tandis que le Tiers n'aurait que 56 voix, allaient envenimer les passions et servir les desseins des factieux. Presque tous les représentants du Tiers s'étaient engagés à protester d'abord contre leur illégalité, à n'y assister que passivement, à leur refuser le droit de députer aux Etats-Généraux et à demander une Assemblée des trois Ordres. Le conseil municipal d'Aix se signala, dans cette situation difficile, par la sagesse de sa conduite. Pascalis, au sortir d'un assessorat, où il avait mérité l'admiration de tous par la fermeté de ses démarches, était regardé comme l'homme le plus capable d'indiquer la route qu'il convenait de suivre. M. de La Fare, 1er consul, le désigna le premier au nombre des commissaires qui prépareraient les instructions, dont seraient chargés aux Etats les consuls d'Aix, Procureurs du Pays [1].

Pascalis ne se dissimula pas la gravité du péril. Tout portait à croire que par la résistance inconsidérée des deux premiers Ordres, et l'irritation du Tiers, la députation de la Provence aux Etats-Généraux du Royaume, deviendrait impossible au sein de nos Etats. Qu'arriverait-il alors ? Ou les Etats-Généraux seraient retardés, ou, ce qui était plus probable, le gouvernement, obligé de

---

[1] Les autres commissaires furent MM. de Saint-Ferréol, Barlet, Alphéran, d'Arnaud Saint-Gayetan, Benoist, Éméric-David et Ginezy.

briser ces obstacles, ferait bon marché des priviléges du Pays.

A tout prix, il fallait échapper à cette alternative désolante. Le parti auquel se fixa Pascalis, était le seul conforme à la raison. Ce fut celui qu'adopta le conseil. Le Dauphiné, encore ici, servit d'exemple. L'Assemblée de cette province, tenue à Romans, dans le mois de septembre 1788, avait arrêté : « que le Clergé, la Noblesse et les Communes procéderaient à l'élection d'un nombre de représentants égal à celui des membres des Etats, et que ces nouveaux représentants se réuniraient aux Etats pour élire, par la voie du scrutin, ceux qui seraient envoyés aux Etats-généraux. »

Un expédient d'une même nature fut approuvé par le conseil municipal d'Aix, le 23 janvier, pour sauvegarder les droits de la nation provençale. Il fut délibéré : 1° que les consuls Procureurs du Pays, renouvelleraient préalablement la demande d'une Assemblée des trois Ordres, qui aurait la mission de régler la nouvelle formation des Etats de Provence ; 2° qu'ils pourraient, pour cette fois seulement, voter les impositions ; 3° qu'afin de ne pas éloigner les Etats-Généraux, on se contenterait de l'adjonction de nouveaux députés, nommés par les vigueries, qui, confondus avec ceux formant déjà l'Ordre du Tiers aux Etats, nommeraient, séparément des deux premiers Ordres, les représentants des communes du Pays aux Etats-Généraux ; 4° qu'à cet effet, les Procureurs du Pays solliciteraient la convocation prochaine de toutes les vigueries, soit pour nommer les nouveaux députés, soit pour autoriser les anciens à faire cette élection ; 5° que les représentants des communes du Pays auraient *la charge spéciale* de requérir dans l'Assemblée de la nation française, *qu'il ne serait rien dérogé aux droits, franchises et libertés de la Provence.*

Pascalis crut utile d'exprimer plus hautement sa pensée, s'il était possible. Ce même jour, il fit dans le conseil municipal la motion de remercier les nouveaux consuls, « *pour leur zèle à défendre les priviléges de la ville d'Aix, et pour le vœu qu'ils n'avaient cessé de porter, afin que les délibérations que le conseil de la communauté jugerait à propos de prendre pour le maintien des droits du troisième Ordre, n'apportassent aucun obstacle à la tenue des États-Généraux.* »

Tel était alors, en effet, le but essentiel qu'il importait d'atteindre : concilier le maintien des priviléges du Pays et la légitime défense des droits des communes, avec la nécessité de députer sans retard aux Etats-Généraux. Une seconde occasion s'offrit bientôt, où Pascalis put donner encore un témoignage public de ses sentiments. Le 27 janvier, l'assesseur Roman-Tributiis lut au conseil municipal deux lettres de MM. de Villedeuil et Necker. Ces ministres y blâmaient la convocation non autorisée des trois Ordres de la ville d'Aix, et l'initiative prise par l'Assemblée du 29 décembre, qui, par ses protestations et ses démarches intempestives, avait créé des embarras sans nombre au gouvernement.

Pascalis demanda sur-le-champ la parole. Il fit observer que le conseil avait prévenu le vœu du ministère ; que son vœu personnel et celui des bons citoyens n'avaient jamais eu pour objet que la réforme des Etats du Pays

et l'Assemblée la plus prochaine des Etats-Généraux ;
que la délibération adoptée dernièrement par le conseil
rendait ce double résultat possible. Il proposa, en conséquence, d'instruire de cette délibération, les commissaires du Roi, MM. de Caraman et de La Tour, ainsi que
les deux ministres. Son avis entraîna le conseil. Quatre
de ses membres, Dubreuil, Barlet, Miollis et Batalier
furent aussitôt députés pour aller avec les consuls et
l'assesseur, faire part de ces dispositions conciliantes
aux commissaires du Roi.

Appréciés au point de vue des grands intérêts qui se
trouvaient engagés dans la lutte, ces détails méritent
assurément toute notre attention. Si, maintenant, on
considère que ces moyens de transaction étaient proposés à la veille du jour où devaient se réunir les États,
dans un moment où l'avenir des libertés nationales
dépendait de la marche qui serait prise, on ne sera
point étonné de l'insistance de Pascalis. Du reste,
les nouveaux administrateurs du Pays n'étaient pas
sans partager les mêmes sentiments et les mêmes alarmes. A peine étaient-ils entrés en charge, et déjà on
suspectait leurs intentions; déjà, on les accusait de servir
la cause des privilégiés. En vain, le 13 janvier, Roman-
Tributiis avait porté dans le conseil de la viguerie d'Aix,
un projet semblable à celui qu'adopta, quelques jours
après le conseil municipal [2]. Ce projet avait été repoussé.

---

[1] *Registre des délibérations du conseil municipal d'Aix*, commencé
le 1er décembre 1787, page 210.

[2] « Ce n'est pas de la tiédeur pour la chose publique, que nous devons croire
avoir à vous défendre, disait Roman-Tributiis ; *mais n'est-il pas de no-*

Pascalis s'apercevait lui-même qu'il était débordé par l'opinion. Avant la fin de son assessorat, il avait pu s'en convaincre, quand il s'était vu représenté dans un libelle comme ayant abandonné la défense du Tiers [1]. Triste mais presque inévitable destinée des hommes, qui, en temps de révolution, ont le généreux courage de vouloir régler les passions aveugles de la foule. Également éloignés de toutes les exagérations familières aux partis, ils deviennent, tôt ou tard, les victimes de leur amour éclairé du bien public.

Les Etats s'ouvrirent enfin le 25 janvier. Il était aisé de prévoir que malgré ces influences pacificatrices, ils seraient très-agités ; qu'aucune des questions vitales pour l'affermissement de nos institutions, n'y serait résolue ; que le Tiers, asservi désormais au char triomphal de Mirabeau, lèverait sans peur la tête et provoquerait les deux premiers Ordres à une lutte désespérée.

Il n'entre pas dans le plan spécial de cet ouvrage, de tracer, ici, ce sombre tableau dans toute son étendue. Largement exposé, déjà, par divers historiens modernes, il n'aurait plus aujourd'hui les attraits de la nouveauté. Les imprécations de Mirabeau, ses trop éloquents appels au fanatisme démocratique, ses phrases de tribun, ne

---

tre devoir, de vous avertir contre les mouvements d'un zèle trop ardent ?..... Dans un moment où le résultat du Conseil de Sa Majesté et le rapport du ministre des finances ont calmé toutes les inquiétudes, il est beau pour le Tiers, mais il lui est aisé cependant d'avoir de la modestie et de la modération. » — Voyez le *Procès-verbal de l'Assemblée de la viguerie d'Aix, convoquée au 9 janvier*, pages 34-37.

[1] Ce libelle portait pour titre: *Catéchisme du Tiers-État, à l'usage de toutes les provinces de France, et spécialement de la Provence*, 1788.

jetteraient aucun jour sur les derniers moments de notre nationalité expirante. Une courte analyse, en nous aidant à suivre le fil des événements , sera plus instructive et plus utile.

Ce que tant de causes actives avaient préparé, arriva. Dès les premiers jours, éclatèrent les plus violentes dissensions. Les députés des communes et des vigueries , ces hommes *aux têtes cuites par le soleil de Provence*, selon l'expression de Mirabeau, ne manquèrent pas de protester dans chaque séance contre l'illégalité de l'Assemblée. Ils déclarèrent que leur assistance aux Etats ne serait que passive , qu'ils avaient seulement pour mission de réclamer la convocation des trois Ordres de la province , et de voter individuellement les impositions royales , pour donner une preuve de leur dévouement à la personne du Roi. En conséquence, ils refusèrent, presque unanimement [1], d'opiner sur la légitimation des pouvoirs. Ils firent consigner dans un acte passé devant notaire , les motifs de leur conduite, et le signifièrent aux Etats , le 29 janvier.

Cet acte, cassé par les commissaires du Roi, entraîna des scènes de désordre. Les meneurs attroupèrent le peuple sur la place de l'Hôtel-de-Ville, dans la grande salle duquel se réunissaient les Etats. L'Archevêque et la Noblesse furent hués à leur sortie. « Ce ne sont pas , sans doute , les députés eux-mêmes du Tiers qui font le tumulte, écrivait alors M. de Saint-Vincens, c'est le peuple d'Aix , qui , sans savoir ce qu'il veut et ce qu'il fait , se

---

[1] Les consuls d'Aix , Procureurs du Pays , et le député de la viguerie de Sisteron, seuls, consentirent à opiner sur la légitimation des pouvoirs.

dévoue au soutien de leur cause, d'une manière tumultueuse [1]. » Le lendemain, sur les requisitions de
l'avocat-général de Calissane, le Parlement ordonna la
publication, à son de trompe, d'un arrêté contre les
fauteurs d'attroupements.

Le 30 janvier, il y eut une apparence de calme. Les
députés du Tiers consentirent à légitimer les pouvoirs par
acclamation. Mirabeau choisit cet instant pour lire un
discours sur la mauvaise composition des Etats. Quels
que fussent les signes de résistance émanés du Tiers, ils
étaient en effet bien loin de le contenter. Les députés de
cet Ordre étaient trop lâches; leur patriotisme était incertain, timide. Ayant surtout à cœur sa candidature, hostile à Necker, qui ne négligerait pas de la combattre,
« repoussé par les privilégiés, auxquels l'associait sa
naissance, assuré qu'ils prédomineraient dans une Assemblée où les intérêts publics n'étaient pas suffisamment représentés, Mirabeau voyait, raconte un de ses
panégyristes, que le maintien de la composition des Etats
rendrait son élection impossible; il résolut donc d'attaquer
hautement cette composition. Il parla dans ce sens le 30
janvier [2]. »

Mirabeau ne méconnut pas *que la nation provençale avait
sur beaucoup de points une Constitution très-libre* [3] ; mais

---

[1] *Journal du Parlement, de M. de Saint-Vincens,* page 796.

[2] *Mémoires de Mirabeau,* tome V, pages 247 et 248.

[3] *Discours sur la représentation illégale de la nation provençale,
dans ses États actuels, et sur la nécessité de convoquer une Assemblée
générale des trois Ordres, prononcé par le comte de Mirabeau, dans la
quatrième séance des États actuels de Provence, le 30 janvier 1789.*
A Aix, Gibelin David et Éméric David, in-8°, page 25.

il ajouta qu'il y rencontrait des abus, *et qu'une convocation générale des trois Ordres de la province était nécessaire.* Mirabeau oubliait seulement que tout établissement politique *humain* est par cela même imparfait, et que Pascalis, en demandant avant lui une réforme, savait tenir compte du temps, et ne faisait pas d'un moyen d'union et de concorde, une arme de guerre et un instrument d'ambition. « Les esprits sont trop aigris, disait encore M. de Saint-Vincens, trop opiniâtrement attachés aux anciennes idées, pour qu'il (le discours de Mirabeau) ait pu produire un bon effet. D'ailleurs, le ton insultant pour l'Ordre de la Noblesse, avec lequel il a été débité, n'a fait qu'aigrir davantage les deux premiers Ordres et susciter le Tiers[1]. » Mirabeau écrivit, quelques jours après, à un de ses amis : « *J'aurai à jamais l'honneur d'avoir posé les inébranlables bases de la Constitution provençale[2].* » Veut-on apprendre quelle était la sincérité de ce patriotisme ? Qu'on lise le fragment qui suit. Il est extrait d'un ouvrage inédit de Mirabeau.

« Notre Provence, aujourd'hui si jalouse de ce qu'elle appelle ses droits antiques, qui ne sont qu'un désordre dans le désordre, une incohérence dans l'incohérence, une anarchie dans l'anarchie, notre Provence, si fière aujourd'hui, fut subjuguée par les Romains, sans coup férir ; quoique éloignée de la métropole, jamais elle ne songea à secouer le joug. Les Romains l'appelèrent la province *fidèle*, c'est-à-dire *esclave*, ou la province par

---

[1] *Journal du Parlement,* etc..., page 801.

[2] Lettre de Mirabeau, à M. de Comps, du 3 février 1789. — *Mémoires de Mirabeau,* tome V, page 252.

excellence. Lors du rétablissement de leur empire , elle fut au premier occupant , et lui resta fidèle aussi. Boson la démembra de l'empire de Charlemagne, et la Provence obéit. La reine Jeanne en vendit une portion au Pape, et la Provence obéit. Charles d'Anjou disposa du reste par son testament , en faveur de Louis XI , et la Provence obéit. Vienne enfin une Constitution qui amalgame nos vingt Royaumes en un Royaume, et il faudra bien que la Provence obéisse [1]. »

La séance du 31 janvier fut la dernière. Les députés du Tiers votèrent le don gratuit. Il n'en fut pas ainsi pour les impositions de la province , qui ne purent être l'objet d'une délibération. L'affaire si difficile de l'égalité des charges ne fut pas davantage résolue. Des voies d'accommodement furent offertes ; les membres du Clergé et de la Noblesse acceptèrent le principe d'une contribution proportionnelle. Cependant, les commissaires du Roi , effrayés par les progrès de l'esprit de désordre, et voyant que les députés du Tiers s'obstinaient à dénier la validité de leurs pouvoirs , crurent qu'il était prudent de suspendre les États. L'Archevêque avait été hué plus fortement que jamais le 31. Les commissaires signèrent alors une ordonnance, par laquelle l'Assemblée était prorogée jusqu'au 10 mars.

Les événements venaient de prouver la justesse des craintes qu'une convocation aussi maladroite avait inspirées. Par la faute de tous , la députation de la Provence aux États-Généraux paraissait indéfiniment

---

[1] *Lettres écrites par un ancien magistrat*, etc... , ouvrage inédit de Mirabeau. (*Mémoires de Mirabeau*), tome V, page 232.

ajournée. Il n'était même pas à espérer qu'un accord pût se réaliser dans un temps prochain. Les représentants des communes et des vigueries étaient demeurés en grand nombre à Aix, et ils s'étaient choisi des commissaires [1], afin de poursuivre avec une nouvelle activité le cours de leurs réclamations. On leur avait bien accordé le syndic qu'ils demandaient, mais sous la condition qu'il n'entrerait pas aux États ; et alors ils avaient refusé de le nommer. La Noblesse ne pliait pas davantage, sous l'influence de ses sentiments de colère contre Mirabeau. Elle avait écrit, le 31 janvier, une lettre au Roi, où elle accusait le troisième Ordre de détruire la Constitution. Puis, mécontente de la suspension des Etats, elle avait délibéré dans plusieurs réunions particulières, si elle ne contesterait pas aux commissaires du Roi le pouvoir absolu de proroger ou de dissoudre eux-mêmes une Assemblée nationale [2]. Ceux-ci, cherchant à concilier toutes choses, finirent par se rattacher, sauf quelques modifications exigées par les circonstances, à la décision prise, le 23 janvier, par le conseil municipal d'Aix. C'était un éclatant hommage rendu à l'opinion de Pascalis, qui était celle de l'assesseur Roman-Tributiis et des Procureurs du Pays.

Après en avoir conféré avec l'Archevêque, les com-

---

[1] Ces commissaires étaient, MM. *Salvator*, député de la viguerie de Digne ; *Benoist*, député de Saint-Maximin ; *Verdolin*, député d'Annot ; *Latil*, député de Sisteron ; *Tiran*, député de Seyne ; *Giraud*, député de Colmars ; *Mandine*, député de la viguerie d'Annot ; *Silvy*, député de Pertuis ; *Cappeau*, député de la viguerie d'Aix ; *Nevières*, député de Forcalquier.

[2] *Journal du Parlement*, etc., page 806.

missaires du Roi écrivirent à ces derniers, le 5 février, pour hâter l'exécution de leur plan [1]. Les chefs de viguerie devaient être sur-le-champ avertis de donner des ordres, afin que dans chaque communauté, des conseils généraux de tous chefs de famille nommassent leurs députés. Ceux-ci, réunis ensuite par arrondissement, concourraient à une Assemblée générale, tenue à Aix, qui élirait les représentants du Tiers-État de Provence aux États-Généraux. Les Evêques en feraient autant dans leurs diocèses. Les trois Ordres députeraient de la sorte séparément, et la Constitution provençale ne recevrait aucune atteinte. Au milieu de ces préoccupations, une lettre de Necker vint modérer l'ardeur aggressive du troisième Ordre [2]. Elle ne fut livrée au public que plus tard, par les soins de la Noblesse, et au grand déplaisir du Tiers [3]. Le ministre priait les communes de ne pas outrepasser les limites d'une résistance légale : «Puisque vous me témoignez, disait-il, des intentions favorables, je vous demande instamment de ne pas contrarier mes soins et mes travaux, en vous opposant au cours naturel des affaires et à la tenue des Etats de votre province. »

[1] *Lettre écrite par messeigneurs les commissaires de Sa Majesté, dans les États du Pays de Provence séant actuellement à Aix, à MM. les Procureurs du Pays.* Aix, le 5 février 1789. Des copies de cette lettre furent expédiées le 7 février par les quatre Procureurs du Pays aux députés du Tiers, chefs de viguerie.

[2] *Lettre de M. Necker aux communes de Provence, en date du 8 février 1789*, insérée dans le *Recueil de pièces concernant les États de Provence*, 1789, in-8°, page 27. A Aix, Gibelin David et Éméric David.

[3] *Acte protestatif des commissaires des députés des communes de Provence, sur le recueil de pièces concernant les Etats de Provence.* A Aix, Pierre Joseph Calmen, in-8°.

Ces conseils , ainsi que les projets des commissaires , étaient dictés par la sagesse. La trêve, néanmoins, ne fut que transitoire. De la lutte naquirent les représailles. On sait comment Mirabeau fut rejeté , le 8 février , de l'Ordre de la Noblesse. Il était simplement investi de substitutions ; or, il fallait être possesseur de fief pour avoir droit de suffrage aux Etats. Le premier consul d'Aix , le marquis de La Fare, avait provoqué cette mesure de rigueur , en déposant ses titres sur le bureau et en requérant que le comte de Mirabeau en fit de même. Celui-ci ne le lui pardonna jamais.

Mirabeau répliqua, le 11 février, par un pamphlet intitulé: *A la nation provençale*. Il partit ensuite pour Paris, d'où il ne revint qu'au commencement de mars. Libre dans ses haines , il voulut savourer le plaisir d'accabler du poids de sa gloire, ceux dont il était obligé de subir la sentence d'exclusion. L'entrée que ses affidés lui préparèrent à Aix, fut celle d'un triomphateur. Aucun souverain , dans tout l'éclat de sa puissance , n'avait été jusqu'alors aussi servilement adoré et encensé. A deux lieues d'Aix , les artisans lui portèrent des couronnes et des fleurs. Les cloches sonnèrent à grandes volées quand il parut; les acclamations, les cris de joie, les témoignages les plus expressifs de l'enthousiasme populaire , lui furent prodigués. Le soir, le directeur de la comédie vint le supplier d'aller au spectacle , en lui représentant que son refus produirait une émeute. On lui offrit solennellement soixante-neuf délibérations des communautés qui lui avaient voté des remercîments. Peu de jours après , les mêmes démonstrations révolutionnaires eurent pour théâtre la ville de Marseille, où Mirabeau fut reçu au milieu des transports d'un peuple en délire. Dans une ode qui fut composée en son honneur, on lui donna l'assurance que si la liberté du vote était laissée, il serait élu roi des Provençaux.

Pendant ce temps, des impressions d'une autre nature occupaient l'âme des vrais citoyens. La division des Ordres produisait ses fruits. Les projets du conseil municipal d'Aix et des commissaires du Roi n'avaient pas été approuvés par le gouvernement [1]. C'était donc décidé : la nation provençale ne députerait pas constitutionnellement aux États-Généraux ; les élections se feraient par sénéchaussées, comme dans les autres provinces du Royaume ; le Clergé aurait huit députés, la Noblesse un même nombre ; seize seraient dévolus au Tiers. Le mardi, 10 mars, les règlements et les lettres de convocation furent reçus par M. de La Tour [2]. On observa que le Roi n'y prenait pas même le titre obligé de *Comte de Provence*. Il est vrai que toutes réserves étaient accordées pour l'avenir. Le 12 mars, le lieutenant-général au Siége d'Aix, Bruno-Philibert Audier, prescrivit, par une ordonnance, l'enregistrement des lettres de convocation, et fixa l'Assemblée de la sénéchaussée d'Aix, au 2 avril.

Mais déjà, l'alarme avait été donnée ; car avant sa publication, le règlement était connu. Le 3 mars, les possédant-fiefs délibérèrent qu'ils n'iraient pas aux sénéchaussées [3]. Quatre jours après, le conseil municipal

---

[1] *Journal du Parlement*, etc..., page 815.

[2] *Ibid.*

[3] *Ibid.*, page 817.

d'Aix se réunit. L'assesseur exposa d'abord ce qui s'était passé aux États. Pascalis demanda ensuite la parole. Il rappela l'Assemblée des trois Ordres de la ville d'Aix ; il constata l'unanimité du Pays à vouloir une meilleure représentation ; il expliqua les motifs de l'opinion qu'il avait appuyée, dans la séance du 23 janvier ; il avoua ses craintes que l'insistance mise à solliciter une Assemblée des trois Ordres de la province, ne retardât la tenue des États-Généraux ; il prouva la possibilité de députer selon la Constitution, en accédant à des vœux légitimes. Son avis fut que le conseil adoptât une nouvelle délibération dans ce sens.

Six réquisitions furent présentées par lui au conseil. Elles tendaient toutes à soutenir les droits de la Provence et ceux du Tiers. Il émit le vœu que les députés de cet Ordre nommassent aussitôt leur syndic, et que les commissaires du Roi fussent priés de permettre l'entrée des États à ce défenseur des communes. Il termina, en faisant la motion que le député d'Aix *proposât aux commissaires du Tiers, de tenter un dernier effort pour tâcher de ramener les deux premiers Ordres à une contribution dont la justice, la raison, l'opinion publique annonçaient la nécessité.* Il cita les propres paroles du Roi, dans ses lettres patentes lues aux États le 28 janvier, où il demandait l'octroi et l'établissement de l'impôt, *sans aucune exception ni réserve, le tout le plus justement et également, et à la moindre foule du pauvre peuple que faire se pourrait* [1]. Telle était toujours, aux yeux de Pascalis, la voie pour arriver à l'union et au

---

[1] *Registre des délibérations du conseil municipal d'Aix, commencé le 1er décembre 1787.*

rapprochement des Ordres. Le conseil le chargea , ainsi que trois de ses membres , MM. Miollis , Grégoire et Batalier , d'aller féliciter les députés des communes de leur patriotisme.

Efforts louables ! mais efforts impuissants ! Une conciliation aussi tardive n'eût pas changé la marche des choses. Le Tiers fut partagé entre deux sentiments au sujet du règlement du 2 mars. Il ne put contenir sa joie en y lisant l'aveu formel que les États étaient privés du droit de députer, parce qu'ils ne représentaient pas suffisamment la nation provençale ; d'un autre côté , il fut froissé par le refus de l'Assemblée des trois Ordres. Cependant , il se résigna ; le ministère lui était trop favorable, pour qu'il se hasardât à le contrecarrer. Les députés des communes et des vigueries , qui étaient restés à Aix après la suspension des États , arrêtèrent donc qu'ils iraient aux Assemblées de sénéchaussées [1]. Le conseil municipal d'Aix céda lui-même à l'entraînement, en sanctionnant , le 14 mars , cette détermination par son vote. Hélas ! le jour était venu, où la situation devait être plus forte que les hommes. Pascalis le sentit bien et se tut. L'assesseur exprima d'inutiles regrets sur la grave atteinte portée à la Constitution. Le conseil délibéra d'accepter la forme indiquée dans les lettres de convocation, avec la réserve que les droits du Pays et des trois Ordres seraient gardés intacts pour les États-Généraux qui suivraient ceux de 1789 [2].

[1] *Journal du Parlement*, etc...., page 818.

[2] *Registre des délibérations du conseil municipal d'Aix , commencé le 1er décembre 1787*, pages 220-222.

Mirabeau ne fut pas aussi facile, et il ne cacha pas sa mauvaise humeur. Son amour-propre le portait à préférer une élection par l'Ordre entier du Tiers. Il harangua longtemps les députés dans le but de les éloigner des sénéchaussées. Il consigna même son opinion dans un écrit daté du 13 mars , où il se fit le défenseur intéressé des principes de la Constitution provençale. — «En l'état actuel, y disait-il, la Provence, réunie dans un seul corps, est une véritable nation ; divisée par districts , elle n'a plus cette unité d'agrégation dont elle tire son existence politique..... Parfaitement réunis en un seul corps par notre Constitution , par notre administration , devions-nous être divisés en districts pour exercer l'acte national le plus important [1] ? » Malgré ses répugnances, Mirabeau conclut, néanmoins, en déclarant qu'il fallait obéir. Ce parti lui sembla le plus sûr : il rendait tout délai impossible ; et puis, il déconcertait dans leurs plans les possédant-fiefs.

Ceux-ci n'avaient pas intérêt à garder tant de ménagements , car ils venaient d'être frappés au cœur. En vertu des lettres de convocation , ils étaient confondus dans l'Assemblée de leur Ordre avec tous les nobles ou annoblis, et même avec ceux qui ne possédaient aucune propriété. Un motif de résistance les animait encore : la Provence perdait ses priviléges de *Co-état uni, mais non subalterné à la France.* Le 12 mars , ils jetèrent les bases d'un projet de réunion qui aurait rallié à leur

---

[1] *Opinion du comte de Mirabeau, sur le règlement donné par le Roi, pour l'exécution de ses lettres de convocation aux prochains Etats-Généraux dans son Comté de Provence.* A Aix, 13 mars 1789, pages 22 et 23. Gibelin David et Éméric David, in-8°.

cause les gentilshommes non fieffés: ces derniers se fussent engagés à ne pas comparaître aux sénéchaussées, et tous ensemble eussent procédé à la nomination des députés aux États-Généraux [1].

Ces offres furent transmises aux nobles non possédant-fiefs, qui les repoussèrent. Les aigreurs du passé l'emportèrent sur les vues conciliantes du présent. Les négociations étant rompues, les possédant-fiefs procédèrent seuls à l'élection de leurs députés particuliers, et ils s'assemblèrent à cet effet durant trois jours consécutifs. Les députés nommés furent : le duc de Bourbon, prince du sang, le marquis de Sabran, le président d'Arlatan de Lauris, le marquis de Forbin-Janson, le président d'Arbaud-Jouques, le comte de Sade, le marquis de Grimaldi, et le président de Mazenod.

Restait le Clergé ; quelle serait sa conduite ? L'Archevêque d'Aix manifesta d'abord des intentions semblables à celles de la Noblesse. Puis il changea d'avis, craignant de déplaire au pouvoir et d'être abandonné par le Clergé secondaire [2]. Ce prélat, malgré ses qualités brillantes, avait un caractère souvent timide; il redoutait surtout les périls d'une opposition. Cependant, il devait montrer bientôt à l'Assemblée Constituante, qu'il savait être inflexible dans la défense des droits de l'Église. Une fois fixé, il blâma la démarche de la Noblesse, qui contrariait ses nouvelles idées. Il fut imité, dans sa soumission, par les autres Évêques de la province. L'Évêque de

---

[1] *Journal du Parlement*, etc..., page 817.

[2] *Ibid.*, page 819.

Toulon seul résista. Peu de temps après, une émeute allait être dirigée contre lui pour ce motif. On pilla son palais ; ses chevaux et sa voiture furent jetés à la mer.

Il est inutile de dire que les États, prorogés jusqu'au 10 mars, avaient été renvoyés. Les syndics de la Noblesse firent d'inutiles instances auprès des commissaires du Roi, pour que ceux-ci en autorisassent la continuation. Ils voulaient y obtenir la sanction du choix des députés.

Au milieu de ces tristes conflits, où s'éteignait le patriotisme, le flot de l'anarchie montait. Le règlement du 2 mars exigeait, dans toutes les communes, la réunion de nombreuses assemblées de paysans. Les conspirateurs les transformèrent en autant de foyers de désordre. Ils enseignaient au peuple le mépris du droit de propriété, la haine des supériorités sociales et les principes de l'égalité la plus absolue. Enhardis par la faiblesse du pouvoir qui les laissait faire, ils avaient encore pour auxiliaire, la misère publique qui croissait chaque jour. Par un de ces coups qui révèlent la colère de Dieu, l'année 1789 semblait, en effet, avoir apporté avec elle tous les désastres. Telle avait été la rigueur du froid, que les oliviers et les arbres fruitiers, avaient presque universellement péri. Les céréales avaient atteint en Provence, comme ailleurs, un prix très-élevé. Déjà on éprouvait les terreurs anticipées de la famine. Entre la nature et la société, il y avait rapport de perturbations.

Nous ne nous arrêterons pas à décrire toutes les scènes affreuses d'insurrection, dont la Provence devint alors le théâtre. Elles ne peuvent trouver place dans ce récit, où les faits sont moins étudiés que les causes, et où l'in-

térêt s'attache aux ressorts moraux qui agissaient sur les
esprits. A Manosque, l'Évêque de Sisteron, Mgr de Suffren de Saint-Tropez, faillit être assassiné par une bande
de paysans[1]. Les insurgés d'Aups massacrèrent M.
Brouillony de Montferrat. C'était la guerre des brigands
qui s'ouvrait contre les deux premiers Ordres.

Ces attentats, commis dans un moment de si grande
fermentation, semèrent un effroi général. Pascalis y vit
la trop exacte vérité de ses pressentiments. Certes, il ne
pensait pas qu'il allait recevoir bientôt la seule satisfaction qu'il eût ambitionnée. Le 20 mars, il dut s'applaudir
des conseils de prudence qu'il n'avait jamais cessé de
donner au Tiers. Le même prélat qu'il avait représenté,
aux États de 1788, *comme le centre de la réunion des trois
Ordres*, publia ce jour-là *une lettre circulaire au Clergé
régulier et séculier de son diocèse*, dans laquelle il posait
hautement les principes défendus dans le *Mémoire sur les
Contributions*. « Le Clergé ne doit ni ne peut prétendre
à aucune exemption relative aux charges publiques,
disait Mgr de Boisgelin..... S'il y avait des exemptions à
faire, elles devraient être en faveur du peuple et non du
Clergé[2]. » Mgr de Boisgelin émettait aussi le vœu de
l'imposition du Clergé dans la province; il proclamait

---

[1] Il était parti d'Aix, le lundi 9 mars. Après avoir passé quatre jours chez
sa sœur à Pierrevert, il continua sa route par Manosque, où il fut assailli,
le samedi 14 mars, par une bande de paysans. Blessé grièvement, il put à
peine regagner son château de Lurs. Le lendemain, les consuls de Manosque,
à la tête des notables du Pays, allèrent lui offrir les grands regrets de la
ville. Le Parlement crut prudent de ne pas poursuivre.

[2] *Lettre circulaire de Monseigneur l'Archevêque d'Aix, au Clergé
régulier et séculier de son diocèse*. Aix, Pierre-Joseph Calmen, page 3.

la nécessité d'une représentation suffisante du second Ordre du Clergé, aux États du Pays.

Le 24 mars, le chapitre de l'église métropolitaine de Saint-Sauveur se réunit, selon l'usage, au son de cloche; l'administrateur lut la lettre de l'Archevêque, et appela le chapitre à délibérer. Tous les membres présents [1] n'hésitèrent pas de reconnaître *la justice et la sagesse des principes* auxquels on leur demandait d'exprimer leur adhésion. Ils en témoignèrent au prélat leur vive gratitude. Un même désistement fut consenti par l'Assemblée du Clergé de Draguignan, composée de 72 ecclésiastiques, sous la présidence de l'évêque de Fréjus.

Il y avait lieu d'espérer que d'autres gages de concorde se joindraient à ceux fournis par le Clergé. Mais déjà l'émeute grondait dans la capitale du Pays. Au 25 mars, avait été fixé le conseil de famille chargé d'élire les 30 députés qui représenteraient la ville d'Aix à l'Assemblée de la sénéchaussée. On forma trois sections [2]; les gens des campagnes eurent la leur dans l'église du Collége. Vers deux heures, M. de La Fare se rendait à celle de l'Hôtel-de-Ville, lorsqu'il trouva la place encombrée par une foule tumultueuse de peuple. Il fit observer à plusieurs paysans que leur place était ailleurs, et il leur

---

[1] C'étaient MM. de l'Enfant, prévôt; d'Arbaud de Jouques, archidiacre; de Mazenod, sacristain; de Thomassin de Saint-Paul, capiscol; de Lyle de Callian; de Mazenod, ancien sacristain, chanoine honoraire; de Villeneuve, administrateur; de Mons, de Périer, de Richery, de Boisson de la Salle, de Crouseilhes, de Ramatuelle, de la Frené et de Broglie.

[2] Celle de l'Hôtel-de-Ville devait être présidée par MM. de La Fare et Duranti-Collongue; celle du Collége, par l'assesseur Roman-Tributiis; et celle du Faubourg, par le troisième consul, Arnulphy.

désigna le Collége ; des huées accueillirent ces paroles.
Il insista ; on lui répondit par des vociférations et par
des menaces, en lui enjoignant de diminuer sur-le-champ
le prix du pain et d'abolir le droit de *piquet*. Un propos
insultant[1] qui lui fut attribué , accrut ces transports de
fureur. Les huées redoublèrent. Des cailloux furent lan-
cés, la foule se rua sur l'Hôtel-de-Ville et en enfonça les
portes. M. de La Faré eut à peine le temps de s'enfuir de
maison en maison , jusqu'à un souterrain par lequel il
s'échappa [2].

L'émeute, ainsi victorieuse, se déchaîna en un instant
dans toute la cité. Le peuple , instrument toujours docile
des ambitieux qui trouvent profit à exploiter sa misère ,
venait révéler à la Noblesse et au Tiers les effets de leurs
divisions. Sur ces entrefaites, M. de Caraman , ne soup-
çonnant pas la gravité de ces désordres, arrive escorté de
son fils et de M. de Félix , son capitaine des gardes , et
suivi seulement de quarante ou cinquante soldats. A son
approche, le peuple se disperse ; mais, il revient bientôt,
et une grêle de pierres vole sur le Commandant. Deux
soldats sont frappés de coups mortels. M. de Félix tombe
renversé de cheval , et se blesse grièvement à la tête. Un
nommé Perrot , ancien précepteur des enfants de M. de
Caraman , ami de Mirabeau [3] , saisit ce moment pour

---

[1] Presque tous les historiens ont raconté que M. de La Faré, sur l'inter-
pellation d'une femme qui lui demandait de diminuer le prix du pain , lui
répondit *qu'elle n'était faite que pour manger la fiente de ses chevaux·*
Aucune preuve ne justifie que ce propos ait été tenu. M. de La Faré , l'a
toujours, depuis, énergiquement nié.

[2] Le soir de ce jour, M. de La Faré partit pour Paris.

[3] *Journal du Parlement*, etc..., page 828.

ordonner de livrer la clé des greniers publics. Envahis aussitôt par une multitude en délire, ils sont mis à sac et dévastés. Des bandes de paysans vont achever le pillage à l'Observance; ils se disposaient à brûler un grenier dans la rue Sainte-Baume, quand des bourgeois courageux les mirent en fuite, et firent deux d'entr'eux prisonniers. Les insurgés ne cessèrent leurs déprédations qu'avec la nuit, lorsqu'ils eurent spolié presque toutes les maisons religieuses. Leur audace était encore stimulée par l'espérance de l'impunité. Des événements semblables venaient en effet d'éclater simultanément à Toulon et à Marseille ; dans ces deux villes, l'avantage était resté aux révolutionnaires, et l'autorité s'était vue ignominieusement outragée. Là, comme à Aix, l'émeute avait suivi une même marche ; le peuple semblait avoir obéi aux mêmes influences secrètes. M. de Caraman fut averti que 5,000 *patriotes* marseillais s'avançaient vers Aix, et qu'ils avaient le projet d'enlever M. de La Tour. Ce magistrat avait mérité la haine des conspirateurs par la fermeté de son administration ; il passa les nuits du 25 et du 26 aux casernes. On ne tarda pas à reconnaître que c'était une fausse alerte : les *patriotes* marseillais ne se montrèrent pas.

Ce que les supplications de Pascalis n'ont pu obtenir, l'expérience, cette cruelle institutrice, l'amène. Nobles, bourgeois, artisans, oublient leurs discordes passées et s'organisent en milices. Les consuls et l'assesseur font appel au dévouement de tous, sans distinction de rangs. On comprenait, enfin, qu'un intérêt commun devait lier les trois Ordres pour le salut de la patrie. Le Parlement, redoutant les dangers qui menacent la province, et sentant l'urgence de secours extraordinaires, délibère d'envoyer plusieurs de ses membres au Roi [1]. Mirabeau, qui se trouvait à Marseille, où il se donnait la gloire de jouer le rôle de modérateur, précipite son départ à la nouvelle de ces faits, que lui transmet M. de Caraman ; il accourt ; il a hâte de prouver à ses ennemis, que seul il peut rétablir le calme, et que, maître de soulever les passions populaires, il est maître aussi de les apaiser.

Le lendemain, 26 mars, était un jour de marché. Il y avait lieu de craindre que la grande agglomération des gens des campagnes ne produisît de nouveaux malheurs. M. de Caraman voulut user de l'influence de Mirabeau, et dans ce but, il l'employa à haranguer les groupes populaires. La promenade à cheval que fit le tribun à travers les rues d'Aix, dut présenter un spectacle étrange. Il allait, escorté d'une foule avide qui le poursuivait de ses démonstrations enthousiastes. Les conseils de sagesse, de modération, les exhortations au calme, découlaient de ses lèvres. On eût dit un missionnaire de paix. Le 27 mars, un arrêté du Parlement, qui fut aussitôt porté aux Procureurs du Pays et communiqué aux trois Ordres de la province, concourut plus efficacement

---

[1] Les magistrats députés furent MM. de La Tour, premier président, les conseillers de Ballon, de Lubières, d'Esparron, et l'avocat-général de Calissane, auxquels devaient s'adjoindre les présidents de Peynier et de La Tour d'Aigues, les conseillers de Faucon, de Ramatuelle, de Labaume, et MM. de Castillon père et fils, procureurs généraux. Ces deux derniers se trouvaient déjà à Paris.

M. le président de Jouques remplaça M. de La Tour, qui ne voulut pas abandonner son poste dans ce moment difficile.

au retour de la tranquillité publique. Les magistrats invitaient les diverses classes de citoyens à saisir *tous les moyens qui pourraient amener une union aussi nécessaire que désirée.* Le même jour, soixante gentilshommes, assemblés chez le comte de Pourrières, syndic de la Noblesse, déclarèrent qu'ils abandonnaient, à l'avenir, tout privilége pécuniaire. M. le Président de Jouques, en partant pour Paris, avait laissé une déclaration dans ce sens, où il engageait les possédant-fiefs à céder sans retard aux réclamations du Tiers [1]. Son avis motivé, ratifié par les soixante gentilshommes, fut transmis à MM. de Caraman et de La Tour. Ce dernier, apprenant cette nouvelle, à neuf heures du soir, fut tellement ému qu'il embrassa le comte de Pourrières en versant des larmes [2]. Le 28 mars fut signalé par un autre sacrifice. Les membres des deux Cours souveraines renoncèrent à leur exemption de l'impôt [3].

Pascalis assistait en silence à cette réalisation subite des vœux qu'il n'avait cessé de former. Il n'était plus que citoyen ; mais les honneurs de la victoire lui appartenaient. La considération du bien public avait plus de

---

[1] *Journal du Parlement,* etc..., page 834.

[2] La délibération de la Noblesse fut sur-le-champ publiée dans un écrit de quelques pages, intitulé : *Bonnes nouvelles pour la Provence.* Cet écrit contenait en outre les délibérations du chapitre d'Aix, du Clergé de Draguignan, et de la Noblesse de cette ville, dont vingt-huit membres avaient aussi abandonné leurs priviléges pécuniaires, dans une Assemblée présidée par le chevalier d'Ampus.

[3] Sous les anciens Comtes de Provence, les magistrats principaux jouissaient d'une exemption personnelle de l'impôt. Le même privilége fut étendu aux magistrats du Parlement, créé par Louis XII. Cette exemption avait été réglée, en 1580, par un arrangement entre la province et les Cours souveraines.

prix à ses yeux qu'un vain contentement d'amour-propre.
Il est à croire que, rentré dans sa vie laborieuse et
modeste, il se tint éloigné des troubles de la rue. Un
mémoire manuscrit que nous avons rencontré dans ses
notes, prouve qu'il dirigeait toujours ses efforts vers le
même but : l'égale répartition des charges publiques. Il
y exposait sans passion, d'un style bref, concis, le mode
selon lequel les deux premiers Ordres devraient payer,
et le taux de leur contribution. Il reconnaissait au Clergé
et à la Noblesse, le droit de s'imposer sur leurs membres,
comme ils le jugeraient à propos. *L'intérêt du Tiers étant
rempli, celui-ci n'aurait plus rien à dire.* Pascalis ne
doutait pas que toute la Noblesse de Provence ne suivît
l'exemple que lui offrait déjà la plus grande partie de
la Noblesse du Royaume. Ce mémoire, demandé par les
Procureurs du Pays, était destiné à être placé sous les
yeux des deux premiers Ordres ; il porte la date du mois
de mars 1789.

Cependant, au hideux spectacle d'une guerre civile la
capitale du Pays voyait succéder celui de la plus con-
fiante fraternité. Un élan généreux s'était emparé des
cœurs. Le peuple, égaré un instant par des suggestions
coupables, répondait à la voix évangélique de son premier pasteur, par des témoignages touchants de son
repentir[1]. 900 charges de blé furent rendues spontanément aux greniers publics, par les pillards de la veille.
Le chapitre métropolitain livra à bas prix toute sa provi-

---

[1] Le 27 mars, Mgr de Boisgelin avait publié un mandement, où il retra-
çait avec éloquence ces scènes de désordre, et exhortait les coupables au
repentir.

sion de grains. L'Archevêque cautionna pour 100,000 livres les achats en blés que venaient de faire les consuls. 3,000 livres furent distribuées par le Parlement aux plus pauvres de chaque paroisse. Le 29, Mgr de Boisgelin bénit, à Saint-Sauveur, les drapeaux des milices bourgeoises, et les deux Cours allèrent solennellement, le soir, assister aux prières pour la tranquillité publique. L'amnistie proclamée par les consuls mit un dernier sceau à cette réconciliation [1].

Malheureusement, l'état général de la province n'était pas aussi consolant; il ne laissait plus d'illusions: partout le désordre et le pillage. A Barjols, à Rians, à Roquevaire, à Carnoules, à Brignoles, à Hyères, au Puget, à Nans, à Saint-Nazaire, les paysans, exaltés par les idées révolutionnaires, levaient le drapeau de la guerre sociale. Leurs haines n'étaient pas dirigées seulement contre les seigneurs; dans plusieurs villes, les bourgeois furent insultés et pillés. Les élections commencèrent, à Aix, le 2 avril, sous l'influence de ces nouvelles affligeantes, et lorsque le Parlement, alarmé, dépêchait à Paris un courrier extraordinaire. L'Assemblée des députés des trois Ordres de la sénéchaussée d'Aix fut présidée par le lieutenant-général du Siége, dans l'église du Collége. Après la vérification des pouvoirs, chacun des membres prêta serment. Les deux premiers Ordres se retirèrent ensuite dans leurs salles particulières. La Noblesse était représentée par vingt gentilshommes; tous étaient non possédant-fiefs, sauf M. de Boutassi, marquis de

---

[1] Le Parlement fit un seul acte de rigueur. Un garçon boucher, coupable de plusieurs attentats, fut sur-le-champ jugé et exécuté.

Châteaularc, seigneur de Fuveau et de Rousset. Mirabeau, qui voulait ne perdre aucune chance, se fit inscrire parmi les possédant-fiefs. Malgré l'éclat de ses triomphes populaires, il craignait que l'aristocratie de son nom ne portât ombrage au Tiers. A la fois gentilhomme et démocrate, ayant toutes les mœurs hautaines de sa race, et courtisant le peuple par esprit de vengeance et d'ambition, Mirabeau était loin d'avoir au fond les qualités sympathiques à la classe moyenne. Il eût préféré, nous l'avons dit, être nommé par une Assemblée des trois Ordres de la province. Les manœuvres auxquelles il s'était livré pour assurer le succès de son élection, ont été appréciées de la manière suivante par un témoin oculaire, M. de Saint-Vincens. « On ne peut se dissimuler que la présence de M. le comte de Mirabeau n'excite à Aix, où il est, et à Marseille, où il est allé, quelquefois de grands troubles[1]. Il remue ciel et terre pour être député aux États-Généraux ; il veut, en outre, se venger de ce que la Noblesse l'a exclu de son corps ; il a cru que M. de La Tour a écrit contre lui. Voilà les trois motifs qui l'animent. Il a des émissaires partout[2]. »

---

[1] Entraîné par le désir de justifier en tout son héros, l'éditeur des *Mémoires de Mirabeau* ne craint pas d'avancer, tome V, page 301, que la Noblesse avait suscité l'émeute d'Aix, pour maintenir ses priviléges et invalider la prochaine élection de celui qu'elle avait exclu de son corps. « Il est malheureusement prouvé, dit-il, que parmi les moyens essayés pour arriver à l'un et à l'autre résultat, les ennemis de Mirabeau ne craignirent pas de provoquer une rébellion ouverte de la part du peuple dont toutes les passions étaient soulevées. » Si cette preuve existait, on aurait dû ne pas oublier de la produire. Plus tard, on disait avec autant de vérité, que les nobles incendiaient eux-mêmes leurs châteaux, pour se donner ensuite le plaisir d'accuser la révolution.

[2] *Journal du Parlement,* etc..., page 846.

Les jours qui suivirent le 2 avril, furent remplis par le choix des députés et la rédaction des cahiers de doléances. Le Clergé tint ses séances dans les salons de l'Archevêque. Le lieutenant du Siége resta le président du Tiers. Les élections de cet Ordre se prolongèrent jusqu'au 9 avril. Mirabeau fut le premier nommé. Le lieutenant Audier et l'avocat Bouche recueillirent ensuite la pluralité des suffrages. Attendu l'absence de ce dernier, on lui donna M. Verdolin pour suppléant.

Un quatrième candidat devait être élu. On pensa à M. Servan, ancien avocat-général au Parlement de Grenoble, grand défenseur du Tiers, et qui avait publié depuis 1788, un certain nombre d'écrits adressés aux communautés de Provence[1], où il les exhortait à adopter la nouvelle Constitution dauphinoise. Un courrier lui fut aussitôt dépêché[2]; M. Servan répondit que ses infirmités l'empêchaient d'accepter.

On se ressouvint alors de Pascalis, et les suffrages se portèrent sur lui. Cette mémoire tardive, dans de telles circonstances, lorsque le choix des députés avait une si extrême importance pour les destinées du Pays, est d'une signification bien triste ; elle ne doit pas cependant nous étonner. Au mois d'avril 1789, Pascalis n'était déjà plus,

---

[1] *Réflexions sur la réformation des États provinciaux*, 1788. — *Observations adressées aux communes de Provence, sur la Constitution de leurs Etats*, 1789. — *Projet de déclaration, proposé aux députés des communes aux Etats-Géneraux*, 1789. — *Idées sur le mandat des députés aux Etats-Généraux*, 1789, etc...

[2] Servan se trouvait alors à Arles, où il prononça un discours dans l'assemblée de la sénéchaussée, pour contester à l'Archevêque d'Avignon, ainsi qu'aux corps ecclésiastiques et religieux de cette ville et du Comtat-Venaissin, le droit d'élire les députés aux Etats-Généraux.

il faut le reconnaître, l'homme de la situation. Tant qu'il
s'était agi de faire prévaloir les idées vraies de réforme,
en réagissant contre l'absolutisme gouvernemental établi
par Richelieu , il avait combattu vaillamment , avec la
conscience d'un devoir accompli , et plein du légitime
espoir que les institutions provençales gagneraient un
nouveau degré de force à la suppression des abus. Mais,
aujourd'hui que le Tiers se rendait complice des plus
mauvaises passions, aujourd'hui que la Provence entière
était en feu, sous le souffle révolutionnaire , comment
Pascalis pouvait-il sans trahir ses principes, retenir cette
faveur populaire dont naguère il était entouré ?

Pascalis refusa[1]. Son âme était-elle découragée ?
Nommé avec aussi peu de spontanéité par le Tiers ,
dominé par Mirabeau, aima-t-il mieux demeurer dans son
rôle modeste de citoyen provençal ? Après avoir combattu
jusqu'au bout et dans les limites de son influence , un
mode de députation qui assimilait son Pays aux autres
provinces du Royaume , après avoir vu rejeter l'Assemblée des trois Ordres et les moyens de conciliation qu'il
avait offerts, voulut-il protester de la sorte contre la violation de notre indépendance ? Il y a lieu de penser que
tous ces motifs concoururent à lui dicter sa réponse.
Bientôt nous parviendrons peut-être à mieux appuyer
ces conjectures , et à connaître les véritables sentiments
de Pascalis.

L'avocat Pochet fut nommé quatrième député ; on lui
adjoignit pour suppléant un autre membre du barreau ,

---

[1] *Journal du Parlement*, etc..., page 849.

M. Verdet [1]. Sur ces entrefaites, M. Verdolin ayant appris son élection à Draguignan, fut remplacé par un député de Saint-Julien le Montagnier.

Les trois Ordres réunis eurent leur séance de clôture, le 10 avril. On y proclama le nom des députés ; on lut les procès-verbaux de l'élection et tous les cahiers de doléances. Dans les siens, le Clergé de la sénéchaussée renonçait aux exemptions pécuniaires. Une déclaration semblable fut faite, le 10 avril, par l'Archevêque, qui consacra ainsi les principes de son mandement du 20 mars, et par M. Duranti de La Calade, au nom de la Noblesse [2].

Voici les noms des députés de la sénéchaussée d'Aix :

Pour le Clergé : Mgr de Boisgelin et l'abbé Cousin, curé de Cucuron.—*Pour la Noblesse:* M. d'Albertas, premier président à la Cour des Comptes et le conseiller d'André. M. de Clapiers-Collongue, nommé d'abord suppléant, devint député par le refus de M. d'Albertas. — *Pour le Tiers* : le comte de Mirabeau, MM. Audier, Bouche et Pochet [3].

---

[1] *Verdet (François-Auguste)*, était né à Forcalquier, et il exerçait la profession d'avocat au Parlement de Provence. On sait sa triste destinée. Nommé, en 1790, membre de l'administration du département des Bouches-du-Rhône, il fut bien vite dépassé dans ses idées révolutionnaires. Le 26 janvier 1793, au moment où on venait d'apprendre, à Aix, la mort de Louis XVI, il fut saisi aux prisons, où l'avait jeté une dénonciation, et pendu à un reverbère du Cours.

[2] *Déclaration faite par les Ordres du Clergé et de la Noblesse, dans l'Assemblée des trois Ordres de la sénéchaussée d'Aix, du 10 avril 1789. A Aix, Gibelin David et Éméric David.*

[3] Voyez aux *Pièces justificatives*, n° 8, les noms des députés des autres sénéchaussées de Provence. Mirabeau avait été également nommé par le Tiers, à Marseille ; mais il opta pour Aix.

Le Tiers, à Aix, se suicida en se faisant le marchepied de Mirabeau. Le jour n'était pas loin où cette capitale humiliée, déchue, verrait passer sur sa couronne comtale le niveau démocratique qu'elle avait souhaité.

Mirabeau se hâta de retourner à Paris pour y préparer ses succès futurs. Les élections étant terminées, aucun obstacle n'empêchait la reprise des États. Leurs séances s'ouvrirent encore, le 21 avril, sous la présidence de l'Évêque de Fréjus. Ils avaient pour mission seulement de voter les subsides et les impositions du Pays. Les questions de réforme, d'administration intérieure, étaient renvoyées après les États-Généraux. Au sortir d'une si effroyable crise, tout commandait la paix, et la paix ne revint pas. Le Clergé renouvela libéralement ses renonciations. L'Assemblée de la Noblesse approuva, le 23 avril, la déclaration que les soixante gentilshommes avaient souscrite le 27 mars; mais elle voulut réserver le droit individuel de ses membres absents ; elle ne reconnut pas non plus la Noblesse des sénéchaussées, comme ayant eu qualité pour la représenter. Des protestations violentes troublèrent encore cette Assemblée, qui devait être, hélas ! la dernière. Un gentilhomme que distinguaient ses sentiments de patriotisme, M. d'Albertas, seigneur de Bouc et de Gémenos, premier président à la Cour des Comptes, montra que le sang généreux de l'antique Noblesse n'avait pas tari[1]. Il déclara consentir

---

[1] On doit citer aussi la conduite de M. d'Albertas (Jean-Baptiste-Surléon), marquis de Gréoulx, membre d'une autre branche de la même famille. Dans une protestation du 29 mars 1789, il déclara: 1° que son avis n'avait jamais été pour l'Assemblée plénière aux États de la province, du corps

tant pour lui que pour son père, à l'encadastrement de tous ses biens nobles, *à compter du moment qui serait fixé par le Tiers.* Il fut imité, le même jour, par MM. Le Camus de Puypin, de Sébastiane de Champclos, et de Gautier d'Artigues.

Le Tiers, qui avait perdu dans Pascalis son guide et son modérateur, gâta lui aussi sa cause par un système d'opposition à outrance. Sur le motif que l'Assemblée actuelle était désavouée par l'universalité de la nation, ses représentants ne voulurent pas nommer la députation ordinaire chargée de porter au Roi les cahiers des États ; ils refusèrent également d'élire les Procureurs joints de chaque Ordre, pour former avec les Procureurs-nés l'administration intermédiaire provençale.

Ainsi, par les fatales querelles des Ordres, les efforts les plus héroïques avortaient. La Provence venait d'être brisée moralement dans son unité nationale ; encore un peu de temps, et ce corps séculaire, qui avait près de deux mille ans d'existence, s'écroulera tout entier sous le marteau de la révolution.

---

entier des possédant-fiefs ; 2° que son vœu était pour l'égale répartition des impôts, et pour l'égale représentation des trois Ordres aux États-Généraux.« *Au reste*, disait-il, *je déclare que dans toutes les occasions, je soutiendrai de mon bien, de mon sang même, s'il le faut, les prérogatives et les droits inhérents à mon Ordre, si jamais aucun Ordre y portait atteinte, ne lui en ayant jamais reconnu d'injuste que celui qui l'exempte d'une égale répartition aux charges publiques et qui lui donne une supériorité de nombre aux Assemblées publiques.* »

CHAPITRE VIII.

FIN DE LA NATIONALITÉ PROVENÇALE.

On ne sait que trop le dénoûment de ce grand drame,
qui se jouait d'une extrémité de la France à l'autre avec
une égale incandescence d'idées et de passions. Tant
d'impéritie, tant de mesures inconsidérées, allaient about-
tir à une catastrophe dernière. La faiblesse du pouvoir
ne fut surpassée que par l'énergie persévérante des
conspirateurs. Le serment du Jeu de Paume commença
la douloureuse et longue agonie du principe d'autorité.
Contrairement aux cahiers qui, tous, proclamaient que
le gouvernement français est monarchique, les députés

des communes ne craignirent pas de se mettre au-dessus
du Roi , en lui déclarant qu'ils ne se sépareraient point
avant d'avoir établi une Constitution [1] ; ils violèrent donc
leurs mandats , et se rendirent coupables d'un acte
attentatoire aux droits du Pays. La séance du 23 juin, où
les trois Ordres furent réunis, acheva de prouver que les
meilleurs projets de réforme , émanés de l'autorité , seraient à jamais repoussés. « *C'est bien plus que nous ne
pouvions espérer*,—s'écria Mirabeau, lorsqu'il eût entendu
l'admirable programme de liberté tracé de la main même
de Louis XVI,—*la patrie peut être sauvée ; mais, cela nous
vient d'un Roi, et c'est pour cela que nous n'en voulons pas.*»
L'orgueil de la révolution est tout entier dans ce mot.

Je n'ai pas à examiner les causes qui précipitèrent la
crise et qui déterminèrent la chute des anciennes institutions de la France [2]. Je ne m'occupe que de nos
modestes institutions provençales. Liées à l'ensemble de
l'organisme politique , il était difficile qu'elles n'eussent
pas un sort semblable , lorsque l'ambition suprême était
de tout recréer *à priori*. C'est bien d'elles qu'on peut
dire : elles ont d'autant plus duré, qu'elles étaient moins
délibérées et moins écrites. Leur origine ne se trouvait

---

[1] Mounier, qui proposa le serment du Jeu de Paume, l'a reconnu plus tard.
« Ce fatal serment, a-t-il dit, était un attentat contre les droits du monarque ; c'était lui déclarer qu'il n'avait pas le pouvoir de dissoudre l'Assemblée ; c'était la rendre indépendante, quel que fût l'usage qu'elle se permet-
trait de faire de son pouvoir. Combien je me reproche aujourd'hui de l'avoir
proposé ! » *Recherches sur les causes qui ont empêché les Français d'être
libres.* Genève, 1792, 2 volumes in-8°.

[2] L'histoire de la vieille Constitution française a été exposée par un publiciste éminent de notre époque, M. de Lourdoueix, dans un ouvrage intitulé : *De la Restauration de la Société française.* Paris, Sapia, troisième
édition, 1834.

pas dans un scrutin. L'expérience des générations les
avait lentement fondées. Nées avec le régime municipal
romain, elles avaient suivi les progrès du temps, de la
civilisation, des mœurs, s'identifiant, en quelque sorte,
avec notre nature et notre caractère, répondant à notre
besoin d'indépendance et d'activité, nous protégeant
comme un bouclier, lorsque les ministres étaient trop
avides ou trop entreprenants, unissant par un lien de
nationalité et associant par une administration économique, des populations qui avaient une même langue,
les mêmes coutumes, mais dont les ressources étaient
diverses, équilibrant ainsi les intérêts et conservant
parmi nous les règles de la liberté politique. Ces institutions ne nous éblouissaient point par le prestige d'un
développement illimité de prospérité matérielle : « *Mais,*
observait Portalis, *il en est peut-être des nations comme des
particuliers, dont le vrai bonheur consiste dans la médiocrité
de leur fortune* [1]. » Pensée qu'on a le tort de ne plus assez
comprendre, et dont le sens simple, dans sa profondeur,
n'a pas besoin d'être commenté.

Ces institutions avaient été admirées par les hommes
d'État et par les publicistes qui les avaient connues. Nos
pères se montraient justement fiers de ces éloges, et ils
les citaient volontiers, avec une sorte de complaisance.
Car nos pères n'avaient pas notre chétif orgueil individuel ; leur cœur ne se glaçait pas, comme le nôtre, sous
les étreintes d'une raison froide et railleuse [2]; ils savaient

---

[1] *Mémoire manuscrit de Portalis, sur le projet de rétablir les États
de Provence.*

[2] Écoutez un triste aveu, échappé naguère à la plume d'un des historiens

unir·dans une affection simple et vraie , la famille , la
cité, la province et la grande patrie de la France ; ils ne
reniaient point les gloires du passé , et ils marchaient
d'un pas ferme vers l'avenir. On ne les eût jamais vus
rougir d'éprouver ce sentiment de tous les lieux et de
tous les âges , que certains *patriotes* modernes , ont
appelé avec dédain, *l'amour grossier du sol* [1].

Ces institutions pouvaient-elles encore vivre? Étaient-
elles seulement un de ces débris d'un temps malheureux,
qui ne réveillent que le souvenir de la servitude? Étaient-
elles donc exclusives de toute amélioration ? N'offraient-
elles pas, au contraire, l'exemple remarquable de ce que
peut l'esprit de liberté bien entendu ? Sans doute , elles
renfermaient des abus; mais la pratique des choses humaines en découvre partout ici-bas, et les établissements les
plus dignes de notre vénération n'en sont pas exempts.
« On précipite un État dans le despotisme ou dans l'a-
narchie, dit Portalis , quand on détruit brusquement les
institutions qui modéraient l'autorité et garantissaient
l'obéissance. On compromet la civilisation d'un peuple
si, sous prétexte de lui donner une meilleure police , on
ne laisse rien subsister de ce qui l'a civilisé ; on le

les plus distingués de l'école *constitutionnelle :*« Nos ancêtres du moyen âge
avaient, il faut le reconnaître, quelque chose qui nous manque aujourd'hui,
cette faculté de l'homme politique et du citoyen, qui consiste à savoir net-
tement ce qu'on veut , et à nourrir en soi des volontés longues et persévé-
rantes. » *Essai sur l'histoire de la formation et des progrès du Tiers-
État,* par Augustin Thierry ; préface, page xiv.

[1] Cette expression a été employée par M. Alexandre Thomas , dans un
ouvrage intitulé : *Une province sous Louis* XIV. Paris , Joubert , 1844,
in-8°, page 437.

replonge dans la barbarie, en l'isolant de toutes les choses qui l'en ont fait sortir [1]. »

Les administrations provinciales tentées par Louis XVI avec le concours de Turgot et de Necker, et dont ce prince exposa le plan définitif aux États-Généraux, dans la séance du 23 juin, étaient merveilleusement propres à écarter les périls qu'indique ici Portalis. Ce plan conciliait l'autorité et la liberté ; il investissait le gouvernement du pouvoir qui est nécessaire à son action, et il laissait au Pays, dans une juste mesure, le soin d'administrer ses intérêts ; enfin, il permettait d'opérer sans secousses les réformes utiles, et de coordonner en un tout plus compacte et plus homogène les anciennes institutions des provinces. Ne nous étonnons pas, cependant, s'il fut accueilli avec peu de faveur par l'Assemblée Constituante. Dans un siècle, où l'on aspirait à rien moins qu'à refaire la nature entière, et où toutes les institutions étaient regardées comme des abus, un tel régime ne pouvait trouver grâce aux yeux des novateurs.

Combien, égarés alors par bonne foi, ont ensuite déploré leurs erreurs ? Ils crurent fonder la liberté, et ils la perdirent [2]. Ils arrachèrent à l'autorité, sa majesté,

---

[1] *De l'usage et de l'abus de l'esprit philosophique durant le* XVIII° *siècle*, tome II, page 403.

[2] Un écrivain génevois, Mallet du Pan, partisan des justes idées de réforme, a jugé en quelques mots la révolution, dans un article publié par le *Mercure britannique*, janvier 1800. Après avoir constaté le but de la révolution, qui est d'abolir toutes les distinctions héréditaires et d'établir une égalité complète dans l'ordre social, il ajoute : « *C'est sur ce conflit, infiniment plus que sur la liberté, à jamais inintelligible pour les Français, qu'a porté et que reposera jusqu'au bout la révolution.* »

son auréole de grandeur, son empire sur les consciences
et sur les âmes ; puis ils l'abandonnèrent , ainsi dégra-
deé, aux convoitises de toutes les ambitions. D'un autre
côté, ils supprimèrent les digues morales qui s'opposaient
aux envahissements du pouvoir central, digues qu'avaient
élevées les traditions, les usages, les habitudes ; digues
fortes, parce qu'elles n'étaient pas de mains d'hommes ,
et durables , parce qu'elles n'étaient pas de vaines
abstractions métaphysiques [1]. Ils individualisèrent la
société ; ils anéantirent ses principes de cohésion ; ils
broyèrent tous les corps intermédiaires et indépendants;
ils firent une vaste démocratie de 30 millions d'hommes..... Était-ce là *constituer* la liberté? Avouons plutôt
que c'était préparer la voie au plus redoutable des
despotismes [2].

Briser complètement les anciennes provinces pour
leur substituer ces divisions territoriales géométriques
appelées *départements* , était une mesure qui , sous une
apparence d'utilité gouvernementale , ne devait pas être
moins funeste au point de vue de la liberté. Plusieurs

---

[1] «On oublie que l'homme n'est point un être simple, mais très-compliqué;
que les hommes sont régis par des habitudes plutôt que par des raisonne-
ments , par des impressions plutôt que par des axiômes , et qu'il s'agit de
leur donner , non une métaphysique , mais des mœurs. » *De l'usage et de
l'abus de l'esprit philosophique*, etc... tome II, page 403.

[2] « On a détruit tous les obstacles indirects qui servaient à mitiger le
despotisme ; en sorte que si jamais la monarchie pouvait reprendre quelque
ascendant en France , sous cette dynastie, ou sous une autre, elle exercera
probablement, à moins que, dès son début, les sages et vertueux conseils du
prince ne la tempèrent volontairement , le pouvoir le plus complètement
arbitraire dont il y ait jamais eu d'exemple sur la terre. » *Réflexions sur la
Révolution de France* , par Ed. Burke , publiées en 1790. Paris , 1819 ,
in-8°, pages 337 et 338.

Constituants, dont les opinions révolutionnaires n'étaient
pas suspectes, le sentirent bien, et c'est au nom même
de la liberté qu'ils protestèrent contre ce morcellement,
en marquant ses conséquences certaines dans l'avenir.
L'expérience nous dit aujourd'hui s'ils se trompèrent.
Il est hors de doute que l'unité est très-désirable,
qu'elle est la condition essentielle de l'ordre, et que
nous devons applaudir aux progrès réels qui tendent à
l'établir et à la développer au sein d'une nation. Mais
l'unité ne ressemble pas mieux à l'uniformité, que la liberté à la licence, et que l'égalité civile au nivellement
des classes et des rangs. La nature, ce type immuable
des œuvres humaines, nous fournit, à ce sujet, des ensei-
gnements que nous ne saurions trop méditer. Rien ne
prouve plus évidemment la nécessité d'une hiérarchie et
d'un échelonnement de forces, que l'aspect général du
monde. Tout y est un; tout aussi y est divers. L'harmonie
de l'ensemble résulte des contrastes que présentent les
parties. L'ordre physique ne serait-il point en cela l'i-
mage fidèle de l'ordre moral? Chaque famille, ou privée
ou nationale, n'a-t-elle pas ses mœurs, ses aptitudes,
son caractère, ses besoins, comme chaque fraction de
territoire a son climat et ses différentes productions?
Pascalis avait écrit dans son *Mémoire sur la contribution
des trois Ordres* : — « *Unissez les hommes aux besoins
de l'État; communiquez-leur cet esprit de famille qui
dispose aux grands sacrifices, et vous renouerez le lien social* [1]. » Admirable maxime, dans laquelle se formule la

---

[1] *Mémoire sur la contribution des trois Ordres, aux charges publiques et communes de la province,* page 52.

seule politique, vraiment chrétienne et libérale ! Au lieu
d'agir ainsi , les Constituants s'efforcèrent de tout nive-
ler et de tout dissoudre ; ils enlevèrent aux peuples ces
affections et ces administrations patriotiques , qui les
rapprochaient, qui les aggloméraient, qui les attachaient
au foyer de famille , à la commune , à la province et à
l'État, qui les défendaient contre l'anarchie et contre
l'arbitraire ; puis , après avoir affaibli la France ,
après l'avoir divisée et subdivisée , après avoir éteint
chez elle toute vie locale , et par cela même toute vie indépendante, après avoir concentré tous les pouvoirs dans
une seule ville , ils se persuadèrent que le gouvernement
absolu serait à jamais impossible, et que rien ne compri-
merait désormais l'essor de la liberté [1]!

« L'attachement aux coutumes locales, a dit Benjamin
Constant , tient à tous les sentiments désintéressés, nobles, pieux. C'est une politique déplorable que celle qui
en fait de la rébellion. Qu'arrive-t-il aussi dans les
États , où l'on détruit ainsi toute vie partielle ? Un petit
État se forme au centre ; dans la capitale s'agglomèrent
tous les intérêts ; là vont s'agiter toutes les ambitions ;
le reste est immobile. Les individus perdus dans un
isolement contre-nature, étrangers au lieu de leur naissance, sans contact avec le passé, ne vivant que dans un
présent rapide , et jetés , comme des atômes , sur une
plaine immense et nivelée , se détachent d'une patrie
qu'ils n'aperçoivent plus nulle part , et dont l'ensemble
leur devient indifférent , parce que leur affection ne peut

---

[1] Voyez aux *Pièces justificatives*, n° 9, le jugement que Burke portait,
en 1790, sur la nouvelle division de la France en départements.

se reposer sur aucune de ses parties [1].» Benjamin Constant , en écrivant ces lignes , appréciait avec sagesse les
éléments nécessaires d'un gouvernement représentatif; il
comprenait qu'il n'y a point de liberté durable chez un
peuple , dont les institutions , sans cesse exposées aux
hasards d'une émeute, ne trouvent, dans le corps même
du Pays, aucune garantie de stabilité; mais, Benjamin
Constant parlait après une révolution qui s'attribuait
précisément la gloire d'avoir effacé les derniers vestiges
des vieilles franchises municipales, et qui plaçait la centralisation administrative , au nombre de ses bienfaits
les plus signalés [2].

A l'heure décisive où nous sommes parvenus, alors que
la sentence de mort va être prononcée contre les libertés
traditionnelles de notre Pays, il est opportun de juger
l'œuvre de l'Assemblée Constituante. L'expérience ne
nous apprend que trop où conduisent ces systèmes
orgueilleux , qui, ne tenant compte ni du temps , ni des
lieux , ni des mœurs , ni de la nature de l'homme [3] , sont
propres seulement à enivrer les peuples de passions

---

[1] *Cours de politique constitutionnelle*, tome I, pages 206 et 207.

[2] « Fut-ce un très-grand malheur , que la perte des anciennes libertés
communales? Je le crois, je crois que si elles avaient pu subsister et s'adapter au cours des choses , les institutions, l'esprit politique de la France y
auraient gagné. » *Histoire de la civilisation en France*, par M. Guizot.
Paris, 1843 ; in-8, tome IV, page 300.

[3] « Comme on s'habitue à ne rien distinguer , on finit par ne plus rien
connaître ; on veut que le climat, que le caractère national, que toutes les
circonstances s'aplanissent sous l'empire de quelque idée générale, que
tout fléchisse devant une abstraction. Le faux esprit philosophique se suffit
à lui-même ; tout est vide autour de lui...» *De l'usage et de l'abus de
l'esprit philosophique,* etc..., page 400.

désordonnées et subversives, à les rendre insociables, et à ébranler chez eux les principes fondamentaux de toute civilisation. Aussi, est-ce avec un cœur attristé que nous abordons le vaste champ des ruines révolutionnaires ; nous nous demandons si c'était bien là que devait aboutir ce grand mouvement de progrès , commencé dès les premiers temps de notre histoire, activé et développé plus tard par la restauration du régime municipal, et poursuivi à travers les siècles, sous l'autorité tutélaire de nos Rois ; nous nous demandons si , pour obtenir certaines réformes, certains biens appelés par le vœu des hommes éclairés , il fallait opérer une destruction universelle , et inoculer à la société cet esprit de mécontentement et de révolte, qui, une fois descendu dans les classes inférieures, ne s'arrête pas même devant la barbarie [1].

Un historien de la Provence, notre concitoyen, indique de la manière suivante , quels eussent été les fruits du mouvement de cette époque, *si d'autres maximes avaient prévalu.* Après avoir regretté que *la liberté nouvelle ne soit pas résultée sans effort de la liberté ancienne* , et s'occupant de l'organisation provinciale, il s'exprime ainsi : « L'intendance fut devenue dans les provinces dépossédées

---

[1] Aujourd'hui , quand la démocratie a presque terminé son œuvre, et lorsque le socialisme, son héritier direct, se présente à nous armé des mêmes principes et menaçant de déchaîner sur la société les masses populaires, on commence à sentir que les anciennes libertés municipales , en attachant les citoyens à la famille et au sol , n'étaient pas sans quelque utilité ; mais c'est ouvrir les yeux bien tard. (Voyez sur les libertés municipales , deux ouvrages de M. Ferdinand Béchard , intitulés : *Essai sur la centralisation administrative.* Paris, Hivert, 1836, 2 volumes in-8°.—*De l'administration intérieure de la France.* Paris, Giraud et Dagneau , 1851 , 2 volumes in-12).

de tout pouvoir exécutif provincial, une sorte de petit
ministère propre à lier toutes choses au corps de l'État
et à centraliser le pouvoir exécutif national. Les circonscriptions des bailliages, élections, vigueries eussent été
régularisées, et c'est dans le terme intermédiaire entre la
province et la commune, qu'on eût trouvé la vraie société
municipale où est le lien de la fédération nationale, le
siége des jugements, la source du mandat et de l'opinion
populaire... Le Pays de Provence, devenu une véritable
province française, eût un jour reçu dans son sein les
Provençaux du Comtat et ceux d'Outre-Var, et se fût
appuyé, comme aux premiers temps, sur la mer, le Rhône
et les Alpes. Il eût conservé avec son nom, les traditions
de sa vieille liberté... Nos communes de Marseille et
d'Arles, qui ne devaient leurs droits qu'à elles-mêmes,
nos vigueries, vénérables vestiges des cités romaines,
eussent gardé leur indépendance ; au dedans, administrant avec sagesse ; au dehors, députant de fidèles
représentants de leurs besoins et de leurs volontés.

« Nous, Provençaux, Dauphinois, Aquitains, Bretons,
Alsaciens, tous Français, nous n'eussions eu ni tant de
victoires, ni tant de maux, ni l'épuisement universel
après une fatigue universelle, ni les calomnies adressées
à la liberté ; et notre Gaule nationale et royale eût bien
valu cet empire français modelé sur l'empire romain, sur
la monarchie carlovingienne, sur le saint-empire, sur les
plans de la maison d'Autriche [1]... »

Mais la révolution était loin d'admettre ces tempéra-

---

[1] *Résumé de l'histoire de l'État et Comté souverain de Provence*,
par E. C. Rouchon, pages 547-524.

ments et de concevoir ces craintes. Il était dit que les
libertés municipales devaient périr. Ébranlées par le
gouvernement absolu , compromises par des fautes irré-
parables , trahies par beaucoup de ceux qui avaient reçu
pour mission de les affermir , dédaignées et condamnées
parce qu'elles réglaient les passions au lieu de les irriter,
elles ne pouvaient résister aux attaques violentes de la
démocratie. Le malheur des temps voulut qu'on les con-
fondît avec des priviléges abusifs, et qu'on les assimilât,
dans l'opinion publique , aux derniers débris du régime
féodal. Ce fatal préjugé, une fois accrédité, devint mortel
pour elles. On les regarda comme autant d'entraves qui
étouffaient l'esprit public. Sous prétexte de simplifier les
ressorts administratifs, on les désorganisa. C'est au nom
du patriotisme , qu'on entreprit de détacher les citoyens
des lieux où ils étaient habitués à considérer la patrie [1] ;
et on ne vit pas le véritable point de milieu entre les li-

---

[1] « Il est assez remarquable que l'unité d'action absolue , sans restric-
tion, sans limites, n'ait jamais rencontré plus de faveur que dans une révolution faite au nom des droits et de la liberté des hommes. L'esprit systématique s'est d'abord extasié sur la symétrie. *L'amour du pouvoir a
bientôt découvert quel avantage immense cette symétrie lui procurait.*
Tandis que le patriotisme n'existe que par un vif attachement aux intérêts
de localités , d'aveugles patriotes ont déclaré la guerre à ces intérêts.....
*Pour bâtir l'édifice, ils commençaient par broyer et réduire en poudre
les matériaux qu'ils devaient employer.* Peu s'en est fallu qu'ils ne
désignassent par des chiffres les cités et les provinces , comme ils dési-
gnaient par des chiffres les légions et les armées. » *Cours de politique
constitutionnelle,* par Benjamin Constant ; tome I, pages 196 et 197.
   C'est Benjamin Constant qui écrivait encore : « *On parle sans cesse
de l'unité du Royaume et de la nation entière ; mais le Royaume n'est
rien quand on le conçoit à part des provinces ; la nation entière
n'est rien, quand on la sépare des fractions qui la composent.* » *Ibid.,*
page 207.

bertés particulières et la liberté générale, où se trouve
l'équilibre naturel des forces de la société.

Le moment où cette situation se manifesta dans sa
froide réalité, fut cruel pour les hommes qui avaient concouru dans un tout autre but à l'élan national de 1789.
Le voile se déchira ; ils touchèrent du doigt la plaie ; ils
furent douloureusement émus, lorsqu'ils reconnurent
combien ils s'étaient mépris sur la portée du mouvement;
peut-être alors, ils regrettèrent d'avoir désiré avec une
si impatiente ardeur, la convocation immédiate des
États-Généraux. Pascalis fut du petit nombre de ceux
qui éprouvèrent ces justes alarmes, et qui, après avoir
essuyé les périls de la lutte, ne consentirent pas à
partager les honneurs d'une victoire qui était la ruine de
leurs plus chères espérances. Dès cette époque, en effet,
nous le voyons se retirer complètement des affaires publiques. Déjà, depuis le 15 avril, il n'avait plus paru au
conseil municipal. Les événements qui se succédèrent
bientôt, achevèrent de le confirmer dans ces résolutions.
Avec sa rigide indépendance de caractère, Pascalis jugea
qu'il serait inhabile à modérer l'expression de ses regrets
et de ses plaintes. Se confiant encore dans un réveil de
l'ancien patriotisme, il aima mieux attendre l'avenir.

A ces motifs de conduite, d'autres venaient s'ajouter.
Pascalis ne se dissimulait plus les résultats logiques de
la forme suivie dans les élections pour les États-Généraux, et il se trouvait sous le coup des impressions qui
lui avaient dicté son refus. Nous n'avons, à ce sujet,
aucun témoignage direct de sa part. Mais un document
précieux nous est fourni par les procès-verbaux des

Assemblées de la viguerie d'Aix. Il est dû à la plume de M. Cappeau, le parent, l'élève, l'ami de Pascalis [1], et qui avait été député de cette viguerie aux derniers États de Provence.

M. Cappeau exposa, le 2 juillet 1789, à l'Assemblée de la viguerie, ce qui s'était passé aux États. Racontant ensuite les débats soulevés par le règlement du 2 mars, il n'hésita pas d'avouer leur extrême gravité.

« Étant ce que nous sommes, s'écriait M. Cappeau, devons-nous députer aux États-Généraux de France, c'est-à-dire à l'Assemblée générale d'un État qui, quoique uni au nôtre, n'est pas cependant le nôtre?

« Il ne faut point se faire illusion. Du moment que les députés provençaux concourront par leur vœu aux décisions des États-Généraux de France, les États provençaux seront incontestablement liés par les règlements auxquels ils auront concouru par le vœu de leurs députés... S'il peut être utile de députer aux États-Généraux de France, imitons l'exemple des terres adjacentes qui, quoique unies à l'État de Provence, sont néanmoins indépendantes de notre administration et députent à nos États-Généraux, non afin que leurs députés fassent partie des États, mais seulement pour veiller à leurs priviléges....

---

[1] *Cappeau (Louis-Jean-Joseph-Pierre)*, né à Istres, le 14 février 1755, reçu avocat au Parlement de Provence, le 23 juin 1774 ; nommé, en 1800, juge au tribunal d'appel d'Aix, et en 1811, président à la Cour impériale de la même ville, mort le 1er mars 1852. M. Cappeau est l'auteur d'un traité estimé sur la *Législation rurale et forestière ;* Marseille, Ant. Ricard, 1824, 3 volumes in-8°. (Voyez une notice sur la vie et les ouvrages de M. Cappeau, par M. le comte de Gabrielli, conseiller à la Cour impériale d'Aix. Aix, Nicot, 1852, in-8°).

« L'État de France , quelque considérable , quelque
étendu qu'il puisse être , n'est jamais qu'un État particulier. Les règlements faits dans ces États-Généraux
peuvent bien nous servir de modèles , mais ils ne seront
jamais la loi du Pays , tant que les députés de nos États
particuliers n'y auront point concouru. Mais, si de vaines
considérations continuent à nous éblouir , que nous con-
tinuions à nous confondre avec les Français, insensible-
ment nos États-Généraux particuliers ne seront plus
regardés que comme des Assemblées du district de l'État
de France , et notre antique Constitution, dont tous les
publicistes font l'éloge, s'évanouira entièrement.

« Pour mieux sentir ce danger auquel nous expose la
députation des États–Généraux de Provence aux États-
Généraux de France , qu'on jette un coup-d'œil sur la
manière dont les Provençaux viennent d'être convoqués.
Ce n'a pas été certainement comme représentants d'une
nation indépendante , puisque , si on les eût regardés
comme tels , on aurait dû adresser les lettres de convocation aux États-Généraux de Provence. On ne les a donc
considérés, que comme membres de la nation française,
puisqu'ils ont été convoqués par sénéchaussées , conformément à la Constitution de l'État français , dont les
bailliages et les sénéchaussées forment les districts
subalternes. Par ces lettres de convocation, notre Constitution est méconnue. Nos États ne sont plus regardés
comme le corps politique représentatif d'une nation à
part et indépendante ; notre municipalité est asservie
à l'autorisation des officiers de justice, et les députés
confondus parmi la foule des députés français, convoqués

suivant les formes et usages de l'État français , cessent d'être Provençaux [1]. »

· On voit avec quelle netteté de langage , M. Cappeau indiquait au mois de juillet 1789 , la marche inévitable des faits, en l'état de soumission presque absolue auquel la Provence était réduite. Il ne faut pas douter que ces lignes, où se révèle un sentiment si vrai de la situation , n'aient été écrites sous les inspirations de Pascalis.

Rien ne démontra mieux l'impossibilité d'une opposition , que l'accueil fait dans le Pays aux efforts désespérés de la Noblesse. Comme il avait été facile de le prévoir, les députés particuliers des possédant-fiefs n'avaient pas été acceptés aux États-Généraux. Le président de Mazenod répondit par un éloquent mémoire , où il défendait avec beaucoup de talent les priviléges constitutionnels de la Provence [2]. Necker, d'abord hostile, n'osa résister, et il admit les deux députations. C'était , en apparence , concilier les divers intérêts ; mais c'était aussi violer tous les principes. Les huit gentilshommes possédant-

---

[1] *Teneur de la relation faite dans l'Assemblée de la viguerie d'Aix, séance du 2 juillet 1789, par M. Cappeau , député de ladite viguerie aux derniers États.* Aix , Gibelin David et Éméric David , in-4°, pages 21-25.

[2] *Mémoire concernant les titres et les faits relatifs à la députation de la Noblesse de Provence aux États-Généraux du Royaume,* à Versailles , le 10 mai 1789. Il était signé par les huit députés des possédant-fiefs.

Les gentilshommes non possédant-fiefs répliquèrent par un écrit intitulé : *Réponse au Mémoire concernant les titres et les faits relatifs à la députation de la Noblesse de Provence ,* 1789. Cet écrit était signé par MM. d'André, le chevalier de Clapiers, le vicomte de Rafelis de Broves, le comte de L'Assigny de Juigné , d'Eymar, de Burle , le marquis de la Poype Vertrieux, de Vialis, le marquis de Provençal de Fontchateau.

fiefs , obéissant à une susceptibilité honorable , crurent
que le devoir leur commandait de se retirer. Leur
cause n'était-elle pas celle de la Constitution? N'avaient-
ils pas été nommés selon les anciennes règles ? Que deviendrait donc l'indépendance du Pays , si on reconnaissait au pouvoir le droit de se jouer des traités les plus
solennels ? Protestations inutiles ! Elles ne désarmèrent
pas le pouvoir, et elles laissèrent le Pays indifférent. Les
meneurs du peuple ne négligèrent pas de lui suggérer
que ce zèle patriotique avait pour objet la conservation
des abus. Voilà comment tout se réunissait pour assurer
la victoire à la révolution.

Avant que ces événements se fussent encore produits,
les députés des communes et des vigueries avaient ouvert
leurs séances à Aix , le 30 avril. A la veille du jour où
devaient se réunir les États-Généraux , cette Assemblée
ne pouvait avoir aucune importance politique. Pascalis
y fit la relation des affaires intéressant le Tiers , qu'il
avait gérées pendant l'année 1788.

L'Assemblée applaudit au patriotisme qu'il avait dé-
ployé dans une administration aussi laborieuse : « elle y
a vu, est-il dit dans le procès-verbal, de nouvelles preuves de l'application , de l'intelligence et du zèle avec
lesquels M. Pascalis n'a cessé de défendre la cause des
communes ; et elle a cru devoir consacrer aux services
importants que l'Ordre du Tiers en a reçus, ce faible
témoignage de son estime et de sa reconnaissance.»

Pascalis termina ainsi sa vie active avec le désintéressement et la dignité d'un vrai citoyen. A peine échappé
aux honneurs , il sembla n'aspirer qu'au calme d'une

existence ignorée. Quelques amis devinrent les dépositaires habituels de ses affections ; amis dévoués , tous
fervents patriotes , tous comme lui ayant payé leur large
tribut de travaux à leur pays. Tous, ils sont morts , em-
portant dans la tombe des souvenirs qui nous seraient
aujourd'hui bien précieux. Aucune voix ne nous dira les
détails cachés de ces entretiens , où ces grands avocats ,
ces hommes libres , échangeaient loin des clubs et de la
place publique, leurs tristesses et leurs regrets. Il en est
un cependant qui , plus jeune , voulut affronter seul les
périls de la résistance. Désigner Dubreuil, c'est rappeler
un nom qui est cher à plus d'un titre à tous les Provençaux ; c'est évoquer une des figures les plus nobles, les
plus sérieuses , les plus saisissantes que nous aimions à
rencontrer auprès de celle de Pascalis. Dubreuil a vécu
parmi nous ; il est justement considéré comme ayant été
dans notre âge le dernier représentant de l'ancien barreau
provençal[1]; il avait été l'ami de Pascalis, il avait partagé
ses luttes ; plus heureux que lui , il s'était soustrait aux
vengeances de la révolution , après avoir couru de semblables dangers. Nous savons le silence qu'il gardait, plus
tard , lorsqu'on l'interrogeait sur ces souvenirs , tant il
craignait de réveiller dans son âme des impressions trop
douloureuses. Il ne sera donc pas sans intérêt de jeter
quelque lumière sur des faits aujourd'hui presque incon-
nus , faits qui complètent naturellement cette étude , et
qui nous permettront de rechercher dans quelles cir-

---

[1] On sait que Siméon , mort à Paris le 19 janvier 1842 , avait abandonné
le barreau, et qu'il a occupé , depuis la révolution , de hautes fonctions
administratives. (Voyez la note 2 de la page 13).

constances, Pascalis reparut sur la scène pour prononcer
son discours d'adieux au Parlement.

La révolution mit au jour, en Provence, comme partout ailleurs, les symptômes de désorganisation : ivresse
indicible dans les rangs du Tiers, qui saluait avec transports *l'aurore de la liberté*, frayeur muette des deux
premiers Ordres, insurrections de paysans, émeutes
dans les villes..... Ce fut une fièvre sans exemple, fièvre
de déclamations, de délibérations, de motions, fièvre de
phrases et de discours. On ne raisonnait pas, on délirait.
Il n'était pas de merveilles et d'exagérations sentimen-
tales dont on n'attendît la réalisation prochaine. Jusqu'alors, depuis l'invasion des Barbares, l'humanité
avait été ensevelie dans les ténèbres ; mais l'heure de
son affranchissement était sonnée. Désormais, le despotisme deviendrait impossible, les abus seraient des chimè-
res, l'âge d'or éclos des théories révolutionnaires, allait
ramener le monde aux lois de son origine. Dans toutes
les provinces, ce n'étaient qu'effusions de bonheur, que
doux épanchements, que correspondances de villes à
villes, de hameaux à hameaux, pleines de fraternelles
tendresses. Les Parisiens étaient particulièrement chan-
tés comme des libérateurs. A la nouvelle de la prise de
la Bastille, un avocat d'Aix, nommé Arbaud, intarissa-
ble faiseur de motions, proposa, le 25 juillet, au conseil
général de tous les chefs de famille, *que les habitants de
Paris fussent à jamais sous la sauvegarde de la nation
française*[1]. On l'applaudit à outrance. Quelques jours

---

[1] *Extrait des registres des délibérations du conseil municipal d'Aix*
A Aix, Gibelin David et Éméric David, 1789, in-4°, page 6.

après , un bon citoyen [1], saisi de pitié à l'aspect des familles nombreuses qui s'acheminaient déjà vers l'exil , eut la franchise de demander , *au nom doux et saint de la patrie*, un vote de paix et de liberté; il adjura *le Tiers, ses concitoyens, ses frères , de mettre sous la sauvegarde de la nation provençale, les prêtres d'abord, la Noblesse du Pays ensuite , et surtout les tribunaux de justice.* Il fut à peine écouté.

Toutes les forces morales qui eussent dû régler les passions avaient disparu. La corruption des mœurs avait trop généralement énervé la virilité des âmes. Jadis, les administrateurs de la province étaient respectés dans les troubles populaires ; aujourd'hui , ils se trouvaient dépouillés de toute influence , et ils craignaient d'agir. Le Parlement ne montra pas une plus grande fermeté. Des lettres patentes du 15 avril lui attribuaient une juridiction presque souveraine , pour la répression des agitateurs. Le 23 juillet , il supplia le Roi d'accorder une amnistie. C'était promettre l'impunité au désordre. Le 28 juillet , une bande de Marseillais ayant à sa tête un prêtre démagogue, chanoine de Saint-Victor , se chargea de le lui apprendre. Elle ouvrit les prisons d'Aix , et ramena triomphalement les accusés à Marseille.

Sur ces entrefaites , la séance mémorable du 4 août à l'Assemblée Constituante , vint trancher la situation. Cette nuit est unique dans les annales du monde : le

---

[1] Il se nommait Gabriel et avait été procureur au Parlement. La motion faite le 28 juillet au conseil général , souleva contre lui les vengeances révolutionnaires. Il fut proscrit et obligé d'émigrer. Il fut membre de la Cour prévôtale des douanes en 1811.

XVIIIe siècle pouvait seul offrir l'étonnant spectacle d'un
manque aussi absolu de principes. Des hommes qui se
refusaient naguère à accepter des concessions raisonna-
bles, épouvantés par le spectre de l'anarchie, légalisèrent
de leurs propres mains , avec un fol enthousiasme , le
nivellement universel. Rien ne fut épargné par eux , si
ce n'est la royauté à laquelle ils ne laissèrent d'autre
soutien que des ruines. L'ancien édifice politique se
trouva ainsi entièrement détruit, avant que le nouveau
eût été établi. Les députés des Pays d'États, saisis d'une
sorte d'ivresse , offrirent, *sur l'autel de la patrie,* l'a-
bandon des libertés de leurs villes et de leurs provinces.
« Voilà bien nos Français, exclama Mirabeau, ils sont un
mois entier à disputer sur des syllabes, et dans une nuit,
ils renversent tout l'ordre fondamental de la monarchie. »

Il était difficile que les députés de Provence, ne cédas-
sent pas à l'ardeur irréfléchie de cet élan ; ils ne rencontrèrent qu'un obstacle. Les cahiers leur faisaient une loi
de défendre les franchises provençales ; ils écrivirent
donc sur-le-champ , afin d'obtenir la ratification de leur
vote. « Que n'a-t-il été possible , disaient-ils , que vous
fussiez tous présents à cette séance , le triomphe du patriotisme ? En voyant se détruire rapidement tous les
obstacles qui auraient pu arrêter notre marche , vous
auriez senti, comme nous, que cette renonciation est un
avantage réel ; que tous les Français vont jouir des droits
que nous avions , et que nous acquerrons ceux dont ils
vont jouir ; que notre liberté devient inattaquable , appuyée par la liberté générale..... Nous sommes certains
que vous ne vous laisserez pas surpasser en patriotisme ,

et que le zèle, le courage et la générosité des Provençaux
ne cèderont ni au zèle, ni au courage, ni à la générosité
des Français [1]. »

Mais comment obtenir cette ratification ? Réunirait-on
les États ? Consulterait-on une assemblée des trois Ordres ? Il l'eût fallu. On demandait au Pays d'abdiquer
son indépendance; or, le Pays, comme corps de province,
ne pouvait exprimer sa volonté que par l'organe de ses
représentants. Lorsque la Provence se donna à la couronne, en 1486, ce fut une Assemblée nationale, *concilium trium Statuum*, qui régla les clauses stipulées dans
le contrat d'union. En droit, en équité, en raison, une
nouvelle Assemblée devait être convoquée.

Il n'est point besoin de dire qu'on s'en garda bien.
Cet écueil était précisément celui que la révolution voulait éviter. *Divide ut imperes*, c'est la maxime à l'usage de
toutes les tyrannies.

Les conseils de communautés furent seuls chargés de
cette mission redoutable. Isolés, fractionnés, morcelés,
ils seraient impuissants. Le résultat était prévu, et on y
comptait. Les meneurs affirmèrent que les Provençaux
se couvriraient de honte, s'ils désavouaient leurs députés.
Ils firent briller dans l'avenir l'*immortelle* Constitution
promise à la France, lorsque *les droits de l'homme* seraient
définitivement fondés. «Une fois réunis à la France, nous
serons hommes libres, » dit fièrement un orateur au
conseil général de Sisteron. Il arriva dans ces circons-

---

[1] *Délibération du conseil municipal de la ville d'Aix, du 4 septembre*
1789. A Aix, Gibelin David et Émérie David, 1789; in-4°, pages 6 et 7.

tances, ce que les révolutions ont toujours vainement démontré : la souveraineté populaire fut un instrument d'oppression. Les gens timides se turent, beaucoup dominés par la peur, suivirent le mouvement. Admirez néanmoins quelle était encore la fidélité de ce peuple dont on comprimait ainsi les sentiments. Cent quarante communautés, formant 1,500 feux[1], sur environ 3,000, eurent le courage de résister à la force ; elles déclarèrent se réserver le droit d'obtenir une convocation générale du Pays, aussitôt après que l'Assemblée nationale aurait établi la Constitution du Royaume, celle des Provinces, organisé les tribunaux de justice, afin de délibérer l'adoption qu'elles devraient en faire[2]. La plupart de ces communautés prêtèrent le serment d'employer leur fortune à la consolidation de la dette, et de répandre jusqu'à la dernière goutte de leur sang pour le maintien de la monarchie et de l'autorité royale[3].

En d'autres temps, la capitale de la Provence se fût placée à la tête d'une opposition où son intérêt était si manifestement engagé. Mais depuis l'élection de Mirabeau, elle était devenue le boulevard du parti de la révolution. Ce n'était plus aux anciens administrateurs du Pays, à

[1] «Les territoires de chaque communauté sont estimés par *feux*. Ce mot doit être pris non pour l'habitation d'une famille, mais pour la valeur de 50,000 livres en fonds de terre. La Provence, ou plutôt la partie de la Provence dont les communautés entrent dans les Assemblées et contribuent aux impositions nationales, et qui est divisée en viguerics, ne renferme qu'environ 3,000 feux.» (*Traité sur l'administration du Comté de Provence, par l'abbé de Coriolis.* Tome I, page 78).

[2] *Procès-verbaux de l'Assemblée nationale des 30 octobre et 26 novembre,* n°ˢ 99 et 135.

[3] Ces adresses furent lues à l'Assemblée nationale le 15 septembre.

ces illustres jurisconsultes entourés de l'estime et de la
considération publique, qu'appartenait la faveur du moment. Des avocats obscurs, sans expérience, et jaloux de
la haute position acquise aux supériorités du barreau,
s'énorgueillissaient d'avoir saisi l'influence que l'opinion
assignait tantôt aux Pascalis, aux Portalis, aux Pazery,
aux Siméon, aux Barlet. Entr'eux étincelait l'avocat
Arbaud. Un jour, le 25 juillet, il prétendit au conseil
général, que l'administration de la ville était pleine
d'abus révoltants; il accusa même les magistrats municipaux d'avoir augmenté la dette publique de 2 millions
250 mille livres, dans l'espace de trente-six années.
Dubreuil ne souffrit pas qu'on pût user de semblables
moyens pour tromper le peuple. Le 4 août, il apporta
des preuves décisives qui fermèrent la bouche au calom-
niateur [1].

Le 4 septembre, eut lieu la séance dans laquelle le
conseil municipal d'Aix fut appelé à exprimer son assen-
timent aux renonciations du 4 août. Pascalis ne s'y était
pas rendu. Dubreuil venait avec un cœur non moins indigné, occuper son siége laissé vide. Il supplia le conseil
de peser la gravité d'un vote qui ruinerait la ville d'Aix
et désarmerait la Provence. Adhérer sans restrictions
aux décrets de l'Assemblée nationale, était une marque
de confiance aveugle : avant tout, le Pays demandait à
être interrogé. Telle était aussi l'opinion de l'assesseur
Roman-Tributiis, qui eut cependant la faiblesse de solliciter la renonciation particulière du conseil. Plusieurs

[1] *Extrait des registres des délibérations du conseil municipal de la
ville et communauté d'Aix.* A Aix, Gibelin David et Éméric David, 1789.

membres se joignirent à Dubreuil. Ces supplications
furent vaines. La majorité, composée d'hommes craintifs
ou gagnés, se prononça dans un sens contraire ; elle
ratifia le vote des députés provençaux, *en les félicitant de
leur patriotisme*.

Tous donc courbaient la tête parmi les sommités sociales , et laissaient aux campagnes la gloire de revendiquer
seules l'indépendance de leurs suffrages. Le Parlement,
oubliant ses traditions et ses devoirs , fléchit lui-même.
Les anarchistes l'insultaient ; son vénérable chef , M. de
La Tour, que le Tiers avait surnommé *son ami*, en 1788,
était pendu en effigie à Marseille ; un conseil des trois
Ordres de cette ville, avait l'audace de le désigner comme
l'auteur de tous les troubles de la Provence[1]. Obligé de fuir
au commencement du mois d'août, ce magistrat avait été
arrêté, en traversant le Dauphiné , par les milices bourgeoises de Loriol, et il n'avait recouvré bientôt sa liberté
que sur une lettre des Procureurs du Pays. Malgré ces
motifs de résistance, le Parlement donna l'exemple de la
plus déplorable faiblesse. On le vit adhérer *aux maximes
que l'Assemblée nationale soutenait avec une généreuse fermeté*, et charger le conseiller d'André, député de la Noblesse d'Aix, d'être l'organe de ces sentiments[2].

La logique de la révolution marchait toujours ; la
nuit du 4 août recevait ses compléments nécessaires.

---

[1] M. de La Tour répondit aux accusations calomnieuses dont il était l'objet, par un écrit intitulé : *Mémoire de M. de La Tour, premier président
du Parlement et intendant en Provence, au sujet des événements arrivés à Marseille depuis le mois de mars 1789.*

[2] *Moniteur*, année 1789 , séance du 19 août, page 176.

L'Assemblée Constituante décréta , le 26 octobre , qu'il serait sursis jusqu'à nouvel ordre à toute convocation d'États. Le 3 novembre, elle supprima de fait les Parlements, en arrêtant qu'ils seraient indéfiniment continués dans leurs vacances. Le 3 décembre , les élections des officiers municipaux furent suspendues jusqu'à la nouvelle organisation des communes [1].

Mais déjà , le projet général de division avait été porté devant l'Assemblée. Encore un peu de temps , et la destruction de toutes les anciennes provinces , assurerait à jamais la centralisation du pouvoir. « Votre comité , dit M. Bengy de Puy-Vallée , député du Berry , a coupé la France comme un morceau de drap en 81 pièces, pour en faire 81 départements.» Ce membre signala les résultats heureux produits par l'administration provinciale du Berry, qui avait affranchi et dégrévé les campagnes, jusqu'alors sacrifiées aux intérêts des villes. Puis, il ajouta: « Il me semble qu'au lieu de se perdre dans des conceptions ingénieuses et analytiques , il faut consulter les mœurs et le génie simple des peuples, auxquels on veut donner des lois ; je crois qu'en bravant les erreurs , on doit ménager les affections et même les préjugés. Il me semble que l'administration la plus simple sera toujours la plus parfaite , parce qu'elle sera la plus utile à l'intérêt public. » — « J'avoue , disait encore le courageux député, que je ne suis point de l'avis de ceux qui veulent rompre tout à coup les affections et les habitudes natio-

---

[1] Une ordonnance spéciale fut signée pour la Provence , le 20 décembre ; une seule exception était faite en faveur de Marseille.

nales , qui croient pouvoir commander au génie , aux
usages et aux coutumes des peuples , et les faire plier à
leur gré sous le joug de leurs volontés particulières[1]. »
M. Pellerin , député de la Bretagne , protesta aussi au
nom de ses commettants. Il s'efforça de montrer qu'une
administration unique était nécessaire à la prospérité de
cette province. Il termina par ces paroles : « J'ajouterai
que si la France veut exposer les provinces qui, jusqu'à
présent , ont pu opposer une résistance courageuse aux
entreprises des agents du pouvoir exécutif, à perdre peu
à peu cette force qui a si utilement servi la nation elle-
même, il n'y a qu'à morceler les provinces d'États, et
surtout la Bretagne[2]. »

Des plaintes aussi légitimes méritaient, certes, d'être
entendues. Le 4 novembre , le marquis de Vaudreuil
avait soumis à l'Assemblée celles du Languedoc , qui ,
dans l'éventualité de la division , demandait à conserver
une seule Assemblée. M. Delandine s'était empressé de
réclamer les mêmes droits pour le Forez. Il est utile de
consigner ici les motifs qu'invoquait le rapporteur du
comité de Constitution : « Craignons, disait Thouret, le
9 novembre, craignons d'établir des corps administratifs
assez forts pour entreprendre de résister au chef du
pouvoir exécutif, et qui puissent se croire assez puissants
pour manquer impunément de soumission à la législa-
ture[3]. » Si un pareil langage eût été tenu sous le régime
de la souveraineté monarchique , il n'y aurait pas eu

---

[1] *Moniteur*, année 1789, séance du 5 novembre, page 340.
[2] *Ibid.*, même séance, page 342.
[3] *Ibid.*, page 351.

assez de colères contre le despote. Mais les rôles étaient
changés. La révolution, aujourd'hui était maîtresse, et
elle redoutait les provinces. Voilà le secret de la division.

Des projets nombreux furent présentés et tour à tour
rejetés. Mirabeau n'était pas sans avoir le sien. Il le dé-
fendit avec chaleur, et, chose qui étonnera! il essaya de
le justifier, en avouant qu'il l'avait puisé dans la Constitution de Provence, «dont le régime, vanté par plusieurs
publicistes, était un des mieux organisés qu'il connût.»
Mirabeau ne se borna pas à renier de la sorte ses premiers
dédains. Il exposa à l'Assemblée le mécanisme si libéral de notre ancienne administration. « Le corps entier,
observa-t-il, aide ainsi chacun de ses membres, et chaque
partie du tout exerce des fonctions qu'aucune autre ne
pourrait aussi bien remplir. Si l'administration entière
n'en est pas plus éclairée pour cela, ce n'est pas à la
Constitution de la Provence, mais aux abus qui la dépa-
rent, qu'il faut l'imputer [1].»

Disons-le à l'honneur de notre députation : dans ce
triste débat où tant d'affections généreuses se trouvaient
blessées, presque tous les représentants de la ville d'Aix
remplirent leur devoir avec une persévérance digne d'une
meilleure fortune. Un d'entr'eux se signala par son
patriotisme. Bouche, malgré ses opinions révolutionnaires, comprenait quelles étaient les conditions essen-

---

[1] *Moniteur,* année 1789, séance du 3 novembre, page 337. — Quelques
mois plus tard, le cercle *patriotique* d'Aix, écrivant une adresse *aux
augustes représentants de la nation,* leur disait : « Qui mieux que nous
pouvait apprécier vos bienfaits ? Les assemblées administratives nous ont
été connues de tout temps. Dans l'ancienne Constitution de Provence,
gisait le germe que vous avez vivifié et si heureusement développé. »

tielles de la liberté ; aussi, repoussa-t-il le partage de la
Provence. Le 9 novembre , il demanda un ajournement.
Trois jours après , l'Assemblée ayant voté la division, il
prit de nouveau la parole, pour qu'au moins on pût consulter les provinces et attendre leurs instructions. Les fonda-
teurs de la liberté jugèrent différemment. Bouche insista
encore, le 13 novembre, et ne réussit pas mieux. En
vain, dans la séance du 12 novembre, Mgr de Boisgelin
avait soutenu le maintien des municipalités. L'article 1er
du projet qui fut discuté à la fin de ce mois, ordonna leur
suppression. Une dernière fois, le 25 novembre, Bouche
protesta. Lui qui n'ignorait pas l'antiquité imposante de
nos communes et leur paternelle administration , fut
indigné en les voyant détruire en un jour par un décret [1].

C'est une observation remarquable à faire. Au milieu
du chaos d'idées contradictoires , où s'agitait l'Assemblée , quelques représentants des Pays d'États se distinguèrent par la netteté de leurs vues , par la fermeté de
leurs principes. C'est que dans ces provinces , la science
du droit public était non pas une science d'abstraction ,
mais une science pratique qu'éclairait l'expérience. Nous
connaissons déjà les sages paroles des deux députés du
Berry et de la Bretagne. Un député du Languedoc ne fut
pas moins bien inspiré. Le projet qu'il mit sous les yeux
de l'Assemblée, était certainement le plus national et le
mieux propre à asseoir le régime représentatif. « On
conserverait la division en provinces, dont chacune aurait une Assemblée provinciale ; les provinces seraient

---

[1] La teneur générale du décret portant constitution des municipalités nouvelles, est à la date du 14-18 décembre 1789.

divisées en districts, et chaque ville et village auraient une municipalité. Des députés des municipalités formeraient les Assemblées de districts ; et ceux des districts, les Assemblées nationales et provinciales. [1]» Au fond, ce plan était modelé sur les Constitutions de Provence et de Languedoc. Il constituait la liberté dans l'unité ; il établissait la représentation du Pays sur des bases vraiment stables ; enfin, il plaçait la source originelle du mandat dans la commune, au lieu même où se trouvent les premiers éléments de la grande famille politique. Si ce plan eût été appliqué, quelle organisation forte et libre n'aurait pas reçue la France ?

L'Assemblée le rejeta. Le procès-verbal constate qu'elle témoigna une vive impatience d'aller aux voix. Dirigée par des métaphysiciens, composée d'hommes étrangers à la science politique et qu'exaltaient les théories du *Contrat social*, terrorisée par les factieux depuis les journées néfastes des 5 et 6 octobre [2], elle était en-

[1] Ramel-Nogaret termina en traçant un tableau détaillé de l'organisation du Languedoc, dans l'espoir que, malgré les vices de cette administration, on pourrait y trouver des choses utiles.—*Moniteur*, année 1789, p. 362.— Le même député exposa aussi, le 26 novembre, les formes des municipalités existantes en Languedoc et demanda sans plus de succès qu'on conservât le régime des consuls.

[2] Mounier abandonna la présidence de l'Assemblée Constituante, le 8 octobre, et revint ensuite en Dauphiné. Peu de temps avant son départ, M. de Lally le trouva triste et soucieux :—A quoi pensez-vous si profondément? lui dit-il.—Je pense, répondit Mounier, qu'il faut se battre. Le Dauphiné a appelé les Français à établir la liberté ; il faut qu'il les appelle aujourd'hui à défendre la royauté. J'ai déjà écrit à notre commission intermédiaire; je lui demande une protestation contre les actes d'une Assemblée qui ne peut plus être regardée comme libre, puis la convocation de nos États. Le reste suivra.

traînée sur une pente où nul obstacle ne pouvait désormais l'arrêter.

Nous avons laissé la ville d'Aix se tuant elle-même de gaîté de cœur, et bénissant encore la main qui la frappait. Un coup de foudre la réveilla bientôt. Cette malheureuse cité ne correspondait pas même avec ses représentants. Bouche sonna l'alarme. Il apprit que les députés de la sénéchaussée de Marseille ne négligeaient aucune sollicitation afin d'obtenir pour leur ville le siége du département et des Cours de justice. « Après de vains efforts pour empêcher le dépécement de la Provence , écrivait Bouche , j'ai porté avec inquiétude mes regards sur la ville d'Aix ; je l'ai vue attaquée et j'ai couru pour tâcher de conserver à ses habitants , mes concitoyens et mes frères , quelques-unes de leurs anciennes et nécessaires ressources [1]. » Que se passait-il donc à Paris ?

Deux mémoires de l'époque, l'un de Bouche [2], l'autre de l'Archevêque d'Aix [3], nous fournissent un aperçu sur les difficultés auxquelles donna lieu le partage de la Provence ; rien ne doit mieux exciter notre intérêt ; mais aussi rien n'est plus triste.

Le comité de Constitution avait tracé un plan de division en trois départements ; de là surgirent des contes-

---

[1] *Registre des délibérations du conseil municipal d'Aix*, commencé le 22 avril 1789, page 140. Cette lettre était datée du 29 décembre 1789.

[2] *Mémoire présenté à l'Assemblée nationale et communiqué au comité de Constitution, sur les villes d'Aix et de Marseille, relativement à la division de la Provence*, par Charles-François Bouche, député de la sénéchaussée d'Aix.

[3] *Mémoire et réponse à la demande des députés de Marseille, concernant la division des départements de Provence*, par Mgr l'Archevêque d'Aix, député de la sénéchaussée d'Aix.

tations sans fin. Le corps de la province abattu , chaque ville prétendait recueillir une large part des dépouilles. Bouche mit à profit ces débats, et tenta un nouvel effort. Pourquoi diviser ? s'écria-t-il. Le Pays morcelé sera-t-il plus heureux , plus fertile , plus riche , plus libre ? En isolant les forces, vous les amoindrirez. Nos intérêts sont communs. «La Haute-Provence n'a ni terres ni habitants; les côtes de la mer sont riches et peuplées ; la partie de l'occident est dans la médiocrité. Ces parties contiennent tout au plus 700,000 habitants. L'union peut seule les soutenir. »

Vous croyez augmenter nos garanties de liberté ! Mais l'effet immédiat du partage sera de rendre la résistance impossible. Vous ne pouvez penser avoir détruit à jamais tous les éléments de despotisme qui naissent de l'ambition et des vices des hommes. «Si la belle, si la consolante Constitution que l'Assemblée Nationale donne à la France, s'affaiblissait jamais, si le gouvernement redevenait jamais entreprenant , si le despotisme , écrasé par des mains courageuses , s'agite un jour sous les mains de quelque ministre audacieux ou adroit , si un ennemi étranger entre dans nos terres , *trois parties séparées, indépendantes les unes des autres, se regardant comme étrangères sous le même ciel et sur le même sol, seront envahies, pièce à pièce, sans qu'elles puissent se défendre.* Un esprit d'égoïsme, un caractère de solitude, éloigneront les âmes en distinguant les intérêts. Telles sont mes craintes pour ma province. Puissent-elles être vaines !

« Dans tous les pays de la terre , le gouvernement peut être comparé à un loup affamé..... Si vous voulez essayer de le contenir en lui opposant 75 ou 85 petits roquets, il les dévore ; mais si au contraire, vous lâchez contre lui 32 dogues , il est effrayé , se retire et le troupeau est sauvé. *C'est l'histoire des départements et des provinces.* »

Bouche parlait en révolutionnaire. A ce titre, il pouvait, alors , être écouté. Il exagérait dans les termes une vérité irrécusable. Faisant ensuite allusion au projet de Ramel-Nogaret, il ajoutait : « Les provinces, réunies constamment à l'Assemblée nationale, leur conducteur et leur guide, auraient eu, ce semble, bien plus de force ; rien , cependant , n'aurait empêché qu'elles ne fussent divisées en plusieurs districts , correspondant dans leur propre sein à un centre commun et unique[1]. »

Vers la fin du XIe siècle, poursuivait Bouche, la Haute-Provence voulut avoir une administration indépendante. Qu'arriva-t-il ? Elle ne put suffire à ses charges. Les torrents ne furent plus endigués ; ses chemins ne furent plus entretenus; ses dettes s'accrurent proportionnellement à sa pauvreté. Bientôt elle fut obligée de déclarer que l'appui de la Basse-Provence lui était absolument nécessaire.

---

[1] Déjà Bouche avait présenté la même opinion dans un écrit publié à Aix en 1789, ayant pour titre : *Chartre contenant la Constitution française dans ses objets fondamentaux.* Gibelin David et Éméric David. L'article 70 était ainsi conçu : « *Toutes les provinces du Royaume seront établies en Pays d'États. Celles qui ont déjà ce genre d'administration seront autorisées à s'assembler pour le rectifier, en corriger les abus, et mettre dans son organisation toute la plénitude de liberté , de confiance et de représentation qu'elles croiront nécessaire , à moins que l'Assemblée nationale ne pourvoie elle-même à cette organisation avant de se séparer.* » Page 14.

Tant de motifs ne permettaient pas le doute. Ils cédèrent cependant devant les suggestions de l'esprit de jalousie. On avait vu la rivalité des Ordres, on voyait celle des villes. Il n'en était point qui n'affichât les prétentions les plus exorbitantes. « Toutes se disputaient un peu plus d'illustration, un peu moins d'obscurité [1]. » Celles de la Haute-Provence, oubliant leurs rochers, se distinguèrent par leur ardeur à s'isoler du centre commun. Il n'est pas hors de propos, à ce sujet, de rappeler la délibération du 16 décembre 1788, par laquelle le conseil municipal de Sisteron avait demandé que la Procuration du Pays ne fût plus attachée au consulat d'Aix [2]. Ce faux amour d'indépendance acheva de tout perdre. Les députés d'Aix votèrent pour la conservation de la Provence, plusieurs autres n'admirent que deux départements; la majorité fit triompher le plan du comité [3].

Il fallut alors fixer les limites des trois nouvelles circonscriptions. Marseille prétendait former elle seule un département. Grande rumeur parmi les députés des autres sénéchaussées, qui repoussèrent ce projet ambitieux ! Ils obtinrent même un vote contraire de l'Assemblée nationale.

---

[1] *Discours de Bouche, dans la séance du 1er février* 1790, *à l'Assemblée nationale.*

[2] Un extrait de cette délibération avait été signifié, le 6 février 1789, aux États de Provence, par les députés de Sisteron. Voyez le procès-verbal de ces États, pages 235-246.

[3] Les mêmes oppositions s'élevèrent contre le partage des autres provinces, ainsi contre celui du Dauphiné et de la Basse-Guienne, et elles furent également infructueuses. Le 12 janvier 1790, les deux députés Garat, au nom de leurs commettants, protestèrent contre la réunion des deux pays de Soule et de Labourd au Béarn.

Les députés de Marseille ne se laissèrent pas abattre.
Ils proposèrent l'adjonction de leur ville à la Provence
orientale, et la réunion de Grasse et de Draguignan avec
les Basses-Alpes. Mais on leur répondit que ces deux
vigueries étaient séparées de la Haute-Provence par des
cimes inaccessibles, et que Marseille ne pouvait, en
s'agrégeant à la partie la plus riche du Pays, laisser
toutes les charges à la partie de l'Ouest, qui ne jouissait
pas de semblables avantages.

Mal reçus encore de ce côté, ils se tournèrent vers
l'Ouest : nouveau conflit. Si Marseille désirait accroître
son importance, Aix tenait à ne point perdre entièrement
la sienne. Entre ces deux villes, une secrète rivalité
avait de tout temps existé. Marseille, terre adjacente,
cité libre, se gouvernant par ses statuts particuliers,
ressemblait à un État dans un État. Elle n'avait pas moins
sollicité, plus d'une fois, pour obtenir l'Administration,
la Cour des Aides, la Monnaie [1]..... Son commerce,
sa marine marchande, son industrie, ses richesses, son
luxe, le nombre de ses habitants, lui donnaient une
extrême ambition, et elle cherchait à la satisfaire aux
dépens de sa voisine.

Combien différentes n'étaient pas la physionomie et
les ressources de celle-ci? Avec un commerce peu étendu,
et un territoire très ingrat, Aix n'avait que la splendeur
austère d'une ville de science et d'études. Le négoce lui

---

[1] Après de nombreuses tentatives, Marseille avait obtenu, en 1786, l'Hôtel des Monnaies, malgré la patriotique protestation de l'assesseur Siméon,
et les remontrances de l'Assemblée des communautés, tenue à Lambesc, au
mois de décembre 1784. Aix n'avait conservé que la juridiction des Monnaies.

manquait ; mais elle pouvait se glorifier, à juste titre, d'avoir réuni dans son sein, depuis 123 ans avant Jésus-Christ, tous les établissements religieux, civils et politiques. Marseille avait le mouvement des affaires ; Aix exerçait la suprématie de l'intelligence. L'une était entreprenante, animée, toute pleine des mille bruits de l'industrie ; l'autre était calme, sérieuse, et comme un sanctuaire où se conservait intacte la majesté des vieilles institutions. Il était difficile de trouver un plus grand contraste. Il était difficile aussi qu'en 1789, dans cet immense choc d'intérêts, la guerre ne fut pas ouverte. Aix, déchu de son rang de capitale, devait-il être réduit à un état complet de misère ? Était-il honorable pour Marseille « de disputer à une ville pauvre le reste de vêtements que lui laissait la révolution ? » — « Le bienfait de la révolution, s'écriait Bouche, n'est pas de faire mourir, pour ainsi dire, d'une apoplexie politique, des hommes engraissés par le luxe, le commerce et les richesses[1]. »

Les mêmes contestations se produisaient entre d'autres villes : ainsi, entre Apt et Pertuis, Tarascon et Saint-Remy, Martigues et Salon, relativement aux siéges des districts. Quel spectacle navrant pour le cœur des patriotes provençaux? De quel œil considéreront-ils ces misérables débats? Le 9 janvier 1790, le conseil municipal d'Aix s'assembla pour délibérer sur la lettre de Bouche. Nous allons entendre Dubreuil.

« Messieurs, dit-il, lorsque, dans le conseil du 4 septembre dernier, je crus devoir, avec quelques-uns de

---

[1] *Discours de Bouche, dans la séance du 1er février 1790, à l'Assemblée nationale.*— *Moniteur,* année 1790, page 130.

vous , opiner contre la renonciation à notre régime, et à
notre Constitution, à tout ce qu'on appelle si impropre-
ment nos priviléges, contre l'adhésion indéfinie, illimitée,
aux décrets à venir de l'Assemblée nationale , je pré-
voyais les dangers de ce vœu indiscret, et ses funestes
conséquences.

« Vous le savez : unis à l'État de France , mais non
subalternés , nous avions existé jusqu'à ce jour comme
État principal et indépendant , gouvernés par le même
souverain, non comme roi de France , mais comme comte
de Provence. Nous jouissions du droit précieux de nous
administrer nous-mêmes , de n'être gouvernés que par
nos lois , de voter l'impôt , de le répartir. Ces droits
furent le premier pacte de l'union, et nous l'invoquions
avec succès.....

« Notre Constitution , jalousée par nos voisins , était
célébrée par tous les publicistes. Il pouvait sans doute y
exister des vices , des abus : il y en a partout ; mais à
nous seuls appartenait le droit de les réformer. Ainsi le
reconnut le souverain lui-même , lorsqu'en 1788 nos
États suspendus si longtemps, furent convoqués...

«Notre première instruction à nos députés, le premier
mandat dont nous les avions chargés, furent de maintenir
les droits de cette Constitution [1].

---

[1] Les partisans de la division répandirent alors à Aix une brochure de
Rabault Saint-Étienne, intitulée : *Réflexions sur la division nouvelle du
Royaume, et sur les priviléges et les Assemblées des provinces d'États,
sur l'imprimé de l'imprimerie nationale. A Aix, Gibelin David et Éméric David , 1789. Rabault Saint-Étienne se servait de l'argument que les
priviléges de Provence, du Languedoc et des autres Pays d'États, devien-
draient communs à toute la France. «Vous n'avez pas pris , disait-il , le

« L'Assemblée nationale a jugé convenable d'établir dans toute la France , une Constitution , un régime uniformes : *mais ses décrets ne pouvaient lier la Provence qu'autant que le Pays, légalement assemblé , aurait cru devoir les adopter.* Nos députés ne se le dissimulèrent pas , puisqu'ils ont provoqué, sollicité notre adhésion.

« Leur demande n'a été que trop accueillie, et comme si des municipalités isolées pouvaient donner sur ce point un vœu légal, plusieurs de nos communautés se sont empressées de renoncer à des droits que le Pays lui-même ne pourrait abdiquer.

« La ville d'Aix a malheureusement imité cet exemple, induite à erreur par cette sorte de consentement..... Vous ne deviez pas tarder , Messieurs , de gémir sur ce fatal résultat. Bientôt , la Provence , ce pays qui contient à peine 900 lieues carrées et 700,000 habitants , la Provence , qui par les variations infinies de son sol , de son climat, de ses productions , de ses ressources , ne forme qu'un tout dont les parties si inégales ne sauraient subsister sans un soutien mutuel, la Provence, dis-je, après plus de 2,000 ans d'une agrégation à laquelle elle devait son bonheur , va être divisée en trois départements, c'est-à-dire en trois Pays ou gouvernements séparés qui n'auront désormais plus rien de commun que la dette énorme dont la Provence est accablée.....

« Quel est donc l'aveuglement inconcevable qui nous

régime des autres provinces , elles ont pris le vôtre infiniment perfectionné. » Le même auteur reconnaissait que les mandats des députés des Pays d'États, *étaient le plus grand obstacle que pût rencontrer le comité de Constitution,* page 7.

fait courir au-devant de notre ruine? Comment, surtout,
la ville d'Aix , la capitale du Pays depuis plus de vingt
siècles, le centre des lumières et de l'administration
générale, comment la ville d'Aix a-t-elle pu s'endormir
dans une crise aussi dangereuse , sur des intérêts aussi
pressants?

« Je ne vous parlerai pas, Messieurs, de l'intérêt particulier de cette cité malheureuse ; elle vient de perdre
pour vingt ans la seule production de son territoire ; elle
va perdre bientôt ses habitants les plus aisés, tous ceux
que le luxe et la richesse font vivre , tous les étrangers
que leurs affaires appelaient dans ses murs. L'herbe va
croître dans ses rues ; elle est perdue sans retour.

« Mais, loin de nous, dans ces moments terribles, tout
intérêt personnel ; il avilirait nos réclamations , il les
calomnierait peut-être. C'est l'intérêt du Pays que je vous
présente ; c'est pour lui seul qu'il convient d'agir.

« Laisserons-nous expirer la patrie sans la défendre?
Souffrirons-nous que ses infortunés habitants nous
reprochent de n'avoir pas même tenté de les sauver ?

« Nous avons adhéré , je le sais : mais à quoi ? A ce
qui devait se faire, à ce que nous étions bien éloignés de
prévoir. Mais l'avons-nous pu ? Nous, simple conseil
municipal, avons-nous pu, sans le consentement de tous
les citoyens, abdiquer des droits dont ils ne nous avaient
confié que la manutention ? »

Combien plus patriotique n'a pas été la conduite de
ces 140 communautés qui se sont réservé d'obtenir une
convocation générale du Pays ! « Nous n'avons pas su
donner cet exemple, poursuit Dubreuil , sachons au

moins l'imiter. N'hésitons pas d'adopter un vœu aussi sage, le seul légal, le seul qui puisse concilier ce que nous devons à l'Assemblée nationale, aux vues qui la dirigent, avec ce que nous devons au Pays et à nous-mêmes, ce que nous ne saurions négliger aujourd'hui sans trahir nos devoirs. »

L'Assemblée, observe Dubreuil, ne divisera pas la Provence, quand elle appréciera les funestes effets d'un partage, lorsqu'elle saura que le nouveau régime peut y être établi, en la laissant subsister dans son entier. Les districts ont été de tout temps connus en Provence sous le nom de vigueries. C'est elle sans doute qui en a fourni l'idée ; la désignation seule serait à changer. Il importe peu à l'Assemblée que tous les districts réunis conti-uuent d'aboutir à un centre commun, ou qu'ils soient divisés en trois parties pour former trois départements[1]. Du reste, si une distribution meilleure est nécessaire, le Pays a seul le droit de l'opérer. En nommant ses députés, la nation provençale ne leur en a pas donné le mandat.

« Messieurs, dit en terminant le courageux citoyen, nous avons pu nous tromper, nous ne persisterons pas dans notre erreur. Notre devoir est devant nos yeux. Rien ne saurait nous en dispenser. La cité, le Pays, tout attend, tout exige de nous ce que nous devons au serment qui nous lie, aux intérêts qui nous sont confiés. »

---

[1] Cette espérance émise par Dubreuil prouve combien on se méprenait même alors sur la vérité de la situation. L'Assemblée ne divisait les provinces, que pour les briser, et elle ne pouvait atteindre ce but, qu'en isolant leurs parties.

Dubreuil conclut : 1° d'adhérer au mémoire de Bouche ; 2° de s'opposer, au nom de la cité d'Aix, capitale de la Provence, à tout projet de morcellement ; 3° de prier MM. les Procureurs du Pays, établis, par le statut de 1480, ou plutôt, confirmés *acteurs et défenseurs des franchises, libertés, Constitution, conventions et capitulations du Pays de Provence*, de s'occuper de cet objet ; 4° *de solliciter la convocation générale des États aux mêmes époques et dans le même but qu'ont fixés les délibérations prises par les communautés ;* 5° de remercier Bouche pour son courage ; 6° d'envoyer une expédition de la présente délibération au président de l'Assemblée nationale, aux ministres, aux députés du Pays, aux députés de la sénéchaussée d'Aix, et enfin, à Bouche personnellement, comme un hommage dû à son patriotisme [1].

A cette voix, à cette proposition, le conseil municipal s'émeut. L'assesseur Roman - Tributiis vient soutenir Dubreuil. Comme Procureur du Pays, il a cru devoir garder une stricte neutralité. Aujourd'hui, il n'hésite pas de proclamer que le Pays n'a pas adhéré à la renonciation de ses représentants. Les vœux des communautés qui ont demandé les États, sont le vœu de la Provence.

On dirait une résurrection. Dubreuil, Portalis, Espariat, sont sur-le-champ élus commissaires. Ils rédigeront un mémoire qui sera adressé à l'Assemblée nationale.

Mais ce serait peu de défendre les intérêts particuliers d'une ville ; l'intérêt général du Pays est la loi suprême

[1] Discours de M. Dubreuil, pro-assesseur, le 9 janvier 1790.—*Registre des délibérations du conseil municipal d'Aix*, commencé le 22 *avril* 1789, pages 142-143.

pour les patriotes provençaux. S'ils veulent assurer à Aix le siége de l'Administration et celui des Cours de justice, c'est qu'Aix est au centre du Pays ; c'est qu'Aix semble être destiné à vivre des travaux de l'intelligence ; c'est que les préoccupations mercantiles ne conviennent pas à la dignité de la magistrature ; c'est que l'esprit de commerce et la passion du luxe sont des dangers pour le juge dont le patrimoine est souvent très-médiocre, et pour l'avocat que peut séduire l'appât du gain ; c'est que les grandes cités, tombeaux des campagnes, ne doivent pas aussi dévorer les petites villes qui les avoisinent ; c'est qu'il faut corriger les inégalités produites par la nature, au lieu de les aggraver.

Les auteurs du mémoire s'élèvent aux plus hautes considérations de droit public. On retrouve bien chez eux ce bon sens exquis et cette raison sûre d'elle-même, qui caractérisent les œuvres de nos anciens jurisconsultes. Témoins des tendances à l'isolement qui se manifestent de toutes parts, ils rappellent quels sont les véritables principes sociaux ; ils montrent où sont les sources vives de la liberté et du patriotisme ; ils jugent au point de l'expérience les théories nouvelles mises au jour par les métaphysiciens de la révolution.

« Les hommes sont formés par leurs habitudes. *L'esprit public ne peut naître et germer qu'au milieu d'une association commune d'intérêts divers. Les villes doivent vivre en communauté comme les individus.* Une existence isolée et solitaire étoufferait tout principe d'intérêt général, en donnant trop d'énergie à l'intérêt particulier. *Dans la société politique, tout ce qui tend à isoler, tend à dissoudre.* »

Voilà les maximes qui présidaient à l'administration générale de la Provence. « La partie la moins infortunée des habitants soutenait et soulageait la plus souffrante. De cette union qui liait les besoins et les ressources , naissait le bonheur commun. Ce n'est pas la nature qui produisait ce bien; il était souvent contrarié par elle. *Il était l'ouvrage de l'heureuse confédération qui existait entre nous*[1]. » On peut donc supposer les conséquences désastreuses d'un partage.

Ce mémoire est éloquent, chaleureux ; eh bien ! il ne satisfera pas l'inflexible Dubreuil. A ses yeux, il est trop timide ; il n'exprime que des regrets sur la division de la Provence, il se tait sur le point important, qui est la convocation du Pays. Aussi, Dubreuil ne cachera pas, le 16 janvier, que ce mémoire est loin de remplir son but. «Je déclare y avoir coopéré, dit-il, et je suis d'avis de l'adopter, parce qu'il est de mon devoir de me conformer dans l'exécution au vœu de la pluralité ; mais , je ne peux ni ne dois dissimuler que, dans mon opinion particulière, il serait impossible de me départir des principes et du vœu consignés dans mes premières observations. »

Telle fut l'avant-dernière bataille livrée au nom de

[1] « Telle est la position de la Provence, que les biens y sont périssables, l'entretien onéreux , les récoltes incertaines , les accidents fréquents et périodiques, et par intervalle , la dévastation entière et désolante. Si , malgré ces causes toujours renaissantes de périls et d'infortune, la Provence, souvent, fait des efforts généreux.; si elle supporte des charges excessives , si elle nourrit un peuple nombreux, on doit tous ces avantages à cette unité d'administration qui mettait en commun tous les pouvoirs comme tous les secours. » Rapport de Dubreuil , Portalis et Espariat. —*Registre des délibérations du conseil municipal d'Aix, commencé le 22 avril 1789, pages* 151-159.

notre nationalité. On est saisi d'admiration , quand on
voit la résistance héroïque d'un seul homme contre le
torrent révolutionnaire. Heureux je suis, d'avoir arraché
de l'oubli cette page ignorée de la vie de Dubreuil , et
d'avoir pu associer à la mémoire de Pascalis celle de ce
grand citoyen !

Tous les moments , toutes les heures , emportaient
quelques nouveaux débris. M. d'André remplissait alors
les fonctions de commissaire du Roi en Provence. Par
une lettre adressée, le 3 février, aux communautés, il les
invita de travailler sans retard au rôle des citoyens actifs,
pour qu'il fût procédé à l'organisation des municipalités.
Aix fut divisé en six quartiers, ainsi que son terroir. Le
mois de février fut consacré à former les comices d'élection. Un second mémoire fut adressé à l'Assemblée
Constituante en faveur de l'ancienne capitale, que les
prétentions de Marseille mettaient dans un état d'épouvante difficile à décrire. Bientôt, ces craintes devaient
cesser. Le 1er février , après deux discours très-véhé-
ments de Bouche et de Mgr de Boisgelin , l'Assemblée
nationale donna gain de cause à la ville d'Aix, en y fixant
le siége du département[1].

Au milieu de ces apprêts de transformation , les
Procureurs du Pays n'avaient retenu qu'une ombre

---

[1] Ce triomphe ne devait pas être de longue durée. Aix ne pouvait survivre
aux institutions, d'où lui venait toute sa grandeur. Un arrêté des Consuls,
du 8 mars 1800, fixa à Marseille, le siége du chef-lieu de la préfecture.
M. Charles Delacroix, nommé préfet par un décret du 2 mars 1800, fut
installé à Aix, le 8 avril de la même année ; mais il partit quelques jours
après pour Marseille, où le premier acte signé par lui, porte la date du 23
avril 1800. — *Archives du département des Bouches-du-Rhône.*

d'autorité. Leur conduite plus prudente que patriotique, en les annulant aux yeux de l'opinion, abattit le peu de courage qui restait aux honnêtes gens. L'installation prochaine de la nouvelle municipalité les jeta dans une grande perplexité. Ils n'administraient la province qu'en leur qualité de consuls ou d'assesseur d'Aix. Or, ce titre essentiel de leur charge allait leur être ravi. Ne sachant quel parti prendre , ils s'adressèrent , le 8 janvier, à M. de Saint-Priest ; ils lui proposèrent même de se démettre entre les mains de leurs successeurs ; leur offre fut aussitôt agréée par le ministre. Ce seul trait peint l'époque ; telle était l'impétuosité de l'action révolutionnaire , qu'elle avait enlevé jusqu'à la pensée d'une opposition.

Les Procureurs du Pays n'auraient jamais dû descendre, cependant, à ce degré d'abnégation. L'événement le leur prouva bientôt. Le 20 février , les élections étant terminées , ils se rendirent en corps chez le maire nommé, l'avocat Espariat, et lui remirent leurs pouvoirs. Celui-ci demanda d'en référer au conseil[1] , qui devait inaugurer son entrée en fonctions le 22. Il y avait lieu de croire que les nouveaux magistrats municipaux , flattés de cet accroissement d'influence, s'empresseraient d'accepter. Il n'en fut pas ainsi. Ils répondirent que les décrets de l'Assemblée nationale ne leur donnaient pas le droit de gérer les affaires de la province. Les Procureurs du Pays résolurent alors de continuer l'exercice de leur charge, et d'instruire de ces faits le gouvernement. De

---

[1] Voyez aux *Pièces justificatives*, n° 11 , la liste des membres composant l'ancien conseil municipal d'Aix, au moment où il fut dissous, et celle des membres du nouveau conseil.

ce jour, ils ne prirent plus que la qualité d'*anciens Procureurs du Pays de Provence, pro-administrateurs du Pays*[1].

Un seul ne consentit pas à s'incliner devant la force : ce fut le marquis de La Fare. Depuis l'émeute du mois de mars 1789, il s'était éloigné de la ville d'Aix, où la calomnie s'attachait à le noircir. Il séjourna d'abord à Paris, et il usa plus d'une fois de son crédit auprès des ministres pour l'avantage de la province. M. de Villedeuil avait même invité l'administration du Pays à se servir de son entremise[2]. M. de La Fare se trouvait, en 1790, à Cagnes, petite ville située près de Grasse, lorsque, le 17 février, il fit recevoir par le notaire Chailan, une protestation énergique contre les élections *illégales* qui venaient d'avoir lieu à Aix. Il y déclarait que, *séparé de ses collègues et instruit des circonstances impérieuses qui, par prudence, les obligeaient au silence, mais, certain de leurs sentiments*, il se portait opposant contre tout ce qui serait fait de contraire aux lois, coutumes et usages de la Provence, ainsi qu'aux priviléges de la ville d'Aix, sans que le Pays eût exprimé son adhésion ; réservant aux États et aux Procureurs du Pays le soin de faire valoir ces protestations, se réservant lui-même de les

---

[1] *Archives du département des Bouches-du-Rhône.* Registre des Assemblées des Procureurs du Pays, pour l'année 1790.

[2] M. de Villedeuil mandait en même temps aux Procureurs du Pays, le 13 mai 1789, que le Roi, satisfait de la conduite du marquis de La Fare, jugeait sa présence utile à Paris pour donner les éclaircissements nécessaires dans les circonstances présentes. — *Archives du département des Bouches-du-Rhône.*

faire valoir, en leur absence, et de reprendre le service
de ses fonctions [1].....

Cet acte ne fut pas sans doute mis au jour. L'eût-il
été, le nom de son auteur était trop impopulaire pour
qu'il produisît une bonne impression sur les esprits. Du
reste, tout marchait à une solution prochaine. Déjà, l'autorité du Roi avait consacré la nouvelle organisation
administrative élaborée par l'Assemblée Constituante.
Le mois de mars vit sanctionner le décret qui partageait
la France en quatre-vingt-trois départements [2]. Par ce
décret, les trois départements des Bouches-du-Rhône,
du Var, et des Basses-Alpes, remplacèrent l'ancienne
Provence. Les Bouches-du-Rhône furent divisées en six
districts [3] : Aix, Arles, Marseille, Tarascon, Apt et
Salon [4] ; le Var en neuf districts : Toulon, Hyères,
Saint-Maximin, Brignoles, Barjols, Fréjus, Draguignan,
Grasse et Saint-Paul de Vence; les Basses-Alpes, en cinq

---

[1] Une copie manuscrite de cette pièce se trouve dans une collection de
divers documents recueillis pour l'année 1790, par M. de Saint-Vincens.—
Bibliothèque Méjanes.

[2] Ce décret est à la date du 26 février 1790 ; il fut sanctionné par le
Roi, le 4 mars.

[3] On conserve dans les archives des Bouches-du-Rhône, à Marseille, la
carte qui servit à diviser ce département. Elle est revêtue de la signature
des députés chargés d'opérer le partage. Il est à remarquer que la quali-
fication de *comte* dont Mirabeau avait fait précéder son nom, se trouve grat-
tée.

[4] Ces trois dernières villes devaient alterner, pour l'Assemblée et le
Directoire, avec Saint-Remy, Pertuis et Martigues.

Un septième district, celui d'Orange, fut ajouté à ceux formant les Bouches-du-Rhône, par un décret du 12-19 octobre 1790.

Le district d'Avignon fut aussi incorporé au même département, par un
décret du 26-28 mars 1792. On sait que la ville d'Avignon avait été réunie
à la France, avec le Comtat-Venaissin, par un décret du 14 septembre 1791.

districts: Forcalquier , Sisteron , Digne , Castellane et
Barcelonnette.

Aucun obstacle ne pouvait dès lors entraver l'établissement des institutions révolutionnaires. Des lettres
patentes du 6 mars , chargèrent MM. Espariat , maire
d'Aix, Martin fils d'André, maire de Marseille , et l'abbé
de Quinson, prévôt du chapitre d'Arles , de la formation
des Assemblées administratives dans les Bouches-du-
Rhône. Des commissaires du Roi furent ainsi nommés
pour l'organisation des trois départements. Parmi eux, on
avait désigné Portalis; mais cet illustre avocat s'empressa
de répondre par un refus. « Attaché comme il l'était à
la Constitution provençale , il ne pouvait , disait-il ,
concourir à une opération qui consommait son anéantissement [1].»

Tous ces changements s'opéraient pendant que la Provence était en proie à une effroyable anarchie. Marseille,
terrorisée par les factieux, donna bientôt le spectacle des
excès les plus révoltants. Le 30 avril 1790 , une poignée
d'aventuriers s'empara du fort de Notre-Dame de la

Mais ces deux adjonctions ne furent que provisoires. La Convention décréta , le 25 juin 1793 , qu'il serait formé des districts d'Avignon , Apt ,
Carpentras et Orange , un 87ᵉ département, sous le nom de Vaucluse. Apt
fut ainsi détaché des Bouches-du-Rhône.

[1] Nous empruntons ce fait à une notice biographique de Portalis, placée
en tête de l'ouvrage *sur l'usage et l'abus de l'esprit philosophique durant
le XVIIIᵉ siècle.*

Siméon agit comme Portalis dans d'autres circonstances. Ayant été porté
par l'élection au nombre des 24 notables qui devaient former, avec les officiers municipaux, le conseil général de la commune, à Aix, il ne se présenta
jamais pour prêter serment ; il fut remplacé, vers la fin de 1790, lors des
élections nouvelles. — *Registre des délibérations du conseil municipal
d'Aix, commencé le 5 octobre 1790, page 37.*

Garde ; c'était le signal de la révolte. La multitude ameutée se précipita dans la direction de la citadelle Saint-Nicolas. Elle se préparait à en faire l'assaut, lorsque le commandant Laroque, après de longs pourparlers, consentit à une capitulation. La prise du fort Saint-Jean fut rendue moins facile par l'énergique résistance d'un vieux soldat, le major de Bausset. Il n'en fallait pas autant pour déchaîner les fureurs révolutionnaires. Quatre jours après, l'infortuné major tomba percé de coups. Une populace ivre de sang promena, à travers les rues de Marseille, sa tête placée au haut d'une pique, et se livra sur son cadavre à des outrages impossibles à raconter [1].

Couvrons ici d'un voile funèbre l'assassinat de M. d'Albertas, ancien premier président de la Cour des Comptes, qui fut frappé mortellement d'un coup de couteau, lorsqu'il donnait une fête dans son parc de Gémenos, le 14 juillet, jour anniversaire de la fédération. Il fut reconnu que le meurtrier, Anicet Martel, n'avait été poussé à ce crime que par un sentiment de vengeance personnelle [2].

---

[1] *Esquisses historiques sur Marseille, depuis 1789 jusqu'en 1815,* par le chevalier Lautard. Marseille, Marius Olive, 1844, 2 volumes in-8° ; tome I, page 76-85.

[2] Anicet Martel fut aussitôt arrêté et traduit devant la Chambre des Vacations, qui le condamna à être roué vif. L'exécution eut lieu, à Aix, le 2 août. Un complot avait été organisé pour délivrer le prisonnier. Au moment où on le menait au supplice, des pierres furent lancées sur les soldats ; le bourreau épouvanté s'enfuit ; Anicet Martel s'élança de l'échafaud, mais il fut saisi par M. Payan de La Tour, officier du régiment de Lyonnais. On ramena sous escorte le bourreau, qu'on avait trouvé caché dans un confessionnal de l'église des Capucins, et l'exécution fut achevée paisiblement. La sentence

L'Assemblée départementale des Bouches-du-Rhône s'installa, à Aix, le 20 juillet[1]. C'est à la même époque, que se formèrent les Assemblées de districts et les administrations du Var et des Basses-Alpes ; corps sans prestige, sans traditions, copiés sur l'ancienne hiérarchie des Assemblées de provinces, de vigueries et de communautés, mais qui, nés d'un jour et manquant d'unité et de lien, étaient à la merci du despotisme des clubs.

La Provence n'existait plus ; toutes ses institutions avaient disparu. Un dernier pan de ruine était laissé debout: le Parlement représenté par la Chambre des Vacations. Ce pan de ruine tomba bientôt. Le 7 septembre, un décret de l'Assemblée Constituante abolit les anciennes Cours souveraines[2]. L'Ordre des avocats, avec ses traditions et ses glorieux souvenirs, ne trouva pas grâce, non plus, aux yeux des novateurs. Il fut supprimé implicitement par l'article 10 du décret du 2-11 septembre 1790.

La chute du Parlement fut suivie bientôt par celle de l'administration du Pays. Le 13 septembre, sur une let-

---

qui condamna Anicet Martel fut la dernière prononcée par le Parlement en matière criminelle.

[1] Voyez aux *Pièces justificatives*, n° 12, la liste des membres composant l'administration du département des Bouches-du-Rhône.

[2] La Cour des Comptes, supprimée comme le Parlement, le 7 septembre 1790, ne cessa définitivement ses fonctions que plus tard, par le décret du 4 juillet 1791.

D'après le décret du 7 septembre 1790, les Chambres des Vacations des Parlements devaient cesser leurs fonctions le 30 septembre.

Voyez aux *Pièces justificatives*, n° 13, les noms des magistrats qui composaient le Parlement et la Cour des Comptes, au moment où ces deux Cours furent supprimées.

tre du contrôleur général Lambert , les Procureurs du
Pays déclarèrent qu'ils cessaient, dès ce jour, de gérer
les affaires communes de la Provence[1].

Une année avait donc suffi pour achever la révolution
la plus large, la plus complète, la plus radicale qui se fût
produite encore dans l'histoire des peuples, révolution à
laquelle tout semblait avoir concouru, et devant laquelle
tous les éléments de résistance s'étaient effacés au milieu
d'une profonde et mortelle lassitude. Arrivés au terme
de cette longue suite de destructions, c'est à ce point que
nous retrouvons Pascalis. Nous savons sous l'empire de
quels sentiments il avait abandonné les affaires, et comment il avait fini sa vie d'action, après avoir refusé la
députation aux États-Généraux. Ah ! qui nous dira ses
douleurs de citoyen pendant le cours de cette année? Qui
nous révèlera ses anxiétés, ses inquiétudes , ses plaintes
étouffées dans l'ombre, ces justes et saintes colères contre les auteurs des maux qui accablaient la patrie ? Voir
tomber, une à une, des institutions dont le maintien avait
été acheté au prix de tant d'efforts et de luttes , les voir
sacrifier à de folles théories et à de faux systèmes , et
cela sans dignité, sans gloire, sans honneur ; voir le patriotisme servir de prétexte au renversement de tous les
droits qui en étaient les soutiens ; voir. la souveraineté
nationale niée , l'indépendance des suffrages violée , les

---

[1] Voyez aux *Pièces justificatives*, n° 14, le procès-verbal de clôture. —
Dans ces derniers moments , les Procureurs du Pays eurent à lutter pour
empêcher la dilapidation des archives de la province. Les directoires de
départements en ayant réclamé chacun leur part , les Procureurs du Pays
décidèrent qu'aucune remise de papiers ne pouvait être faite, et qu'ils per-
mettraient seulement de les consulter.

délibérations de 140 communautés méconnues par ceux-
là même qui s'appelaient les mandataires du Pays ; voir
l'anarchie grandir , les liens sociaux se dissoudre , les
crimes se multiplier ; voir tout cela et être réduit à se
taire , en fallait-il davantage pour exaspérer le cœur de
Pascalis !

Jusqu'alors , cependant , il s'était contenu ; il s'était
résigné. Il s'était consolé par l'espoir que les leçons de
l'expérience ne seraient pas vaines , et que le jour viendrait où les bons citoyens de toutes les classes et de tous
les rangs, désabusés par le spectacle de si affreux désordres , abjureraient leurs méfiances pour travailler en
commun à l'extinction des abus et au raffermissement de
la société. Oui , Pascalis avait espéré. Et , qu'on ne s'en
étonne point. Aujourd'hui, quand les faits sont accomplis,
lorsque le souvenir même de nos anciennes institutions
politiques est perdu pour les générations nouvelles, il est
aisé de considérer la révolution comme fatale , et de
regarder, d'un œil sec, la chute d'un régime qui n'apparaît plus que dans un lointain obscur. Ainsi , on juge
aujourd'hui en philosophe ; ainsi, ne pouvaient juger les
hommes qui, à peine sortis de l'arène, étaient encore dans
toute l'ardeur de leur foi. Ces hommes , furent-ils donc
coupables parce qu'ils ne désertèrent pas leur drapeau,
parce qu'ils se montrèrent alors tels qu'ils avaient été
dans l'origine, les défenseurs d'une liberté sage et régulière , parce qu'ayant le bon sens de comprendre la
nécessité des traditions , ils voulurent lier la chaîne des
temps au lieu de la briser? Ces hommes, ne devons-nous
pas plutôt les entourer de nos regrets et de notre admi-

ration ; car, seuls, ils ne désespérèrent pas de la France ;
seuls , ils lui eussent épargné le malheur de mériter la
plus humiliante des déceptions.

Sans doute, des institutions nouvelles avaient été établies. Mais quelle était leur force ? Où était leur avenir ?
Malgré les orgueilleuses prétentions de leurs auteurs ,
n'offraient-elles pas déjà l'image de la confusion et du
chaos ? L'Assemblée qui les avait créées , n'allait-elle
pas se retirer bientôt pour faire place à une autre ? Et si
dans un moment passager d'exaltation , l'opinion publique s'était égarée à la poursuite d'un idéal chimérique ,
était-il impossible qu'elle ne fût ramenée dans les limites
de la raison et de la vérité ?

Tels étaient les sentiments de Pascalis ; telles furent
les espérances qui l'amenèrent à prononcer son discours
d'adieu au Parlement. Comme Mounier , signant à Grenoble l'acte protestatif de la commission intermédiaire
des États de Dauphiné , et publiant ensuite son *appel au
tribunal de l'opinion publique* , comme une foule de bons
Français qui avaient appelé de leurs vœux une réforme ,
mais qui n'avaient pas désiré une révolution, Pascalis se
confiait dans un retour prochain de l'esprit public. Illusion , dira-t-on ; oui , mais illusion généreuse ! Hélas !
il devait en subir la cruelle expiation.

Le coup qui venait d'atteindre la Magistrature et le
Barreau réveilla l'énergie de son âme, et le décida à rompre le silence qu'il avait gardé depuis une année. Le 27
septembre 1790 , la Chambre des Vacations tint sa
dernière séance. Pascalis se rendit en robe au palais,
accompagné de Dubreuil et de quatre autres avocats,

Alphéran [1], Guieu [2], Aillaud fils, Malbecqui [3]. Étant arrivé à la porte de la grand'chambre, il se fit annoncer par l'huissier de service; introduit, il prononça le discours suivant :

« MESSIEURS ,

« Les édits du 8 mai 1788 me forcèrent, comme administrateur du Pays, de consigner dans vos registres les réclamations d'un peuple jaloux de sa Constitution et de sa liberté, idolâtre des vertus de son Roi.

« Dans des circonstances plus désastreuses, je viens remplir un ministère non moins imposant , et , au nom d'un Ordre qui s'honore toujours de seconder vos efforts pour le maintien des droits du Pays , déposer dans votre sein les alarmes des vrais citoyens.

« Si le peuple, dont la tête est exaltée par des prérogatives dont il ne connaît pas le danger, dont le cœur est corrompu par le poison des idées républicaines, souscrit au renversement de la Monarchie , à l'anéantissement de notre Constitution , à la destruction de toutes nos institutions politiques ;

« S'il applaudit à la proscription de votre Chef, qu'il

---

[1] *Alphéran (François-Nicolas-Boniface)* , avocat , assesseur d'Aix et Procureur du Pays de Provence en 1781 et 1782. Il émigra après la mort de Pascalis. Rentré en France vers 1801, il est mort en juillet 1808 , professeur-directeur de l'École de Droit d'Aix.

[2] Cet avocat occupa plus tard un siège de conseiller à la Cour de Cassation.

[3] Nous ne savons si d'autres avocats accompagnèrent Pascalis ; nous ne pouvons citer que ceux dont les noms sont inscrits dans les documents de l'époque.

surnomma son ami, à la dispersion de la Magistrature.
qui veilla sans cesse pour son bonheur, et à l'anarchie
qui exerce déjà ses ravages ;

« Si, dans l'excès de son aveuglement, il se refuse
au vœu de cette foule de communautés, supportant de
13 à 1400 feux[1] (moitié des charges du Pays), qui ont
inutilement sollicité la convocation de nos États ;

« Enfin, si pour comble d'infortune, il provoqua les
calamités de toute espèce qui l'affligent, plaignons ses
erreurs, gémissons sur le délire qui l'agite, et craignons
qu'il ne se charge lui-même un jour de sa vengeance.

« Le temps viendra, et nous osons prédire qu'il n'est
pas éloigné, où, le prestige dissipé par l'excès même des
maux qu'il aura produits, nos citoyens rendus à leurs
sentiments naturels de fidélité, de franchise et de loyauté, béniront la sagesse d'une Constitution exaltée par les
publicistes, l'égide de la liberté sociale, le garant de la
félicité publique.

« Puisse le ciel hâter le moment où, nous gratifiant de
ce nouveau bienfait, nos citoyens détrompés se réuniront,
à l'envi, pour assurer la proscription des abus de l'ancien
régime, l'exécution de nos traités avec la France, le rétablissement de la Monarchie, et avec le retour de nos
Magistrats, celui de la tranquillité publique[2] !

---

[1] L'affouagement général de la province, fait, en 1728, pour l'assiette des
impositions, fixa le feu à 55,000 livres, et chaque communauté, suivant l'é-
tendue et la fertilité de son territoire, est évaluée plus ou moins à tant le
feu. *(Note placée à cet endroit dans le discours imprimé).*

[2] Ce paragraphe, sans nul doute le plus important du discours de Pascalis,
n'a pas été rapporté par les historiens. Le discours même, tel qu'il a été
imprimé jusqu'ici, renferme certaines altérations de texte. Cela s'expli-

« Tels sont, Messieurs, les vœux dont vous fait aujour-d'hui l'hommage, un Ordre non moins célèbre par ses talents que par ses vertus, qui sut mériter l'estime des différents barreaux du Royaume et conserver la vôtre, qui mit toujours sa gloire à partager vos travaux et vos disgraces, qui n'eut d'autre récompense que celle de veiller plus spécialement au maintien de la Constitution et au soulagement du peuple, et qui, décidé à s'ensevelir avec la Magistrature, veut vivre et mourir citoyen Provençal, bon et fidèle sujet du Comte de Provence, Roi de France. »

Nul document ne nous révèle si un nombreux audi-toire partagea les émotions produites par ce discours. Sa noble concision, son éloquence mâle et sévère, le nom de celui qui le prononçait, la tristesse dont était empreinte cette solennelle séance d'adieu, l'aspect de ces magistrats qui, dans peu d'instants, descendraient à jamais de leurs siéges, la pensée du péril, tout était fait pour impres-sionner des âmes généreuses et vraiment patriotiques.

Le président de Cabre répondit :

« La Chambre, dans les circonstances difficiles où elle se trouve, ne croit pouvoir mieux vous témoigner sa sen-sibilité, Monsieur, qu'en ordonnant que votre discours et le nom des avocats présents à l'audience, soient inscrits

que par la rareté extrême des exemplaires qui furent alors imprimés secrè-tement, presque tous ayant été brûlés dans la suite par mesure de prudence. Nous devons la faveur bien précieuse de publier ce discours dans son intégrité, aux soins d'un ancien magistrat qui a conservé un de ces exem-plaires.

C'est encore à cette source que nous avons puisé l'arrêté de la Chambre des Vacations. Nous l'avons reproduit d'après une copie manuscrite faite par le même magistrat et placée par lui à la suite du discours de Pascalis.

dans les registres, pour servir de monument de votre
fidélité au Roi, de votre attachement aux vrais principes
et à la Constitution française et provençale. »

Les Procureurs au Parlement s'avancèrent ensuite, et
dirent par l'organe de leur syndic, M. Bernard[1] : « que,
partageant, comme citoyens Provençaux, les sentiments
de l'Ordre des avocats, et non moins attachés que lui à
l'État, au Roi de France, Comte de Provence, et à la
Cour, ils demandaient acte de leur adhésion au discours
de M. Pascalis. »

Le soir du même jour, vers cinq heures, le conseil de
district, dont la session était ouverte depuis le 15 septembre, se trouvait en séance. Le discours de Pascalis
avait soulevé une grande fermentation dans la cité. On
eût dit qu'Aix s'était réveillé aux accents de cette parole
forte et libre, et que les souvenirs de la vieille indépendance provençale étaient tout d'un coup sortis de l'oubli.
De là, les colères des chefs de la révolution et les craintes
des administrateurs. Le président Noé dénonça au conseil le discours, comme contenant les maximes les plus
inconstitutionnelles et les plus dangereuses[2].

A six heures, les magistrats municipaux se rassemblèrent et mirent en discussion les mesures à prendre,
cette affaire intéressant particulièrement leur responsabilité. Le maire Espariat déposa une copie du discours

---

[1] *Bernard (Jean-Baptiste-Gaspard)*, mort le 20 juin 1820, conseiller
à la Cour royale d'Aix.

Le corps des Procureurs adhéra tout entier au discours de Pascalis, sauf
trois de ses membres.

[2] *Procès-verbal de la session du conseil de district d'Aix*, commencée
le 15 septembre 1790. Gibelin David et Éméric David ; page 88.

sur le bureau. Pendant la délibération du conseil, on annonça une députation du club *des amis de la Constitution*. L'avocat Arbaud[1] était à sa tête. Il demanda que des gardes fussent placés à l'entour du palais pour empêcher l'enlèvement des registres, où devait être inscrit le discours de Pascalis, et qu'on procédât, sur-le-champ, à une visite chez tous les imprimeurs de la ville pour en prévenir la publication.

On était alors au temps du gouvernement des clubs. Le conseil municipal, pressé d'agir, obéit. Il chargea le colonel de la garde nationale du soin d'opérer les recherches, mais elles furent infructueuses[2].

Nouveau conseil, le lendemain 28 septembre, à neuf heures du matin. Le Procureur de la commune requit de M. de Régina, greffier du Parlement, la délivrance du discours de Pascalis, de l'arrêt qui ordonnait sa transcription, de la réponse du président de Cabre, du discours de M. Bernard, et enfin, celle d'un arrêté solennel qu'on disait avoir été rendu par le Parlement.

Le 29, la Chambre des Vacations faisait signifier au Procureur de la commune un acte portant inhibition et défense à M. de Régina de délivrer aucun extrait.

L'arrêté n'était pas supposé dans l'opinion ; il était réel. Cette pièce est trop importante pour que nous hésitions à la transcrire. En même temps qu'elle est le digne corollaire du discours de Pascalis, elle a une valeur

---

[1] Cet avocat fut, bientôt après, nommé juge de district à Marseille.

[2] *Registre des délibérations du conseil municipal de la ville d'Aix, commencé le 5 octobre 1790, page 10.*

historique incontestable; nous ne croyons pas, du reste,
qu'elle ait été publiée jusqu'à ce jour :

« La Cour, tenant la Chambre des Vacations, considérant que les malheurs qui désolent la France, en affli-
geant le cœur des magistrats, ne doivent jamais diminuer
son zèle pour la chose publique et sa fidélité au Roi ;

« Que l'ancienne Constitution de cette province, confirmée et garantie lors de la réunion à la France, *ne saurait être changée que du consentement du Pays et Comté de
Provence, assemblé par ses légitimes représentants;*

« Que les adhésions particulières et *presque toutes
conditionnelles* au renversement de cette Constitution,
ne sauraient, fussent-elles pures et simples, suppléer à
ce consentement ;

« Que la majesté du Trône est éclipsée, l'autorité du
Roi sans force et sans vigueur, la religion outragée
dans ses ministres ;

« Considérant que, prête à remettre entre les mains du
Seigneur-Roi le dépôt des lois et des principes de cette
antique Monarchie, il est de son devoir de lui rendre un
compte fidèle de sa conduite ;

« DÉCLARE, que le désir de donner au Seigneur-Roi un
témoignage de son obéissance et de sa fidélité, la détermina à ordonner la transcription sur ses registres de la
déclaration qui la proroge jusqu'à ce qu'autrement soit
dit et ordonné ;

« Que depuis, la gravité des circonstances et la crainte
de fournir à la licence de nouvelles armes, l'ont seules
contrainte d'ordonner, sans examen et sans délibération,
la transcription sur ses registres des décrets qui lui
furent successivement adressés ;

«ARRÊTE, en conséquence, que de toutes les transcriptions faites sur ses registres , on ne pourra jamais rien induire qui puisse nuire ou préjudicier à l'autorité légitime du Roi, aux prérogatives des princes de son sang, et à l'existence de la pairie et d'une Noblesse personnelle et héréditaire , sans laquelle il ne peut exister de véritable monarchie ;

«DÉCLARE formellement n'avoir rien innové, changé, ni détruit par son fait de cette Constitution provençale dont la sagesse a été avouée et admirée par tous ceux qui ont su la connaître ;

« ORDONNE que le présent arrêté sera inséré dans ses registres , pour y être un monument éternel de son respect pour la religion , de son amour pour son Roi , de sa fidélité à sa personne sacrée, et de son attachement inviolable à la Monarchie française et à la Constitution provençale. »

La Chambre des Vacations , non contente de réparer ainsi les faiblesses passées du corps éminent dont elle était le débris, adressa le même jour la lettre suivante au Roi :

« SIRE ,

« Nous venons déposer entre vos mains les grandes et pénibles fonctions que vous nous aviez confiées. Au milieu des malheurs de tout genre qui ont affligé la France et déchiré le cœur sensible du meilleur des Rois, l'espérance que notre dévouement à la chose publique serait vu d'un œil favorable par Votre Majesté, nous a donné le courage de continuer de dispenser , en votre nom, les bienfaits d'une justice pure. Notre profonde soumission pour votre personne sacrée nous a constamment dirigés, et le désir de vous offrir encore l'assurance d'un amour, d'un respect, d'une fidélité sans bornes, est le dernier besoin de nos cœurs. »

Cet arrêté et cette lettre terminent l'existence politique et judiciaire du Parlement de Provence. Il est hors de doute que ces deux actes ne furent pas alors publiés, car on ne les voit mentionnés dans aucun des papiers du temps. Après le refus énergique fait au conseil municipal d'Aix, le registre qui en était le discret dépositaire, fut soustrait aux perquisitions. On lacéra même les feuilles qui les contenaient ainsi que le discours de Pascalis [1].

On peut lacérer des feuilles, mais on ne détruit pas aussi facilement la haine. Le discours du 27 septembre avait eu un trop grand retentissement, il renfermait de trop légitimes regrets sur la perte d'une Constitution qui, pendant une longue succession de siècles, avait fait le bonheur de la Provence [2], pour ne pas irriter les meneurs

---

[1] Les Parlements de Bordeaux et de Rouen prirent des arrêtés énergiques, en ordonnèrent la transcription et l'envoi aux tribunaux inférieurs. Celui de Douai se soumit à cause des circonstances. Celui de Nancy transcrivit le décret en déclarant obéir à la force. A Grenoble, aucun magistrat ne consentit à recevoir la transcription.

Le Parlement de Toulouse rendit un arrêté qui était un véritable acte d'accusation contre l'Assemblée Constituante. Celle-ci décréta, le 8 octobre, que les membres de la Chambre des Vacations de ce Parlement, seraient traduits devant une haute Cour nationale.

[2] Le conventionnel Barrère avait lui-même, en 1790, partagé ces regrets sur la perte de l'indépendance de sa province. Il écrivait, en effet, dans une brochure : « que le Bigorre conserve à jamais, sous le nom de département, son ancienne indépendance et la douceur de continuer à s'imposer lui-même, et de se gouverner par ses administrateurs particuliers. »— *Annuaire histo-*

de la révolution. Ils ne pardonnèrent pas à Pascalis la courageuse franchise avec laquelle il avait exprimé des sentiments qui se trouvaient dans toutes les âmes honnêtes. Aussi, s'emportèrent-ils contre lui en invectives et en menaces ; ils allèrent jusqu'à l'accuser d'avoir voulu lever le drapeau de la guerre civile ; ils le dénoncèrent comme un conspirateur, cherchant à ramener les priviléges et les abus. Au fond, ils savaient bien la fausseté de ces calomnies, car ils ne pouvaient avoir oublié que, si Pascalis avait manifesté des espérances, plus fidèle qu'eux au principe de la souveraineté nationale, il les avait fondées sur la volonté du Pays librement consulté.

Cependant, le Procureur de la Commune avait rendu une plainte contre Pascalis. Un procès-verbal circonstancié avait été adressé par les officiers municipaux d'Aix à l'Assemblée Nationale. Celle-ci en renvoya l'examen au Comité des Recherches.

Aix possédait à cette époque, comme les autres villes et bourgs du Royaume, un *Club des amis de la Constitution*[1]. On connaît l'origine de ces sociétés populaires, véritable gouvernement dans un gouvernement, qui, toutes, délibéraient, discutaient les projets de loi, correspondaient entr'elles, imposaient leurs volontés aux corps administratifs, et avaient leur centre de direction à Paris,

rique pour l'année 1852, *publié par la société de l'histoire de France*, page 223.

[1] Ce club s'était formé d'abord sous le nom du *Cercle patriotique* et avait tenu sa première séance le 9 mai 1790. Il se réunissait dans la chapelle des Messieurs, attenante au collége Royal Bourbon. Cette chapelle qui a été détruite depuis une trentaine d'années, était, dit M. Roux-Alphéran, très-riche en dorures et en peintures de Daret, de Puget et autres bons peintres de nos pays. — *Rues d'Aix*, tome II, page 76.

où la société-mère , installée aux Jacobins , luttait de
puissance avec l'Assemblée Nationale. Il n'y avait plus
de sécurité sous un semblable régime. Les citoyens pai-
sibles qui ne s'associaient pas aux passions révolutionnaires, se voyaient réduits à se cacher ou à émigrer. « Si
c'est là la liberté qu'on présente comme le chef-d'œuvre
de l'esprit humain , écrivait alors Mounier , jamais les
cannibales n'en connurent une plus atroce[1]. » Le club
d'Aix le montra bien par l'acharnement avec lequel il
poursuivit Pascalis. Il était formé de jeunes avocats et
d'artisans désœuvrés dont les nouvelles doctrines avaient
mis les têtes en ébullition. Ne pouvant modérer leurs
impatiences et craignant que cette affaire ne fût étouffée
par les amis de Pascalis , ils députèrent à diverses repri-
ses plusieurs de leurs membres au conseil municipal
d'Aix, pour qu'il hatât la procédure. Leur insistance fut
telle , le 14 octobre , que le conseil osa risquer un acte
d'énergie en les réprimandant.

Entre les ennemis de Pascalis , à Aix , aucun ne fut
plus implacable que l'abbé Rive. Ce trop célèbre abbé
était né à Apt, en 1730, et il avait été curé à Mollégès ,
paroisse du diocèse d'Arles. Il ne tarda pas à quitter ce
poste ; Paris était le théâtre où il espérait se créer une
réputation. Il alla y chercher fortune. La nature l'avait
doué d'un esprit entreprenant et d'une mémoire prodi-
gieuse. M. le duc de la Vallière, séduit par ces qualités,
lui confia la conservation de sa bibliothèque.

---

[1] *Réflexions politiques sur les circonstances présentes*, par Mounier,
Genève, Barde-Manget, 1791, in-8°, page 54 : Mounier écrivait alors sous
l'impression du funeste événement dont Aix venait d'être le théâtre, au
mois de décembre 1790 ; et il en parlait comme d'une cruelle leçon.

Plusieurs années s'écoulèrent, pendant lesquelles l'abbé Rive ne s'occupa que de travaux et de discussions littéraires. Il y apportait une irritabilité excessive et un orgueil au-delà de toute expression. Aussi détestable écrivain qu'impudent critique, il ne se distingua que par cette érudition lourde et indigeste, partage habituel des intelligences mal ordonnées. Sa laideur corporelle était peut-être moins repoussante que sa difformité morale. En 1786, une attaque d'apoplexie acheva de troubler son cerveau. Il ne retira de la souffrance qu'un surcroît de méchanceté. C'est à cette époque, qu'il fut choisi pour diriger la bibliothèque que M. de Méjanes venait de léguer à la Provence.

Il arriva à Aix, infatué de son savoir et plein du désir de dominer. Ses espérances n'ayant pas été satisfaites, il se déchaîna contre l'administration, qui ne le rémunérait pas, disait-il, selon sa valeur. En 1788, il abandonna la bibliothèque Méjanes comme il avait abandonné sa cure de Mollégès. La révolution s'offrit en ce moment à son esprit oisif ; elle répondait à ses instincts et à son tempérament ; elle eut en lui son pamphlétaire et son publiciste.

L'abbé Rive, en 1789, servit d'instrument à Mirabeau sollicitant les suffrages du Tiers. En 1790, il ne dissimula plus ses nouvelles opinions, et il jeta le masque. Son cabinet devint un arsenal d'écrits, violents jusqu'à la démence et impies jusqu'au blasphème. Tel était l'homme dont Pascalis allait subir les dégoutantes insultes, et qui se préparait à être son bourreau.

Au milieu de cette explosion de colères, Pascalis con-

servait toujours la même sérénité d'esprit. Inaccessible à
la peur, il s'était retiré, non loin d'Aix, dans une calme
et agreste solitude. C'est à la nature qu'il redemandait les
inspirations libres qu'étouffait l'athmosphère de la cité.
Une maison de campagne, située aux environs d'Aix[1],
fut le seul asile qu'il voulut accepter, asile exposé, peu
sûr, mais où il retrouvait les meilleurs souvenirs de sa
vie. Là, sous l'abri de cette silencieuse demeure, et dans
les tristes jours d'automne, une commune douleur réunit,
plus d'une fois, autour de lui, quelques-uns des fidèles
amis de la Constitution provençale, Dubreuil, le procureur Darbaud, les présidents d'Albert Saint-Hippolyte
et de Mazenod, et les magistrats du Parlement qui
n'avaient pas encore émigré. Tous étaient unanimes à
conseiller à Pascalis de quitter la Provence ; mais il se
révoltait contre leurs craintes. Fuir, était une lâcheté à
laquelle il eût rougi de souscrire. Fuir ! M. d'André
le lui proposa aussi. Il ne put vaincre son refus.

M. d'André lui écrivait de Paris, le 12 octobre, et lui
donnait l'assurance qu'il emploierait tout son crédit à
arrêter l'affaire dont le Comité des Recherches allait
bientôt s'occuper.

« Votre courage ne m'étonne pas, ajoutait-il, il est
digne de vous ; mais vous ne concevez pas les désagré-
ments que vous en essuyeriez, si cela était poursuivi.
Je suis bien aise, cependant, que le département vous
aît dénoncé à l'Assemblée ; car, puisqu'on ne peut

---

[1] Cette campagne, connue aujourd'hui sous le nom de *la Mignarde*,
appartenait à M. Mignard, ami de Pascalis et beau-père de M. d'André. Elle
est située à cinq kilomètres d'Aix.

être poursuivi par deux tribunaux, cela vous mettra à l'abri des vexations qu'auraient pu vous faire essuyer la municipalité et le département. Ces corps nouveaux-nés font claquer leur fouet tant qu'ils peuvent, et ils ne demanderaient pas mieux que de vexer un honnête homme.

« Vous ne devez pas douter du plaisir que ma femme et moi aurions de vous voir ici, ainsi que Mignard : aussi, je serais tenté, pour vous décider à faire le voyage, à conclure à ce que vous fussiez mandé. Mais prévenez le mandement ou supposez-le, et venez nous voir. Vous trouverez ici la tranquillité la plus parfaite, et je puis vous assurer qu'il n'y a aucun pays dans le monde où l'on vive plus à l'abri de toutes vexations particulières.

« Au reste, les affaires vont à l'ordinaire, c'est-à-dire assez mal. Nous n'avançons pas un peu et nous en sommes enfin venus au moment difficile, c'est-à-dire aux impositions. Les économistes, les théoriciens, se sont emparés de cette partie, et on ne veut pas écouter les habitants des provinces qui s'imposaient elles-mêmes, et qui, par conséquent, avaient une pratique supérieure à la théorie... »

M. d'André, dans ce passage de sa lettre, faisait allusion aux débats qui s'étaient produits, les 6 et 7 octobre, au sujet de l'imposition en argent ou en nature, débats très-animés, et où les principes suivis en Provence avaient trouvé de chaleureux défenseurs. Nous avons exposé ailleurs ces principes vraiment remarquables [1]; nous avons dit par quel système d'impôts, *résultat heureux de l'expé-*

---

[1] Voyez plus haut, pages 38 et 39.

rience de plusieurs siècles, on parvenait à faire face à toutes *les nécessités publiques, sans surcharger les propriétés foncières, sans offenser l'industrie, et en conservant l'égalité entre les particuliers* [1]. On croyait, selon l'observation de M. d'André, dans la séance du 6 octobre, que l'unité d'administration consistait surtout dans la répartition égale des charges, et qu'il importait peu à l'État que les communautés s'imposassent en argent ou en nature, si les contribuables payaient facilement. Le 7 octobre, Bouche, qui pensait comme Portalis et comme M. d'André, combattit en vain pour sauver des droits précieux qui étaient les derniers débris de nos franchises [2]. Au nom de la révolution, il lui fut répondu que le système pratiqué en Provence laissait trop de pouvoir aux municipalités. Quelques esprits légers allèrent jusqu'à déverser le ridicule sur ce qu'ils appelèrent *l'imposition à la provençale*. On comprendra, dès lors, cette exclamation de Bouche : « *Moi je suis pour la liberté, parce que ce n'est que pour la liberté que je suis ici.* »

Heureux serions-nous, si Pascalis, éclairé par cette défaite, eût cédé aux supplications de ses amis et de M. d'André, en abandonnant une terre stérile où il n'était plus retenu désormais par aucun lien! Nous n'aurions

---

[1] *De l'usage et de l'abus de l'esprit philosophique durant le* XVIIIe *siècle*, tome II, pages 321 et 323.

[2] Bouche proposa même l'amendement suivant : « L'Assemblée Nationale décrète, que les départements, districts et municipalités imposeront sur les objets qui leur paraîtront les plus commodes et les plus convenables, et que ces dernières, lors de l'établissement de l'impôt, appelleront les citoyens qui possèdent des biens fonds dans leur terroir et qui ont leur domicile ailleurs, lesquels sont autorisés à députer un syndic. »

pas à gémir sur l'horreur de sa mort. La France aurait eu, plus tard, dans cet émule de Portalis, un de ses plus illustres législateurs ; et, nous n'aurions pas la douloureuse mission d'entreprendre un récit dont la seule pensée excite un sentiment d'épouvante.

Il n'est pas de mauvaise action que ne conseille la peur ; or, la peur était alors la grande complice des anarchistes. Exposé sans défense aux plus violentes attaques, Pascalis fut trahi par ceux-là même dont les souvenirs auraient dû commander, au moins, le silence. Le 12 octobre, vingt-cinq hommes de loi, ci-devant avocats au Parlement de Provence et membres du club des amis de la Constitution, vinrent tardivement désavouer les principes contenus dans le discours du 27 septembre, qu'ils qualifiaient d'*anti-sociaux* [1]. Ils voulaient ainsi se disculper auprès des journaux jacobins qui les rendaient solidaires de la démarche de Pascalis. L'abbé Rive mit à profit ce succès. Un moyen d'agitation et d'influence lui manquait ; il en créa un. Le 31 octobre, il convoqua, dans l'ancienne église des Bernardines, tous les paysans de la ville et de la banlieue, qu'avaient fanatisés ses prédications révolutionnaires, et il leur donna le nom bizarre d'*Assemblée particulière des vénérables frères anti-politiques, c'est-à-dire des hommes vrais, justes et utiles à la patrie.*

Une fois à la tête du nouveau club, le pamphlétaire se livra aux entraînements déréglés de son orgueil.

---

[1] *Protestation des hommes de loi, membres de la société des amis de la Constitution, séant à Aix, département des Bouches-du-Rhône, contre le discours anti-constitutionnel du sieur Pascalis, etc... Aix, veuve André Adibert, 1790.*

Camille Desmoulins, qu'il avait la vanité d'appeler *son bon ami*, nous le représente dans un éloge digne du génie littéraire de l'époque : « perclus de tous ses membres, dont la chaleur, le mouvement et la vie semblent s'être retirés vers la tête et le cœur, n'ayant de libre que la langue, couché sur son grabat, où ce n'est point l'ambition ni l'intérêt, mais le saint amour de l'humanité et de la patrie qui peut seul l'enflammer, dictant des arrêts, et comme Jupiter, fait trembler l'Olympe quand il fronce le sourcil, faisant trembler les aristocrates quand il soulève la tête sur son oreiller, et à 20 lieues à la ronde, plus craint lui seul qu'un Comité des Recherches [1]. »

Quelques traits fournis par diverses lettres que l'abbé Rive a laissées comme un héritage de sa perversité, compléteront cet étrange panégyrique.

Quand il parle de Pascalis, il écume de rage : Pascalis n'est pas seulement, à ses yeux, un ennemi, c'est un monstre ; c'est l'incendiaire Pascalis, le scélérat Pascalis, l'exécrable, le forcené Pascalis, l'abominable conjuré, le fameux énergumène Pascalis.

Pour lui, il est le chef incomparable des vénérables frères anti-politiques, le seul arc-boutant du peuple contre les aristocrates, l'homme au plus profond savoir et à l'âme la plus forte. Son nom est fameux dans toute l'Europe. Mirabeau est insuffisant à côté de lui. Mgr. de

---

[1] L'abbé Rive a pris soin lui-même de nous conserver ce portrait, en l'insérant à la suite d'un de ses pamphlets intitulé : *Lettre des vénérables frères anti-politiques et de l'abbé Rive, présentée à MM. les Commissaires du Roi, dans le département des Bouches-du-Rhône, le 13 février 1794, suivie de la lettre écrite à son bon ami le très-illustre Camille Desmoulins,* à Nosopolis, chez les Frères de la miséricorde.—(Aix, 1790.)

Boisgelin est un mitrophore scélérat. Il n'est pas un homme de lettres, en état de le réfuter, etc...

Si ce fou furieux n'avait exercé, dans Aix, un empire de terreur presque absolu, la dignité de l'histoire ne souffrirait pas ces dégoutantes citations ; mais il est nécessaire de saisir la révolution sur le fait, et de montrer quels étaient les hommes aux mains de qui étaient tombés le gouvernement et l'éducation morale du peuple.

Le 17 novembre, eut lieu l'installation des juges du district d'Aix, nommés par les suffrages des électeurs. Ce fut une fête bruyante, toute pleine d'enivrement patriotique. On avait choisi, pour lui donner plus d'éclat, la grand'chambre du Parlement dont on avait levé, la veille, les scellés [1]. Elle fut présidée par le corps municipal. Les clubs y envoyèrent leurs députations. Il est dit dans le procès-verbal des amis de la Constitution : « que des citoyens en foule devancèrent la marche du cortége pour purifier, par leur patriotisme, la salle du palais, des derniers sentiments dont elle avait été infectée [2]. » Après les discours officiels, le président du club, Polycarpe Constans [3] prit à son tour la parole, et laissa déborder les flots de son enthousiasme : « Mais pourquoi, dans ce jour d'allégresse publique, pourquoi dans ce saint temple, éprouvais-je un sentiment de peine ? serait-ce l'idée de

---

[1] Le 16 novembre, le corps municipal, après avoir procédé à cette opération, avait apposé les scellés sur les salles particulières des tribunaux inférieurs, les trésoriers de France et la sénéchaussée.

[2] *Récit de la fête des amis de la Constitution, le jour de l'installation des juges du district d'Aix*. Pièce imprimée.

[3] *Polycarpe Constans*, député des Bouches-du-Rhône, au Conseil des Cinq Cents, après le 18 fructidor an V (4 septembre 1797).

l'oppression et de la tyrannie que ces lieux rappellent?
serait-ce celle des derniers sentiments que des fanatiques
osèrent y exprimer?... Non, Messieurs, l'aurore d'un si
beau jour éloigne de si douloureux souvenirs ; l'astre
radieux de la liberté a chassé loin de lui ces vapeurs
nébuleuses... [1]. » De vifs applaudissements accueillirent
l'orateur. Cette éloquence répondait au goût du temps,
et satisfaisait alors les passions. Le soir, un feu de joie
fut brûlé sur la place des Prêcheurs. Les amis de la
Constitution n'éprouvèrent qu'un regret, celui *de ne
pouvoir y consumer tous les vestiges de l'ancien régime.*

L'état de la ville devenait, chaque jour, plus alarmant.
Espariat, élu juge par l'Assemblée électorale du district
d'Aix, s'était démis, le 11 novembre, de ses fonctions
de maire. Le député Bouche qui avait été nommé
à sa place, venait de refuser. La confusion régnait
parmi les corps administratifs, dont les attributions mal
définies ou mal comprises donnaient lieu à des querelles
d'amour-propre incessantes. La municipalité guerroyait
contre le conseil de département [2]; il en était de même
pour le district. Dans la plupart des communes, les
délibérations étaient prises et exécutées, sans nulle autorisation. Cependant l'audace des clubs grandissait ;

---

[1] *Procès-verbal de l'installation des juges du district d'Aix.* Gibelin
David et Éméric David, 1790, pages 25 et 26.

[2] Le 18 octobre, eut lieu à l'Université d'Aix, la séance solennelle de rentrée pour les Facultés. Sur le motif qu'un professeur de droit avait prononcé
un discours dangereux et que certains gradués tenaient des propos incen-
diaires, le directoire du département suspendit l'ouverture des cours. Le
conseil municipal, réuni le 25 octobre, s'opposa à l'exécution de cet arrêté
et refusa d'en permettre la publication.

celle des Frères anti-politiques, à Aix, n'eut bientôt plus de bornes. « Dès la première semaine de leur fondation, l'abbé Rive avait commencé, raconte-t-il lui-même, *de lever leurs yeux très-attentivement* sur l'incendiaire, que les anti-patriotes scélérats, avaient lancé dans la Chambre des Vacations pour prophétiser une anti – révolution comme très-prochaine[1]. » Le 30 novembre, impatients de se signaler par un acte d'autorité, les Frères anti-politiques enjoignirent aux officiers municipaux de poursuivre, avec plus de diligence, l'affaire de Pascalis.

D'un autre côté, des bruits sinistres, venus du dehors, circulaient dans l'opinion. Afin de mieux égarer le peuple, les jacobins accusaient les honnêtes gens de conspirer et de préparer un prochain mouvement contre-révolutionnaire. Les princes français, disait-on vaguement, avaient arrêté un plan avec les émigrés de Nice ; ils avaient fixé à Chambéry leur centre d'action ; ils devaient passer la frontière, vers le milieu du mois de décembre, pour attaquer Lyon et le Midi. Des lettres mystérieuses et sans signature, transmises de Nice aux corps administratifs, semblaient annoncer d'imminents dangers. On ajoutait qu'à Aix, les ennemis de la révolution avaient employé des ouvrières à fabriquer des cocardes blanches et que les mandements des évêques contre la constitution civile du clergé, étaient destinés, dans ce but, *à allumer partout la torche du fanatisme*[2].

Quel était donc le crime des hommes qu'on désignait

---

[1] *Lettre des vénérables frères anti-politiques et de l'abbé Rive*, etc., suivie de la lettre écrite à Camille Desmoulins, page 34.

[2] Le 16 novembre 1790, l'Assemblée générale des Bouches-du-Rhône

de la sorte aux vengeances du peuple ? Etaient-ils donc
si redoutables? Désarmés, menacés, spoliés dans leurs
fortunes, en butte aux délations, avaient-ils la liberté
de tramer des complots? On allait jusqu'à leur attribuer
le dessein de mettre à feu et à sang tout le Midi, mais
ces accusations n'étaient-elles pas dérisoires, n'étaient-
elles pas, comme les faits le prouvèrent bientôt, une
arme de bouleversement entre les mains des factieux ?

Ces hommes commirent néanmoins un crime. Après
être demeurés si longtemps isolés et sans défense, sous
le glaive de la révolution, ils voulurent enfin protéger
leur vie, et tenter d'arrêter, s'il était possible, les progrès
de l'anarchie. Déjà plusieurs villes, Paris, Lyon, Perpi-
gnan..., avaient vu se fonder dans leur sein des sociétés
connues sous le nom d'*amis de la paix et de la Constitution
monarchique*. A Aix, quelques citoyens conçurent le projet
d'établir une semblable société. Les membres qui devaient
la composer appartenaient presque tous à deux autres réunions qui se tenaient au cercle Guion et au café Casati.
La première était formée de nobles, de bourgeois et
d'officiers du régiment de Lyonnais ; la seconde, d'ou-
vriers et d'artisans. Le samedi, 11 décembre, un écuyer
à l'académie royale d'équitation, le chevalier de Guiraman, homme très-ardent malgré son âge, Darbaud,
ancien procureur au Parlement, Pons, maître d'armes,

provoqua des mesures répressives contre les évêques qui se déclaraient
opposants à la loi de la constitution civile du Clergé, *loi qui sera*, disait-elle,
immortelle comme la religion.

Peu de mois après, le 23 février 1791, l'Assemblée électorale des Bouches-du-Rhône, nomma pour évêque d'Aix, métropolitain des côtes de la
Méditerranée, le curé d'Eyragues, Charles-Benoit Roux.

et deux artisans, Coppet, marchand gantier, et Blanc, commis, se présentèrent à l'Hôtel-de-Ville pour obtenir l'autorisation de la municipalité. Ils désignèrent leur société sous le nom de *Société des amis de l'ordre et de la paix.*

A cette nouvelle, une sombre rumeur se manifesta parmi les patriotes. Le projet était à leurs yeux une déclaration de guerre. Ils donnèrent un libre cours à leur indignation et firent parvenir aux corps administratifs des pétitions menaçantes, où ils demandaient qu'on empêchât la société de se former. Le club des amis de la Constitution délibéra qu'il s'assemblerait, le lendemain, à neuf heures. Sur la motion d'un membre et au milieu d'acclamations enthousiastes, il fut résolu que les vénérables frères anti-politiques, *dont l'intégrité des principes était notoire* [1], seraient invités à une affiliation.

Le lendemain, dimanche, la journée s'écoula dans de vives inquiétudes. Des gardes nationaux parcoururent les rues en costume, avec le sabre en bandoulière, et prêts à tout événement. « Tout ce que les deux sociétés renfermaient de patriotes, se montra sur le Cours en état de défense [2]. » A 4 heures du soir, eut lieu *la sainte coalition*

---

[1] *Second livre des délibérations de la société des amis de la Constitution établie à Aix, commencé le 3 décembre 1790, l'an II de la liberté, et terminé le 13 juillet 1791,* page 12. Dans la suite de ce récit, nous aurons plus d'une fois l'occasion de citer ce registre. Nous en devons la communication à la bienveillance de M. Roux-Alphéran, qui en est le possesseur.

[2] *Récit historique des faits qui ont précédé et suivi la découverte d'un projet de contre-révolution médité dans Aix, imprimé par ordre de la société des amis de la Constitution.* A Aix, veuve André Adibert, 1791, in-4°, page 2.

préparée, la veille, entre les amis de la Constitution et les frères anti-politiques. Les deux clubs réunis se jurèrent union, concorde et fraternité ; les membres prêtèrent chacun le serment de verser jusqu'à la dernière goutte de leur sang pour le maintien de la Constitution. L'affluence était extrême et l'exaltation des esprits délirante. Lorsque le pacte fédératif eût ainsi été consommé dans le temple de la Liberté [1], les amis de la Constitution délibérèrent de reconduire en masse les anti-politiques , jusqu'à l'ancienne église des Bernardines, où ces derniers tenaient habituellement leurs séances.

Il était cinq heures du soir ; la nuit descendait sur la cité ; le cortége des clubistes s'avançait dans la grande allée du Cours, escorté d'une foule considérable de peuple , et chantait le *Çà ira* [2]. Devant le cercle Guion , les clameurs redoublèrent ; les huées se mêlèrent aux applaudissements ; des groupes postés près de là crièrent: « *Ouf, ouf, les aristocrates* [3], *à la lanterne* [4].» Le chevalier de Guiraman , qui était sur la porte du cercle avec deux autres personnes , eut la hardiesse de braver ces provocations par son attitude. Soudain , retentit une détonation d'arme à feu. De Guiraman, assailli, blessé à la cuisse, use de ses deux pistolets. Le peuple se précipite vers le cercle et veut en forcer l'entrée. Au milieu du

[1] *Ibid.*, page 3.

[2] *Procédure prise par le tribunal du district d'Aix, sur les plaintes rendues par M. l'accusateur public, querellant en sédition, voies de fait et contre-révolution, d'après les événements arrivés dans ladite ville, le* 12 *décembre* 1790.—A Aix, frères Mouret, 1790, in-8°, pages 66 et 158.

[3] *Ibid.*, pages 134, 140.

[4] *Ibid.*, page 11.

tumulte, on entend les cris proférés de : « *Foou toutei leis esgourgea*[1]. » Dans la salle intérieure, se trouvaient dix ou onze officiers de Lyonnais occupés à jouer, et une douzaine d'habitués, MM. de Tressemane, de Gueydan, de Bayen, de Bonaud de la Galinière, de Castellet, directeur de la poste, Grandin de Salignac, ci-devant trésorier de France, etc... La position devenait effrayante : des coups de fusil étaient tirés à travers les abat-jour des fenêtres. Les officiers contre lesquels se dirigeait la fureur des patriotes, ne consultèrent alors que leur courage. Certains d'être massacrés s'ils ne s'ouvraient une issue, ils prirent leurs épées, s'élancèrent d'un seul bond et percèrent en courant la foule, à travers une galerie de feu. Plusieurs furent blessés ; un capitaine, nommé Valeix, tomba sur une marche de l'église des Carmélites ; il fut sauvé par un de ses soldats qui le releva.

Le désordre était à son comble dans la rue St. Jean[2], qui conduisait aux casernes. De toutes parts, on répétait le cri : « *Aux armes !* » Le guichetier avait fermé la porte Saint-Jean ; après bien des instances, les officiers de Lyonnais obtinrent qu'on la leur ouvrit. Parvenus aux casernes, ils rassemblèrent aussitôt le régiment, et n'eurent qu'un désir, désir légitime et louable, celui de voler au secours de leurs camarades qui, moins heureux dans leur fuite, avaient été retenus prisonniers par le peuple ; mais, ils ne purent triompher du refus de quelques sol-

---

[1] *Ibid.*, page 214 ; déposition de M. Pierre-Joseph-Fortuné Bonaud de la Galinière petit-fils.

[2] Aujourd'hui nommée rue d'Italie.

dats gagnés. Un sous-lieutenant des grenadiers, Ferréol [1],
déclara dans une allocution qu'il ne marcherait pas. Le
major de la Volvène arriva sur ces entrefaites ; n'ayant
pas reçu de réquisition, il consigna les troupes.

Les autres membres du cercle Guion avaient fui, par
une porte de derrière, dans la rue des Grands-Carmes.
Quand la tranquillité se rétablit, les corps administratifs
se montrèrent. Ils firent murer la porte et les fenêtres
du cercle. Des compagnies de la garde nationale station-
nèrent sur le Cours, des patrouilles sillonnèrent les rues.
A minuit, les juges convoqués à la hâte commencèrent l'in-
formation. Quelques officiers de Lyonnais, saisis, furent
conduits à l'Hôtel-de-Ville. Il fut arrêté que le régiment
de Lyonnais partirait, le lendemain matin, à quatre
heures. Cinq compagnies furent envoyées à Lambesc,
trois à Roquevaire, deux à Auriol. Les corps administratifs
requirent, en même temps, *pour la sûreté de la ville*, 400
hommes du régiment suisse d'Ernest, en garnison à
Marseille , et un détachement de la garde nationale de
cette ville.

Les patriotes venaient d'échapper aux plus terribles
dangers ; on ne pouvait plus en douter , disaient-ils ; le

---

[1] Cet officier fut, pour ce fait, comblé d'ovations par les patriotes d'Aix.
On ne l'appela plus que le grand Ferréol, le brave Ferréol. Les amis de la
Constitution lui décernèrent une couronne civique. Le 30 janvier 1791 ,
plusieurs membres de ce club proposèrent qu'une inscription fût placée aux
casernes *en mémoire du civisme du brave Ferréol,* et que la rue nouvel-
lement formée sur la place des Prêcheurs portât son nom. Son buste , fait
par un sculpteur patriote d'Aix, nommé Chardigny, fut placé plus tard dans
la salle du club.

Le sous-lieutenant Ferréol s'éleva dans la suite au grade de général de
brigade ; il est mort à Aix en 1813, à l'âge de 74 ans.

projet de société avait pour but un massacre général. A
les croire, vingt ou trente personnes, réunies paisiblement
dans un cercle, auraient voulu en égorger sept ou huit
cents ; le complot était évident ; il n'y avait plus de peine
pour en découvrir l'auteur ; « les sinistres prédictions
consignées dans les adieux de Pascalis à la Chambre des
Vacations, étaient un indice irrécusable [1]. » Le soir de
cette journée du 12, vingt députés des deux clubs se
formèrent en comité chez l'abbé Rive. « Cette réunion,
raconte-t-il, m'enflamma d'un si grand zèle, sur les
sept heures du soir, que j'inspirai tout à coup à ces
vingt députés nationaux, d'aller enlever l'incendiaire
Pascalis de la campagne enragée où il s'était retiré.....
Mon excitation fut suivie du plus grand succès ; à onze
heures du soir, c'est-à-dire environ quatre heures après,
ce scélérat fut enlevé à l'horrible manoir où il se faisait
garder par une cinquantaine de paysans de la campagne [2]..... »

L'abbé Rive se servait ainsi du mensonge pour assu-
mer sur la tête de sa victime toute la responsabilité des
événements. Pascalis était si peu gardé à la Mignarde,
que ses amis ne cessaient de lui reprocher son impru-
dente sécurité. Quelques jours avant l'arrestation, un
ancien magistrat étant allé le voir, lui avait conseillé de
se réfugier dans sa famille, à Eyguières.— « On en veut
à vos jours, » lui avait-il dit ; —et Pascalis avait répondu

---

[1] *Récit historique des faits qui ont précédé et suivi la découverte
d'un projet de contre-révolution*, etc..., page 4.

[2] *Lettre des vénérables frères anti-politiques et de l'abbé Rive, suivie de la lettre à Camille Desmoulins*, page 35.

par ces mots du duc de Guise : « *Ils n'oseraient*[1]. » La veille même encore, une lettre anonyme de M. Cappeau l'avait averti qu'il était temps de fuir, que les meneurs de la révolution avaient juré sa mort, que demain, peut-être, il serait trop tard. Et cependant, telle était la foi de Pascalis dans la reconnaissance du peuple, qu'il n'avait pris aucune mesure pour se soustraire au péril. A ceux qui cherchaient à vaincre son courage, il rappelait son *Mémoire sur la contribution des trois Ordres*, ses sacrifices, ses combats, ses deux années de travaux consacrés à la cause populaire. Dubreuil avait obéi au même sentiment, lorsque, après le 27 septembre, s'adressant à un officier municipal qui blâmait Pascalis, il lui avait dit : « *Vous qualifiez d'imprudence la conduite de M. Pascalis, sachez que si quelqu'un attentait à sa personne, il se répandrait du sang*[2]. »

Espoir malheureusement trop confiant ! Entre le présent et le passé la révolution avait creusé un abîme. Quel pouvait être l'empire des souvenirs sur des âmes engourdies par la crainte ou dominées par des passions implacables ? Le propre secrétaire de Pascalis, prévenu, dans la soirée du 12, que des gens armés allaient bientôt s'emparer de son patron, n'osa tenter la moindre démarche pour le sauver. Il était en ce moment à table, et il poursuivit son repas.

---

[1] Nous tenons ce fait de M. de Laboulie, ancien procureur général à la cour royale d'Aix. M. de Laboulie était présent à cette visite que son père, ancien conseiller au Parlement, fit à Pascalis.

[2] *Procédure prise par le tribunal du district d'Aix*, etc....., page 167.

Le coup de main ourdi par l'abbé Rive, fut exécuté comme il le raconte. Pascalis fut enlevé de la Mignarde par quatre-vingts patriotes, puis conduit, garrotté, à l'Hôtel-de-Ville, où on le jeta dans un cachot, à quatre heures du matin. Sa correspondance, ses papiers furent saisis. La même nuit fut signalée par une autre capture. Les clubistes réclamaient un aristocrate qu'ils pussent immoler à leurs vengeances. Hésitant dans leur choix, ils parcoururent d'abord sans résultat plusieurs demeures nobiliaires. M. le président d'Arlatan de Lauris fût épargné pour un motif singulier : on ne jugea pas qu'il fût une assez *belle*[1] proie. De son hôtel, la bande se dirigea vers celui de M. d'Éguilles, président à la Cour des Comptes. Ce citoyen était un des membres populaires de la Noblesse. Il était entouré de ses enfants, lorsque les sinistres visiteurs se présentèrent chez lui. Des perquisitions infructueuses furent faites dans ses caves et dans ses appartements. Cependant, on se disposait à l'emmener, quand un des patriotes qui le connaissait, s'écria : « M. d'Éguilles est un brave homme; laissons-le. Il en est un autre que nous oublions : c'est le marquis de la Roquette[2]. » A ce nom, la bande pousse un cri de joie et se précipite vers la rue Nazareth. En vain, un domestique nègre au service de M. d'Éguilles, s'efforce de la devancer ; en vain, se glisse-t-il le long des murs à la

---

[1] M. le président d'Arlatan avait, dit-on, un extérieur un peu disgracieux.

[2] Gaspard-Louis-Cassien-Antoine de Maurellet, seigneur de Cabriès et marquis de la Roquette.

Ces détails nous ont été racontés par mademoiselle d'Éguilles, fille du président, qui assistait à cette scène, et qui en a conservé l'ineffaçable souvenir.

faveur de l'ombre ; il arrive ; mais, les portes de l'hôtel
sont déjà gardées. M. de la Roquette, traîné brutalement
de son lit, va partager la prison de Pascalis. La haine
du peuple était soulevée contre lui, parce que, trois ans
auparavant, en 1787, son cocher, conduisant son
carosse, avait eu le malheur d'écraser la jeune fille d'un
garçon perruquier. L'indemnité proposée par lui à la
famille n'avait pas semblée suffisante. M. de la Roquette
était également accusé d'avoir été un des acteurs de la
scène de la veille, au cercle Guion, bien qu'il n'y eût
pas seulement paru.

Le 13 décembre, à cinq heures du matin, lorsque les
deux arrestations étaient déjà opérées, le vice-maire, M.
Éméric-David[1], courut réveiller M. Martin, Président du
conseil du département. « MM. Pascalis et Maurellet
sont arrêtés, lui dit-il; si la garde nationale de Marseille
vient ici, elle entraînera infailliblement après elle une
grande affluence de peuple. Les esprits s'exalteront mu-
tuellement, et nous ne répondrons pas de la vie de Pascalis. Le régiment va partir ; nous n'avons plus rien à en
craindre. Si vous êtes de notre avis, nous enverrons un
courrier à Marseille pour contremander la garde nationale. » Le conseil était sage ; il était commandé par les
circonstances. Le temps pressait. M. Martin hésita et
finit par dire qu'il ne pouvait prendre sur lui cette réqui-

---

[1] *Éméric-David (Toussaint-Bernard)*, né à Aix, le 20 août 1755,
imprimeur et avocat, maire d'Aix en 1791, membre du Corps législatif depuis 1809 jusqu'en 1815, membre de l'Institut, mort à Paris le 2 avril
1839. M. Éméric-David est l'auteur de plusieurs ouvrages estimés sur l'art
statuaire et la mythologie grecque

sition. Plusieurs heures après, l'Assemblée du département délibéra qu'un courrier serait sur-le-champ envoyé.
Le courrier partit, en effet ; mais, il rencontra, à moitié
chemin, les 400 hommes d'Ernest, escortés d'un tumul-
tueux amas d'Italiens, de Piémontais, de Grecs, armés
de piques et de fusils. Il était trop tard.

Pendant ce temps, la municipalité essayait de ressaisir
l'autorité qui lui échappait. Comprenant que Pascalis et
de la Roquette n'étaient pas en sûreté à l'Hôtel-de-Ville,
elle résolut de les transférer aux prisons des casernes.
Les deux accusés furent placés dans les rangs de la
garde nationale ; devant eux marchaient le colonel et le
vice-maire. Le trajet s'accomplit, non sans de grands
dangers. Les sicaires de l'abbé Rive, semés dans la
foule, s'efforçaient d'attiser ses colères et redoublaient
avec fureur leurs cris de : « *A la lanterne* ! » Enfin on
arriva aux prisons.

Là, la terreur achève ce que le crime a commencé. Le
peuple s'empare de quatre canons de campagne. Deux
de ces pièces sont chargées et traînées à la barrière du
Cours, pour repousser les conspirateurs, s'ils tentaient
de fondre sur la ville. Mignard, apprenant l'arrestation
de Pascalis, veut aller aux prisons ; mais deux personnes
l'avertissent que ses jours sont menacés, et qu'il doit
fuir. Mignard refuse ; après de nouvelles instances, il
part et s'échappe à travers champs dans le vallon des
Pinchinats. Dubreuil, que ses sympathies hautement
avouées pour Pascalis et son propos tenu sur le discours
du 27 septembre, rendent suspect aux patriotes, se cache
de son côté au Pavillon de l'Enfant, où se trouve aussi

le président d'Albert. Là, il se fait tonsurer, prend un costume de prêtre, se joint à Mignard et au président d'Albert, et s'enfonce au milieu des gorges de Sainte-Victoire. Sous la conduite d'un guide, il se dirige ensuite vers la frontière de Nice [1], pendant que les commissaires des clubs le recherchent encore à Aix.

A dix heures, les amis de la Constitution, assemblés, se déclarèrent en permanence. Les papiers de Pascalis furent déposés sur le bureau, et on procéda à leur vérification. Parmi les lettres qui furent lues, aucune ne répondit à l'attente des inquisiteurs ; aucune, de près ni de loin, ne fournit la preuve du prétendu complot. Une d'elles, écrite par Mignard, révéla que les amis de Pascalis avaient préparé sa fuite, et qu'ils avaient obtenu pour lui un passe-port du greffier de la commune. Les autres portaient les signatures du marquis de La Fare, de Barlet, de MM. d'André [2], d'Aymar et Pochet, députés à l'Assemblée Nationale, d'un avocat de Toulon, nommé Cyprien Granet [3]. Toutes ces lettres, bien que dictées par un esprit peu favorable à la révolution, ne conte-

[1] *Procédure prise par le tribunal du district d'Aix*, etc....., pages 144 et 162.

[2] Parmi les lettres de M. d'André, se trouvait celle que nous avons citée plus haut, pages 256 et 257.

[3] Cet avocat écrivait à Pascalis : « Vous réalisez donc le vœu que je vous avais souvent entendu faire, celui de passer l'hiver à cette campagne avec de bons amis. Qui nous eût dit alors que ce serait comme exilé et pour de pareils motifs? Le choix heureux de ces amis doit un peu vous consoler de l'ingratitude du peuple, et vous fortifier dans le mépris que méritent vos bas et insolents détracteurs. Heureux et cent mille fois heureux, ceux qui peuvent de temps en temps mêler leurs réflexions aux vôtres ! Je partagerai bientôt, j'espère, ce délice..... »

naient que des idées personnelles, et ne permettaient pas
de supposer un plan de conjuration. On avait espéré
trouver dans leur nombre quelques lettres des princes
émigrés, avec lesquels Pascalis, disait-on, s'était mis en
rapport ; mais on ne découvrit pas le moindre indice
d'une correspondance. La société, peu satisfaite, délibéra
que ces papiers seraient transmis aux administrations.
Barlet fut signalé par elle comme suspect à l'opinion
publique ; MM. d'André et Pochet furent dénoncés à
l'Assemblée Nationale, et l'avocat Granet à la société de
Toulon.

Le même jour, sur la requête de l'accusateur public ,
le tribunal du district décréta de prise de corps le chevalier de Guiraman et six officiers de Lyonnais. Plusieurs
personnes regardées comme leurs complices , furent
l'objet des plus actives poursuites ; c'étaient les présidents de Mazenod et d'Albert , Darbaud et Armand ,
anciens procureurs , Dubreuil, Mignard, Coppet , Pons,
Blanc , Langlez père et fils. A deux heures , arriva ,
avec les 400 hommes d'Ernest , le détachement de la
garde nationale de Marseille , suivi d'une multitude de
volontaires. C'est ainsi qu'on appelait alors cet amas de
gens sans aveu, malfaiteurs de profession, presque tous
étrangers, et qui, grâce à la révolution, étaient devenus
les véritables souverains. Ils accouraient au signal qui
leur avait été donné. Leurs pelotons armés se succédèrent jusqu'à dix heures du soir. Aix était dans la stupeur;
les patriotes , seuls , ne tarissaient pas d'enthousiasme.
Au club des amis de la Constitution , la présence des
Marseillais fut saluée par d'unanimes applaudissements.

Le président les remercia avec effusion pour leur zèle à voler au secours de la cité ; et comme leur nombre grossissait à chaque heure, « il dit très ingénieusement que la salle ne serait jamais assez grande pour contenir des amis et des frères [1]. » Puis, on reprit la délibération sur les mesures que réclamait le salut public et que nécessitait l'audace des conspirateurs. «Un religieux doctrinaire, le R. P. Vincens, s'intéressant à la sûreté de l'Assemblée, considérant que les ennemis du bien public pouvaient, par des mines souterraines, rendre les assistants victimes de leur conjuration, proposa de faire examiner s'il n'y avait point d'aqueduc qui traversât la salle [2].» Les Marseillais étaient fatigués de ces discussions de détail ; ils laissèrent éclater leurs murmures et insistèrent très-souvent *pour que Pascalis fût pendu* [3].

Les anti-politiques n'étaient pas moins désireux de prévenir les lenteurs d'un procès : la justice du peuple ne pouvait souffrir de retard. Ils délibérèrent *de faire accélérer pour le lendemain le jugement , afin que les frères de Marseille emportassent la nouvelle de la fin de cette affaire* [4]. Des députés furent envoyés par les deux clubs aux corps administratifs. La réponse que leur fit un des membres du conseil du département, montre quel rôle joue l'autorité avec le seul appui des mauvais principes : « *Lorsque la patrie est en danger , dit-il, on peut et on*

---

[1] *Second livre des délibérations de la société des amis de la Constitution, établie à Aix*, etc..., page 14.

[2] *Ibid.*, page 16.

[3] *Ibid.*, page 15.

[4] *Ibid.*, page 16.

doit outrepasser la loi , et on lui obéit même alors en la transgressant[1]. »

L'abbé Rive ne contenait plus son impatience; il n'avait point provoqué l'enlèvement de Pascalis , pour attendre le terme éloigné d'une longue procédure ; il voulait couper court à toutes les hésitations. La municipalité était trop débonnaire à ses yeux ; elle tolérait dans Aix les calotins et les croyants au pape, et empêchait le peuple de secouer la chaîne de l'aristocratie. L'abbé Rive déclarait encore qu'il était urgent de destituer les juges, afin de les mieux faire marcher en règle. Redoutant la pitié des municipaux, il lança dans la soirée du lundi un nouveau pamphlet, ainsi intitulé : *Lettre des vénérables frères anti-politiques, c'est-à-dire des hommes vrais, justes et utiles à la patrie , à M. le Président du département des Bouches-du-Rhône , appelé Martin fils d'André , antérieure à l'incarcération du scélérat Pascalis , suivie d'un post-scriptum qui a été écrit après cette incarcération.—A Aix, de l'imprimerie des vénérables frères anti-politiques , vrais foudres des Pascalis et de tous les anti-nationaux ; ce 13 décembre 1790.*

« Il ne faut pas tergiverser , Monsieur le Président , écrivait l'abbé Rive, il n'y a à conserver dans le nouvel empire français que de vrais citoyens et d'excellents patriotes.

« Tout homme , quel qu'il soit , par quelques travaux qu'il puisse s'être distingué , s'il devient un jour l'ennemi de la patrie, *il* doit lui faire sacrifice de sa tête sous une lanterne.

[1] *Ibid,,* page 16.

« Mais l'incendiaire Pascalis a-t-il pour lui des travaux de distinction ? Que celui qui le prétendra se montre en public. »

Un complot avait été formé. Les prisons devaient être attaquées dans la nuit du 13 au 14. Le geôlier vint en avertir la municipalité à neuf heures du soir. Celle-ci se rendit aussitôt dans l'Assemblée générale du département. Là furent appelés les commandants du régiment d'Ernest et des deux gardes nationales d'Aix et de Marseille. Réquisition leur fut donnée d'employer en commun leurs troupes à garantir les prisons de toute violation intérieure et extérieure [1]. Les patrouilles furent doublées, les postes renforcés ; on décida que la garde nationale de Marseille partirait le lendemain matin au point du jour ; cinq officiers municipaux passèrent la nuit à l'Hôtel-de-Ville.

Le 14 décembre était un jour de marché. Les sociétés populaires des villes voisines, « qui s'étaient disputé l'avantage de présenter des secours aux patriotes d'Aix [2], » pouvaient fournir leur contingent à l'insurrection.

---

[1] Voici le texte de cette réquisition : « MM. les commandants des gardes nationales de Marseille, d'Aix et du régiment d'Ernest, sont requis de concourir par les trois corps qui sont sous leurs ordres, de garder les prisons Royaux, et de les garantir de toute violation intérieure et extérieure.–Fait à Aix, au nom des trois administrations du département, du district et de la municipalité d'Aix, le 13 décembre 1790. Signés : Martin fils d'André, Président ; Jaubert, Procureur général syndic ; Éméric-David, officier municipal ; Bernard fils, membre du directoire du district d'Aix. »

[2] *Récit historique des faits qui ont précédé et suivi la découverte d'un projet de contre-révolution,* etc., page 5. — Les sociétés d'Éguilles, de Lauris, de Lourmarin, de Tarascon, de Marseille, de Toulon, d'Avignon, etc., avaient toutes promis de voler au secours des patriotes d'Aix, au premier signal.

Les administrateurs alarmés se hâtèrent d'éloigner les dangereux visiteurs qu'ils avaient si imprudemment attirés. A huit heures du matin, commença le départ. Les officiers municipaux, plusieurs membres des conseils du district et du département, le Procureur général syndic, y présidaient. Au moment où s'échangeaient les derniers adieux, des murmures confus s'élevèrent ; quelques voix se plaignirent que justice n'eût pas été faite, et demandèrent la tête de Pascalis. Cette agitation se calma cependant. Les colonnes défilèrent en silence. Au sortir du Cours, il y eut un moment de halte; les meneurs, alors, de s'écrier : « Où allez-vous, ce n'est pas le chemin de Marseille qu'il faut prendre ; aux casernes, aux prisons. » A ce signal, les rangs se débandent ; gardes nationaux et volontaires se ruent dans la direction des casernes ; le colonel prodigue des exhortations inutiles pour les rallier. Encore une fois, il était trop tard.

Les prisons n'étaient défendues que par les 400 hommes du régiment d'Ernest. Soit frayeur, soit malentendu, les officiers ne jugèrent pas la réquisition de la veille suffisante, et coururent en chercher une nouvelle chez le président du département. Mais déjà, la populace remplit les avenues des casernes ; elle en franchit l'enceinte sans résistance, et refoule au dehors les administrateurs qui s'efforcent d'y pénétrer. Déjà, les insurgés travaillent à coups de hache à abattre les portes des prisons ; des hommes armés de pics essaient de faire une brèche au mur de clôture ; d'autres vont chercher des échelles à une église voisine. On n'entend que les cris répétés : « Nous voulons la tête de Pascalis. » Survient enfin le

commandant d'Ernest, M. de Diesbach. Le Procureur
général syndic l'interpelle vivement sur les motifs de son
absence : — Que voulez-vous que nous fassions ? demande le militaire.— Il me semble, répond le Procureur
général, que votre troupe devrait être en bataille. — Le
commandant se tourne alors en prononçant quelques mots
en allemand. Les soldats s'ébranlent. « C'est une prise
d'armes » s'écrient les insurgés. Le Procureur général
est aussitôt assailli ; une bayonnette est appliquée sur sa
poitrine. Des gardes nationaux parviennent cependant à
le dégager ; ils l'entraînent dans les appartements d'un
cantinier , où ils le dérobent à la fureur populaire.

Dans cet intervalle , trois officiers municipaux avaient
été envoyés par le conseil. Ils se présentent, revêtus de
leurs écharpes ; les flots de la foule sont si épais , qu'ils
peuvent à peine s'ouvrir un passage. Arrivés aux prisons,
ils se placent sur la porte, et cherchent à calmer le peuple , en le conjurant de respecter ses magistrats. Les
clameurs redoublent : « Nous voulons sa mort..... il est
coupable... il voulait nous faire égorger... nous voulons
sa mort... il faut qu'il périsse sur-le-champ.» On accuse
les officiers municipaux de protéger l'évasion de Pascalis.
— « Vous soutenez les coquins... vous serez les premières victimes... Il n'y a qu'à les tuer... il faut leur trancher la tête...» Ainsi bafoués, abreuvés d'outrages, isolés
les uns des autres, n'osant prendre des mesures énergiques, impuissants à dominer l'émeute , les officiers municipaux durent voir à quel degré d'ignominie descend
l'autorité, lorsque les révolutions lui ont enlevé toute sa
force morale. Un d'eux reçoit un coup de crosse de fusil ;

sur la gorge de l'autre est fixée la pointe d'un sabre ; un troisième est garrotté, et on indique la corde d'un reverbère pour le pendre.—Ils ne seront sauvés, leur dit-on, que s'ils signent l'ordre de remettre Pascalis.—A cette proposition, ils s'indignent, ils refusent ; mais de nouvelles violences sont exercées contre eux. Déjà, le geôlier leur tend à travers la fenêtre une plume et une feuille de papier.—Qu'ils signent, et on les délivrera.

D'une main tremblante, ils signent ; deux ajoutèrent, en dessous, les mots : *contraints et forcés*[1]. Pascalis et de la Roquette furent bientôt aux mains de leurs bourreaux.

Quelques minutes se passent. Le sinistre cortége traversait la rue Saint-Jean, lorsqu'une dame apparut tout à coup sortant du milieu de la foule. Elle se jeta sur Pascalis, le prit dans ses bras et s'écria: « Non, vous ne mourrez pas. » Alors se manifesta une vive rumeur, car cette femme était connue pour l'énergie de ses sentiments royalistes. Les assassins craignirent un élan subit de pitié chez le peuple. Ils s'emparèrent de cette femme,

---

[1] Le procès-verbal qui fut dressé plus tard par la municipalité, fournit les détails suivants sur cette circonstance : « Les trois administra:ions se sont fait représenter le papier fatal. Il contient ces mots : *permis de donner Pascalis*. L'écriture en est si troublée, qu'on ne saurait reconnaître la main des signataires; on y voit que deux d'entr'eux ont ajouté: *contraints et forcés*. »

M. Roux-Alphéran l'a observé avec raison dans ses *Rues d'Aix*, tome II, page 166 ; la terreur était si grande, que ce procès-verbal ne fut rédigé que trois mois après, le 17 mars 1791. Les administrateurs s'efforcèrent surtout d'y justifier leur conduite, en attribuant aux ennemis de la révolution la cause de ces malheurs. Quelles que soient les appréciations injustes ou complaisantes que renferme ce procès-verbal, nous avons cru devoir suivre l'enchaînement des faits, tel qu'il y est présenté.— *Registre des délibérations du conseil municipal*, tome III, pages 240-255.

l'entraînèrent avec précipitation, et elle, ainsi repoussée, ne put faire entendre que ces mots : « Le sang de l'innocent va couler ! »

L'alerte fut passagère. On arriva au Cours. A ce moment , et quand le sacrifice allait se consommer , Pascalis, prêt à abandonner la terre, tourna les yeux vers le ciel, désormais son seul refuge et sa seule espérance ; il demanda un prêtre. C'était la première grace qu'il eût encore réclamée de ses ennemis. Ils ne la lui accordèrent pas. Un grossier blasphème fut leur réponse [1] ; et joignant l'ironie à la cruauté , ils choisirent pour lieu du supplice la partie du Cours située en face de sa demeure [2]. Ils agirent de même à l'égard du marquis de la Roquette [3]. Pendant ce temps , les corps administratifs écoutaient religieusement un discours :

« Messieurs , disait le vice-maire , vous êtes instruits de ce qui se passe. Nous n'avons plus d'autre force que celle que l'estime et la confiance du peuple peuvent nous donner. Vous partagez avec nous cette estime et l'autorité des lois. Réunissez-vous à nous, allons tous ensemble au devant du peuple ; nous le ramènerons peut-être, en lui parlant au nom de la loi , ou nous lui en impose-

---

[1] Leur réponse fut celle-ci : « Tu iras te réconcilier avec le Père-Éternel. »

Nous ne pouvons omettre de mentionner ici que Pascalis avait reçu une éducation chrétienne, et que sa pieuse mère était morte en odeur de sainteté.

[2] Pascalis demeurait dans l'hôtel de M. de Barlatier de Saint-Julien, qui est situé vers le milieu du Cours.

[3] L'hôtel de la Roquette , qui appartient aujourd'hui à M. d'Estienne d'Orves, forme l'angle du Cours et de la rue Nazareth, qui vise au levant·

rons infailliblement par la majesté des trois administrations réunies. Il en est temps encore, partons. »

Les trois corps administratifs réunis se disposent, en effet, à se mettre en marche. Certains membres veulent encore délibérer, d'autres parlent de proclamer la loi martiale ; mais, le colonel de la garde nationale a déclaré qu'il n'est plus maître de sa troupe et qu'il ne sera pas obéi. A ce moment, quelqu'un accourt et dit : « Pascalis est entre les mains du peuple ; on le mène devant les juges.» Les administrateurs n'hésitent plus ; ils partent. Les rues sont désertes ; au loin retentissent les bruits de la foule. On leur annonce en chemin que Pascalis et de la Roquette sont au Cours ; ils redoublent de vitesse. Enfin, ils touchent au lieu qui leur est indiqué. Leur premier regard s'arrête sur les corps des victimes suspendus dans les airs, aux cordes de deux reverbères; et alors, à cet affreux spectacle, le terrible mot s'échappe de leur bouche : « Il est trop tard. »

Le vice-maire, épouvanté, interroge un officier municipal :

— « Peut-être ils ne sont pas morts. Devrions-nous les faire descendre ? »

— « Oui, faites-le descendre, répond avec satisfaction un jeune homme revêtu d'un costume de garde national, en montrant le corps de Pascalis ; nous lui couperons la tête et nous la porterons à Marseille. »

A ces mots, le vice-maire est saisi d'horreur.—« Retirez-vous, monstre, lui dit-il ; que je ne vous connaisse pas...»

Le jeune homme s'enfuit. Étonnée, toute cette multitude s'entr'ouvre et lui livre passage ; puis , après quelques instants d'un silence général , croyant à une agression, elle s'émeut. Déjà , les bouches des fusils se tournaient contre les administrateurs. Ceux-ci jugeant qu'ils ne pouvaient demeurer plus longtemps, reprirent la route de l'Hôtel-de-Ville [1].

Mais le mot prononcé avait eu de l'écho. Les assassins se hâtèrent de terminer leur œuvre. Le valet de l'exécuteur coupa la tête des deux victimes. Celle du marquis de la Roquette fut exposée sur la branche d'un ormeau , vis-à-vis le cercle Guion [2]. Quant à celle de Pascalis, elle fut plantée à l'extrémité d'une pique et portée en triomphe sur le grand chemin de Marseille. Pendant trois heures , ce sanglant trophée fut promené avec des cris de joie. La satiété ayant ensuite excité le dégoût , la horde sauvage l'enterra près le relai du Pin [3].

Le soir du même jour, le chevalier de Guiraman, saisi dans la bastide de Valbriant, au terroir de Meyreuil, fut conduit à Aix, sur une charrette, par une bande armée de paysans. Aux approches des casernes, la scène du matin fut renouvelée , des voix s'élevèrent pour demander la

---

[1] *Registre des délibérations du conseil municipal*, tome III, procès-verbal de la municipalité.

[2] Ce cercle occupait le rez-de-chaussée de la maison qui forme l'angle du Cours et de la rue des Grands-Carmes et qui vise au levant.

[3] Le Pin, relai de poste, est à 14 kilomètres d'Aix et à 15 kilomètres de Marseille.

D'autres racontent que la garde nationale de Marseille , voyant venir derrière elle un cortége d'hommes armés qui portaient la tête de Pascalis, les obligea de s'arrêter et de l'inhumer.

Le corps de Pascalis fut enseveli dans le cimetière de l'église de la Magdeleine, le jour même de l'assassinat , en présence du curé Ravanas.

mort du prisonnier. De Guiraman avait conservé l'espérance qu'à Aix ses amis le sauveraient[1]. Personne ne se
montra. L'infortuné fut entraîné sans résistance, mené
au Cours, et là, pendu en face de l'hôtel d'Esparron[2].
Les corps administratifs ne furent avertis du crime que
lorsqu'il était accompli[3].

On raconte qu'après l'exécution de Pascalis, les assassins s'entretenaient, à voix basse, sous les grands
arbres des allées du Cours. Les uns semblaient comprendre l'énormité de l'attentat qu'ils avaient commis.
Les autres suivaient d'un œil hébété les lentes oscil-
lations du cadavre. Un pauvre paysan passe; c'était un
de ces bons agriculteurs chez qui l'honnêteté est une
vertu traditionnelle, et qui écoulent sans bruit leur vie
dans les rudes travaux des champs. Ce paysan marchait
paisiblement derrière son âne, quand le hideux spectacle
d'un homme pendu se présente à ses yeux. Il demande
aussitôt le nom de la victime. On lui répond : — « C'est
l'avocat Pascalis.» — «*Oh! quel malheur*! s'écria le pauvre
paysan avec l'accent de la plus vive douleur ; *qu'autant de*

---

[1] *Procédure prise par le tribunal du district d'Aix*, etc..., pages 45-
49.

[2] L'arbre où l'exécution fut faite, était celui où avait été pendu, le 28
mars 1789, un des malfaiteurs condamnés par le Parlement.

M. de Guiraman était âgé de 77 ans.

[3] Dans la soirée du 14, on amena à l'Hôtel-de-Ville les accusés Langlez
père et fils. Les officiers municipaux parvinrent à les soustraire aux fureurs
populaires. La veille, dans la nuit, on avait incarcéré Coppet. Les jours
suivants, on fit également prisonniers Pons et Blanc. L'égarement des esprits était tel, que les patriotes allèrent jusqu'à fouiller les aqueducs de
la ville et même les tombeaux

journées il m'a fait gagner, autant d'anges l'accompagnent au ciel ! » Mais les assassins ont entendu ces paroles ; ils se précipitent sur celui qui a eu la témérité de les exprimer, et le menacent de le pendre. Il ne fallut rien moins pour l'arracher à la mort, que l'intervention d'un patriote du temps qui connaissait ce brave homme , le fit passer pour *faible d'esprit* et se porta son garant[1].

Ce paysan , c'était le peuple ; non pas le peuple des révolutionnaires et des égorgeurs , mais le vrai peuple provençal , celui qui avait eu dans Pascalis son dernier défenseur, son plus éloquent interprète, qui devait, lui aussi, fournir sa large part de victimes à la révolution , *et dont les sentiments naturels de fidélité , de franchise et de loyauté*[2], étaient naguère encore les meilleurs appuis de notre Constitution et de nos libertés.

Voilà le peuple au soulagement duquel Pascalis attachait sa seule récompense ; voilà le peuple qui lui avait inspiré ses immortels adieux et qui pleura silencieusement sa mort.

La nouvelle des événements dont Aix venait d'être le théâtre , produisit à Paris et dans toute la France , une profonde sensation. Des crimes aussi affreux , commis sans obstacle, avec une telle impunité, en présence même des administrateurs , étaient de tristes présages pour l'avenir , et ne démontraient que trop la fragilité de l'édifice gouvernemental construit par l'Assemblée Constituante. Les journaux jacobins les célébrèrent sur le

---

[1] Nous tenons ce fait de la famille de ce paysan.
[2] Discours de Pascalis à la Chambre des Vacations.

ton du triomphe. « *M. Pascalis*, dit l'un d'eux, *n'ayant pu s'élever à la hauteur de la révolution , on lui a donné une leçon utile, exemple terrible pour les ennemis de la Constitution.*» Le 18 décembre, Mirabeau communiqua à l'Assemblée une dépêche du Président du département des Bouches-du-Rhône, où les faits relatifs à l'assassinat de Pascalis étaient à peine indiqués , et qui se terminait par cet aveu d'impuissance : « Tous les moyens nous échappent à la fois. »

Mirabeau prit ensuite la parole, et demanda que les députés de Provence fussent appelés à délibérer sur les mesures exigées par les circonstances. Il montra la nécessité de venir au secours des administrateurs ; mais il n'eut pas une larme, pas une expression de regret pour déplorer la mort d'un homme dont il avait pu apprécier le grand caractère, et dont la seule faute, faute alors peu commune , était de n'avoir point voulu fuir devant les menaces de la révolution.

Le 19 décembre, M. d'André monta à la tribune. Une de ses lettres, trouvée chez Pascalis, et répandue dans tout le Midi, provoquait contre lui de violentes dénonciations adressées à l'Assemblée Nationale et aux Jacobins. Il y disait au sujet de la municipalité d'Aix et de l'administration du département : « Ces corps nouveaux-nés font claquer leur fouet tant qu'ils peuvent , et ils ne demanderaient pas mieux que de vexer un honnête homme. » M. d'André déposa, en la signant, une copie de la lettre sur le bureau , et en sollicita le renvoi au Comité des Recherches, afin que l'Assemblée jugeât s'il y avait lieu à accusation contre lui. Il osa plus : il eut le cœur d'appelcr Pascalis son ami. C'était pour l'époque un rare trait de courage.

Il y eut, le 20 décembre, un débat orageux sur les mesures à adopter. Deux forts athlètes habitués à se combattre, s'y rencontrèrent : l'abbé Maury et Mirabeau. —« Il faut, opina le premier, il faut que le peuple sache que vous avez été pénétrés d'horreur... Il faut manifester que vous ne regardez plus comme citoyens des individus qui sont descendus de ce rang à celui de bourreaux... Les crimes ont été commis en présence des administrations. Leur devoir était de périr.»—«Voilà donc, s'écria encore l'abbé Maury, l'exercice que le peuple fait de ce droit de souveraineté, qu'on lui persuade si faussement qu'il peut exercer partiellement. Voilà comme on le conduit par des erreurs à des crimes..... » Ces paroles furent accueillies par des applaudissements. Elles excitèrent les animosités de Mirabeau, qui les qualifia de *déclamations*, et les récriminations de Charles de Lameth, qui s'apitoya sur le peuple *qu'on égarait pour lui donner des torts*. L'abbé Maury voulait que, dans un préambule énergique, placé en tête du décret, on exprimât le regret de ne pouvoir à l'instant faire punir les assassins. Cet appel fut sans écho. L'Assemblée vota le décret purement et simplement. Le Roi était prié par elle d'envoyer dans le département des Bouches-du-Rhône un nombre suffisant de troupes de ligne, et de déléguer à Aix des commissaires civils. Ceux-ci furent aussitôt nommés ; c'étaient MM. Gay, Debourgès et Lafisse. Peu de temps après, ils arrivèrent en Provence. Leur mission temporaire ne ramena l'ordre qu'à la surface, et laissa subsister les germes de décomposition et de révolte. Les corps administratifs donnaient eux-mêmes l'exemple de la plus complète anarchie.

Cinq mois s'écoulèrent. Les juges du district d'Aix avaient entamé une longue procédure contre les officiers de Lyonnais, accusés d'avoir voulu égorger les patriotes au cercle Guion, et contre les autres personnes signalées par les clubs d'Aix, comme ayant ourdi le prétendu complot : Dubreuil, Mignard, Darbaud, Armand, Langlez, Coppet, Pons, Blanc, Granet, le président de Mazenod, etc... Les assassins seuls avaient eu le privilége de l'impunité. N'étaient-ils pas des héros, des vengeurs publics ! Toutefois, ils ne purent réussir à empêcher la manifestation de la vérité. Déjà, de nombreux témoins avaient été entendus par les magistrats d'Aix ; ces témoins appartenaient presque tous au camp de la révolution, et cependant, nul indice probant n'avait été découvert[1]. L'innocence des accusés était même résultée des aveux de leurs ennemis. Le 21 mai 1791, le député Lapparent vint enfin présenter son rapport au nom du Comité des Recherches. « De quoi accusait-on, dit-il, les citoyens membres du nouveau club...? de moyens criminels ? La loi ne doit pas les supposer, et ils ne sont pas prouvés. » M. Lapparent conclut que les procédures instruites devaient être regardées comme non avenues[2]. — «Tous ces

---

[1] Les officiers de Lyonnais, emprisonnés peu de jours après le 14 décembre 1790, écrivaient dans leur mémoire justificatif, page 42 : « On a fouillé jusque dans les replis les plus secrets de nos âmes ; on a sondé jusques à nos intentions, interrogé nos correspondances ; on a tout vu, tout pesé, tout scruté, mais nos vœux sont remplis. »

[2] *Moniteur*, année 1791, page 598.

crimes , ajouta-t-il , sont demeurés impunis. La terreur
avait enchaîné les organes de la loi ; elle fut muette. Et
celui qui a provoqué ces sanglantes exécutions, celui qui
tous les jours égare le peuple en prêchant le partage des
terres et le refus des impôts , cet homme n'est pas poursuivi ! »

L'Assemblée rendit , sur ce rapport , un décret qui
déchargeait les accusés et ordonnait la mise en liberté
de ceux qui étaient retenus prisonniers [1]. La mémoire
des victimes était ainsi vengée au grand jour de la tribune nationale , tandis que le bourreau défiait encore ,
au milieu de ses vénérables frères, les magistrats et les
corps administratifs. Le 21 mai 1791 , pendant que M.
Lapparent lisait son rapport à Paris , l'abbé Rive était
décrété de prise de corps à Aix. Depuis le 14 décembre ,
jour fameux, dans lequel il avait admiré, selon son af-
freuse image, « *le beau support qui venait d'être mis à une
lanterne* [2], » ses instincts de bête fauve ne s'attaquaient plus
seulement aux anti-patriotes, mais aux amis de la Constitution et au conseil municipal , qu'il appelait autant de
repaires d'aristocrates. Deux ans plus tard, il fût devenu
le digne rival de Couthon. En 1791 , la France n'était
pas arrivée encore au niveau de la Terreur ; l'abbé Rive,
par ses excentricités , lassa et finit par irriter contre lui

---

[1] Les patriotes d'Aix accueillirent avec fureur le décret du 21 mai 1791.
Le Procureur de la commune ayant, par prudence, et à leur insu, fait relâ-
cher les prisonniers , avant la publication du décret , ils dénoncèrent ce
magistrat à l'Assemblée Nationale et aux Jacobins.

[2] *Lettre des vénérables frères anti-politiques et de l'abbé Rive, suivie de la lettre à Camille Desmoulins,* page 37.

l'opinion. *Ange tutélaire des anti-politiques* [1] , il en avait fait sa garde prétorienne ; il leur dicta une délibération pour sa défense ; il y déclarait en propres termes *qu'il se moquait des corps administratifs.* Déjà, une procédure commencée par le tribunal du district d'Aix l'avait obligé de se réfugier à Marseille. Mais une main plus puissante que celle des hommes devait bientôt s'appesantir sur lui. La justice divine l'attendait. Le 20 octobre 1791, l'abbé Rive expira à Marseille , frappé par une apoplexie foudroyante. C'était presque une année après la mort de Pascalis.

---

[1] *Lettre de l'abbé Rive à MM. les commissaires du pouvoir exécutif,* le 14 janvier 1791, page 16.

CONCLUSION.

Ainsi périt Pascalis ; ainsi finit la Provence. Lorsque l'heure suprême fut venue, quand nos libertés nationales durent définitivement tomber , le fier citoyen prouva qu'il avait été digne de les défendre. Après avoir voulu les sauver , il sembla vouloir s'ensevelir[1] avec elles ; en effet , il en fut à la fois le dernier soutien et le glorieux martyr.

Envisagés de cette manière dans une même étude , l'homme et l'époque , le citoyen et son pays , nous ont offert plus d'un sujet de réflexions. Deux phases, essentiellement distinctes, se sont montrées à nos yeux, lorsque nous avons suivi dans les faits le mouvement politique de 1789.

Dans la première , il n'est rien qui n'ait été légal et légitime. La France, épuisée et fatiguée par l'absolutisme des derniers règnes, appelait de ses vœux des réformes et la cessation d'abus condamnés déjà, du reste, par l'unanimité des esprits éclairés. Ces réformes , le pouvoir royal lui-même semblait l'inviter à les lui demander. Il y

[1] Expression de Pascalis dans son discours d'adieu à la Chambre des Vacations.

avait sur ce point entente parfaite entre le Pays et son gouvernement. Les institutions existantes avaient pu , par l'effet ordinaire du temps, perdre leur vitalité nécessaire ; mais, elles avaient encore assez de racines, elles étaient fondées sur des principes assez forts, pour refleurir et se consolider. Parmi ces institutions précieuses , nous trouvons celles des Pays d'États. Ce n'est pas sans une impression douloureuse qu'on assiste , dans l'histoire de cette époque, aux redoutables atteintes qu'elles eurent à subir depuis Richelieu. Toutes ces mesures arbitraires, tous ces édits fiscaux dictés par l'avidité des ministres, et, d'un autre côté, tous les sacrifices onéreux des villes et des provinces pour racheter leurs franchises confisquées, tout cela est triste et afflige le cœur; et malgré tout cela , on dirait que ces institutions ont en elles un germe indestructible de vie , et qu'elles ne tombent que pour renaître. Considérons, en effet, les années qui précédèrent 1789. N'est-ce pas alors que nous voyons appliqués dans plusieurs Pays d'Élections les premiers essais des Assemblées provinciales ? N'est-ce pas alors qu'est proclamée la maxime fondamentale du régime représentatif : *le gouvernement au Roi, l'administration au Pays* ? N'est-ce pas alors que les États particuliers des provinces se reconstituent ? N'est-ce pas alors que se manifeste un élan universel de réforme, élan spontané et généreux qui ravive les souvenirs , exalte les sentiments patriotiques , et dans lequel l'attachement aux traditions se confond avec le désir de les adapter aux nouvelles exigences de la société? N'est-ce pas alors que la France exprime des vœux conformes à ces principes dans ses cahiers de doléances aux États-Généraux ? Admettons, un instant , que ce mouvement politique n'eût pas été dévié dans sa marche; supposons que la liberté, au lieu de déchirer honteusement les titres qui avaient marqué son origine, s'en fût au contraire prévalue pour assurer ses destinées ; supposons encore que les Pays d'Élections eussent été graduellement dotés de droits semblables à ceux des Pays d'États, et que ceux-ci eussent été appelés à réformer leurs Constitutions dans ce qu'elles pouvaient avoir de vicieux , aurons-nous besoin de nous demander quel eût été l'avenir d'un gouvernement re-présentatif établi sur ces bases ? La France , conservant toujours sa physionomie originale et vivante , unissant toujours dans son sein les *sous-nationalités* provinciales par lesquelles se redoublait en quelque sorte le patrio-tisme, la France s'administrant elle-même sous le sceptre de la plus antique Royauté de l'univers, la France, ainsi représentée à tous les degrés et dans toutes ses parties, ne se fût-elle pas élevée au plus haut degré de liberté et de bien-être possibles [1]? N'eût-ce pas été là, vraiment, ce qu'on a nommé depuis avec si peu de réalité , le régime de la souveraineté du Pays ?

Mais pour qu'un tel mouvement portât ses fruits , il n'eût point fallu que tant d'imprudences , tant de fautes fussent commises ; il n'eût point fallu que l'esprit révo-

---

[1] Il est facile de voir par l'exemple de l'ancienne administration proven-çale , combien eût été simple et économique un système d'administration qui, ne découlant pas exclusivement du pouvoir central et dégagé des en-traves de la bureaucratie parisienne, eût laissé à chaque province le soin de gérer elle-même ses intérêts.

lutionnaire, fomenté par le XVIIIe siècle, vint, au nom d'un dogme absolu de destruction, rompre toutes les barrières, anéantir les germes féconds de liberté que les siècles avaient déposés sur notre sol, et créer une scission irréparable entre le passé et l'avenir de la France. Dès que ce funeste esprit eut infiltré son venin dans le corps social, la cause de la liberté fut perdue ; les espérances légitimes conçues par les hommes sages s'évanouirent. Une multitude de raisonneurs audacieux et de demi-philosophes surgirent tout d'un coup et exaltèrent le peuple par de folles spéculations. Sous leur influence, les traditions, les souvenirs, les maximes consacrées par l'expérience furent vouées au mépris. Rien ne fut jugé bon, s'il n'était nouveau. L'orgueil ne se déclara satisfait, que par une *table rase* complète des anciennes institutions politiques. On sait alors quelle fut la conduite de Pascalis et des membres les plus distingués du barreau provençal. Ils aimèrent mieux se retirer et se taire, que paraître s'associer à ces mauvaises passions.

Et cependant, les cahiers dans lesquels la France avait consigné ses volontés, protestaient contre ces doctrines de nivellement. Des réformes nombreuses y étaient sollicitées ; les provinces y exprimaient le vœu que des garanties plus solides fussent données à la liberté générale; mais elles ne renonçaient point pour cela à leurs Constitutions particulières. « Tel fut le vœu qui accompagna les députés à la première Assemblée Nationale ; tel fut leur mandat, au moins en intention. Ils allèrent plus loin : ils démembrèrent les territoires ; ils frappèrent de mort les existences locales..... La France ne murmura

point ; c'était le temps de l'enthousiasme ; et d'ailleurs,
des franchises, des droits, la représentation, furent donnés uniformément aux circonscriptions nouvelles. Cette
nouvelle indépendance, rendue commune à tout le sol,
réjouit le cœur des patriotes ; ils ne s'aperçurent pas
qu'elle était trop dispersée et qu'aucun de ses différents
foyers ne trouverait en lui-même la puissance de les
défendre[1]. » Ils ne virent pas qu'en brisant les libertés
réelles des villes et des provinces, et en ne leur subs-
tituant qu'un droit rationnel, purement abstrait, droit
propre seulement à égarer ou à tromper les populations,
ils plaçaient la France dans l'alternative inévitable du
despotisme ou de l'anarchie.

Mettons donc maintenant en présence les principes du
mouvement réformateur de 1789, et ceux que fit triompher l'esprit révolutionnaire ; comparons-les dans leurs
effets et dans leur but ; sondons l'abime qui les sépare.
Sera-t-il nécessaire de montrer de quel côté se trouvait
la liberté ? Et si la foi politique s'en va, si le patriotisme
s'éteint, si les caractères ont fléchi, si les croyances ont
été étouffées par les intérêts, si l'indifférentisme a gagné
jusqu'aux classes jadis les plus ardentes de la nation, si
la France est asservie aux volontés d'une seule ville[2], si

---

[1] *Dix ans d'études historiques*, par Augustin Thierry. Paris, Just
Teissier, 1842, 4ᵉ édition, in-8°, page 294 : article *sur les libertés locales
et municipales*.

[2] « Les portions diverses de la France antique jouissaient de la vie sociale
aux divers titres de nation unie, de ville libre, de commune affranchie, de
cité municipale ; partout on y voyait des traces de jugement par les pairs,
d'élection des magistrats, de contribution volontaire, d'assemblées délibérantes, de décisions prises en commun ; mais les *parties de la France ac-*

les éléments d'une indépendance durable manquent à notre société moderne, où devons-nous en rechercher la cause, si ce n'est dans les excès qu'a suscités et provoqués la révolution?

Aussi, est-ce à ce point de vue, que le rôle à la fois grand et modeste rempli par Pascalis en Provence, nous paraît mériter tous nos éloges. Tandis que d'autres, entraînés en aveugles, se faisaient par ambition les courtisans et les corrupteurs du peuple, ce vertueux citoyen, foulant aux pieds son propre intérêt, ferme dans sa foi, avec la même énergie qu'il avait déployée pour soutenir la justice d'une réforme, osa se déclarer contre l'invasion de l'esprit révolutionnaire. En donnant ce rare exemple de sagesse et de courage, il ne fut pas compris et il ne pouvait l'être. Une année s'était à peine écoulée depuis qu'il avait abandonné la scène politique, et tels étaient les changements accomplis dans les hommes et dans les choses, qu'en 1790, Pascalis ne fut plus considéré que comme le demeurant d'un autre âge. Pascalis voulait sincèrement la liberté; or, ce n'était pas vers la liberté que la France était conduite par la démocratie.

Pour nous, à qui soixante ans d'une mortelle expérience ont appris d'être plus justes, n'hésitons pas de reconnaître combien était belle, libérale, nationale, la cause pour laquelle Pascalis fut victime de sa fidélité. Sachons enfin dégager la vérité historique du sein des erreurs et des préjugés accumulés sur elle : « Attestons,

---

tuelle sont inanimées, et le tout n'a qu'une vie abstraite et en quelque sorte nominale, comme serait celle d'un corps dont tous les membres seraient paralysés.» *Ibid.*, page 296.

selon les conseils d'un éminent historien, M. Augustin
Thierry, ce qui fut, de temps immémorial, enraciné à la
terre de France, les franchises des villes et des provinces;
tirons de la poussière des bibliothèques les vieux titres de
nos libertés locales; représentons ces titres aux yeux des
patriotes qui ne les connaissent plus , et qu'une longue
habitude de nullité individuelle endort dans l'attente des
lois de Paris. Ne craignons point de remettre au jour les
vieilles histoires de notre patrie ; la liberté n'y est pas
née d'hier. Ne craignons pas de rougir en regardant nos
pères : leurs temps furent difficiles ; mais leurs âmes
n'étaient point lâches [1]. »

[1] *Ibid.*, page 298.

FIN.

NOTES SUPPLÉMENTAIRES

ET PIÈCES JUSTIFICATIVES.

N° 1. — PAGE 11.

Il est dit dans la *Biographie universelle* de M. Michaud, que la famille Pascalis avait une origine arménienne, et qu'elle était venue s'établir en France sous le règne de François Iᵉʳ; mais ces détails ne nous ont pas été confirmés par la famille, et nous devons les considérer comme hasardés.

Joseph Pascalis, propriétaire à Eyguières, eut trois enfants de son mariage avec Catherine Amphoux : deux garçons et une fille. Le célèbre jurisconsulte, Jean-Joseph-Pierre, était le second des garçons. L'aîné, Antoine-Gaspard, était né le 23 mars 1728. Il occupa pendant plusieurs années un modeste siége judiciaire, d'abord à Salon, et ensuite à Château-Renard. Il se retira plus tard à Eyguières, où il mourut le 3 mars 1793, peu de temps après avoir uni sa fille à M. Cappeau, son parent et l'élève de son frère.

Antoine-Gaspard laissa un fils, Joseph-Gustave Pascalis. Celui-ci entra dans l'armée pendant les troubles de la révolution. Après trois ans, il demanda son congé et retourna à Eyguières, où il ne tarda pas à se marier. Il a été, depuis, et pendant vingt-cinq ans, un des membres distingués du conseil général des Bouches-du-Rhône. Un fils de Joseph-Gustave existe encore et réside à Salon. Nous lui sommes redevables d'une partie de ces détails.

Telle a été la descendance mâle de la famille Pascalis.

Nous ajouterons, en remontant à des temps antérieurs, que Pascalis avait deux oncles germains dont les conseils durent exercer une influence heureuse sur son éducation. L'un, Jean-Antoine Pascalis, était prévôt de l'église collégiale de Barjols. L'autre, Jean-Baptiste Pascalis, exerçait avec succès, à Aix, la profession d'avocat.

Il existait quelques liens de parenté entre la famille de l'avocat Pascalis et celle de Jean-Baptiste Pascalis, maréchal de camp, membre de plusieurs académies, mort à Marseille, le 25 février 1833.

Le portrait de Pascalis, qui est placé au commencement de ce volume, est l'ouvrage d'un habile graveur d'Aix, M. Reinaud. Il a été reproduit d'après un dessin au crayon que M. le conseiller de Gabrielli, gendre de M. Cappeau, a eu la bienveillance de nous communiquer.

N° 2. — PAGE 11.

Pascalis, comme Decormis, Julien et tous les maîtres de l'ancien barreau, rédigea des *Remarques* sur le droit et la jurisprudence. Il remplit de la sorte six gros volumes, qu'il légua à M. Cappeau. Ce recueil, rendu précieux par le nom de son auteur, n'offre plus qu'un intérêt de souvenir, depuis l'établissement de notre nouveau droit civil. L'usage des dictionnaires de jurisprudence, en se vulgarisant, a même complètement détruit ces sortes de travaux, où les anciens jurisconsultes déposaient les fruits de leurs études et de leur expérience. C'est ce qui faisait dire à Portalis, dans son ouvrage sur *l'usage et l'abus de l'esprit philosophique*, tome II, page 374: «Le plus grand mal qu'ont pu faire les dictionnaires est dans l'habitude qu'ils ont fait contracter au gros des hommes de ne plus rien apprendre. Ils ont décrié l'érudition, en persuadant qu'on n'en avait plus besoin. »

Un fait que nous empruntons aux *Remarques* de Pascalis, montre bien l'esprit de gravité et d'application avec lequel les anciens avocats se livraient à l'étude.

Pascalis vint un jour plaider devant le Parlement pour son confrère de Colonia. Voici ce dont il s'agissait. De Colonia habitait sa maison patrimoniale dans la rue Saint-Esprit. Son cabinet de travail était situé sur le derrière. Près de là, les Frères Ignorantins tenaient leur école. Or, il arrivait soir et matin, que les enfants pleuraient en recevant la férule, ou criaient en récitant leurs leçons. De Colonia ne put supporter ce vacarme , et enjoignit aux Frères de déguerpir. Ceux-ci proposèrent de lire à voix basse, de ne pas châtier les enfants et de les faire passer par une autre rue. Le jurisconsulte inflexible refusa. Un affaire s'ensuivit, et sur la plaidoirie de Pascalis, les Frères furent obligés de déloger (1ᵉʳ février 1764).

Nº 3. — PAGE 14.

Le mémoire des six jurisconsultes en faveur de Mˡˡᵉ de Marignane, dans son procès en séparation de corps avec le comte de Mirabeau, est ainsi intitulé : *Mémoire à consulter et consultation pour madame la comtesse de Mirabeau.*

On assure que Pascalis fournit à Portalis cette phrase souvent citée et qui irrita profondément Mirabeau : «*Il a été mauvais fils, mauvais époux, mauvais père, mauvais citoyen, sujet dangereux.* »

On raconte encore que les six avocats étaient réunis pour discuter les moyens en séparation invoqués par Mˡˡᵉ de Marignane. La conduite prudente et réservée que tenait Mirabeau les préoccupait. Pascalis dit alors à ses confrères en langue provençale : «*Foou lou pougné , s'empouartara coumo un chivau entier, et lou tendren.* (Il faut le piquer , il s'emportera comme un cheval entier et nous le tiendrons).» C'est ce qui arriva. Mirabeau ne put contenir sa colère ; il s'y abandonna sans mesure dans son mémoire , ainsi qu'à l'audience, et il perdit son procès.

Nº 4. — PAGE 15.

M. de Gabrielli apprécie de la manière suivante , dans sa notice sur M. Cappeau, le talent de Pascalis, comme avocat :

« Ce fut M. Pascalis , parent de la famille Cappeau et intimément lié avec elle , qui se chargea d'initier son jeune cousin à ce qu'on pouvait appeler alors, mieux qu'aujourd'hui, les arcanes de la science. Le mentor ne pouvait être plus heureusement choisi. M. Pascalis unissait à une connaissance approfondie du droit, principalement dans les matières bénéficiales, à une irrésistible puissance de logique, l'art non moins précieux de plonger dès l'abord dans les profondeurs d'une affaire, d'en exprimer, pour ainsi dire, tous les moyens, d'en régler savamment la marche, d'en prévoir et d'en maîtriser toutes les phases. Il était, en un mot, avocat habile et homme d'affaires consommé.....

« Sous un pareil guide, l'élève ne pouvait manquer de marcher dans la carrière d'un pas, nous ne dirons pas seulement rapide, (nos pères voulaient mieux que cela), mais ferme et continu.—«Mon ami, lui dit Pascalis en l'introduisant pour la première fois dans son cabinet et en lui montrant sa volumineuse bibliothèque, voilà ce qu'il faut te mettre dans la tête avant de plaider.»—Et, sur ce que le jeune homme répondit qu'il était prêt, en effet, à lire tous ces volumes.— « Lire, s'écria son patron, avec cette brusquerie qui faisait le fond de son caractère, tu peux compter que je ne te laisserai pas dire une syllabe en public que tu ne les aies tous annotés jusqu'au dernier. » — Et il lui tint parole. »

N° 5. — PAGE 16.

Pascalis fut un des directeurs de la *Compagnie du conseil charitable, établie dans la ville d'Aix, pour assister les pauvres qui étaient vexés par des procès injustes ou qui n'avaient pas de quoi poursuivre leurs légitimes prétentions.* Cette œuvre éminemment chrétienne avait été établie à Aix, le 30 septembre 1671, par le cardinal de Grimaldi, archevêque d'Aix, sous le titre de Sainte-Marie-Magdeleine. Nous pensons qu'on ne lira pas sans intérêt quelques détails sur son organisation, telle qu'elle fut réglée en dernier lieu par de nouveaux statuts du 5 janvier 1716.

La compagnie se composait de quatorze directeurs, parmi lesquels se trouvaient l'Avocat et le Procureur des pauvres, et se renouvelait par moitié toutes les années. Selon le règlement de 1716, quatre de ses membres seulement devaient être avocats, deux procureurs; les autres étaient choisis parmi les gentilshommes, bourgeois, gens de robe courte. Deux directeurs, un ancien et un nouveau, exerçaient ensemble les fonctions de semainiers pendant quinze jours. Les semainiers tenaient les assemblées, expédiaient les mandats au trésorier, signaient les lettres, etc. L'œuvre avait un secrétaire, un trésorier et un agent. Un des principaux devoirs de ce dernier était d'accompagner les pauvres qui avaient besoin de son assistance, et de solliciter la poursuite et expédition des procès. Les assemblées des directeurs avaient lieu régulièrement, tous les dimanches, à deux heures. On y entendait les pauvres présents et on y travaillait aux affaires de la compagnie.

Il serait trop long de mentionner ici toutes les règles fixées pour la poursuite des affaires. Avant tout, la compagnie tentait une fois et même deux fois de ménager un accommodement. Pour cela, on écrivait à la partie adverse ou à son curé, pour l'y disposer. Lorsque les deux parties étaient assistées par la compagnie, le différend devait être terminé par un arbitrage; sinon, le secours était discontinué à la partie qui refusait. Les procès criminels, ceux qui étaient trop dispendieux, ou dont le succès était incertain n'étaient pas entrepris.

Lorsque, par des accommodements ou jugements, l'une des parties était obligée de payer, outre les débours, les honoraires des avocats et les vacations des procureurs, tout le montant des honoraires des avocats entrait dans la bourse de la compagnie; à l'égard des vacations, il n'en entrait que la moitié.

Chaque année, une quête générale était faite, au commencement de janvier, en faveur de l'œuvre. Il paraîtrait que l'œuvre recevait également des dons; cela résulte de l'article 46 du règlement, portant que huit directeurs assisteraient aux funérailles des bienfaiteurs.

Le règlement se terminait par l'article suivant : « Sont exhortés, tous ceux qui s'emploient à cette œuvre..... d'écouter avec patience les pauvres plaideurs que leur indigence et les peines des procès rendent véritablement importuns, mais qui donnent par là occasion d'exercer l'une des premières vertus chrétiennes. »

Outre la compagnie du conseil charitable, il y avait, à Aix, deux institutions très-anciennes : celle de l'Avocat des pauvres et celle du Procureur des pauvres; elles avaient été établies par l'édit d'érection du

Parlement, au mois de juillet 1501. Il résulte d'un édit du mois
de mars 1788, que l'institution de l'Avocat des pauvres existait
déjà sous les Comtes de Provence. Ceux qui étaient revêtus de ces
fonctions étaient obligés de se consacrer gratuitement à la défense
des personnes indigentes ; plus tard, ils ne durent prêter leur
ministère que dans les causes agréées par le conseil charitable.
L'Avocat des pauvres ne recevait que 300 livres d'émolument. Un
édit du 26 mars 1597 l'avait autorisé de postuler également pour
les riches. Un autre édit, du mois de novembre 1771, réunit sur la
personne de Minuti et de ses successeurs les deux offices d'Avocat
et de Procureur des pauvres, en attribuant aux titulaires 400 livres
d'émolument. Certains honneurs étaient attachés à ces fonctions. Les
titulaires avaient droit de porter la robe rouge, de prêter le serment
annuel à la séance de rentrée du Parlement, de prendre séance au
banc des greffiers, et après eux, d'avoir voix délibérative dans les
grands bureaux tenus dans les hospices......

L'Avocat-Procureur des pauvres exerçait au Parlement, à la Cour
des Comptes, et dans toutes les juridictions inférieures.

Il y avait chaque année, au Parlement, trois audiences des pauvres,
tenues dans la grand'chambre, la première le 23 decembre, la seconde l'avant-veille des rameaux, la troisième le 23 juin.

N° 6. — PAGE 104.

M. de Messimy, commissaire du Roi, s'étant présenté à l'assemblée de Messieurs de la Cour des Comptes pour ordonner l'enregistrement des nouveaux édits du 8 mai 1788, M. d'Albertas, premier
président, lui répondit par le discours suivant :

« La sagesse des Cours souveraines du Pays, les principes purs de
cette antique compagnie, auraient dû garantir la province du coup
qui va la frapper.

« Où l'autorité parle, la liberté se tait.

« Notre protestation contre tout ce qui blesserait nos lois, nos
pactes, nos statuts, la Constitution nationale, l'existence légale de la
Cour de Parlement (je ne parle pas de la nôtre), nous ne la marchan-

dcrons pas plus que le malheureux duc de Montmórency, jugé par commission, ne marchanda sa vie.

« Notre protestation, dis-je, repose dans le testament du dernier de nos Comtes, dans tous les édits de tous les Rois de France, depuis Louis XI jusqu'à Louis XVI, dans tous les cahiers de nos États ; elle est imprimée dans tous les cœurs ; elle est enregistrée d'avance et sans mission particulière de notre part, dans tous les tribunaux provençaux.

« Vous l'avez lue, Monsieur, sur tous les fronts consternés du peuple qui se pressait à votre passage. »

N° 7. — PAGE 109.

Nous croyons devoir consigner ici les noms des membres de notre ancien Barreau, qui signèrent *la lettre des avocats du Parlement de Provence à Monseigneur le Garde des Sceaux, sur les nouveaux édits transcrits le 8 mai 1788*, et qui témoignèrent ainsi de leur attachement à la Constitution provençale :

Arnulphy, *doyen ;* Leclerc, *syndic ;* Barlet, *syndic ;* Bremond, *syndic ;* Bressier ; Pazery ; Serraire ; Goirand ; Ailhaud ; Bovis ; Pascalis; Pochet; Raibaud; J. Bernard; Goujon; Gassier; Émérigon; Cauvet; Pellicot de Seillans; Roman-Tributiis; Reinaud; Richaud; Roux ; Meyffret; Alphéran ; Portalis; Collombon ; Perrin ; Jaubert; Dubreuil ; Ricard ; Rambot ; Bouche ; Estrivier ; J.-J. Fauchier; Espariat; Pellicot; Aude ; Bertet; Siméon ; Laget ; Payan ; Sellon ; Guerin ; Arbaud ; Cappeau ; Jauffret ; Gazan ; d'Eymard ; Verdet ; Guieu ; Sauvaire ; Maure ; Pellenc ; Jouve ; Verdollin ; Artaud ; Mérendol ; Bernard, fils ; Miollis ; Bouteille ; Regnauld ; Raspaud ; Leclerc, fils ; Vassal ; Mottet ; Ailhaud, fils ; Fouque; Tournefort ; Chansaud; Perrache; Loys; Fouque, fils ; Malbequi; Ricard; Panier; Roux-Martin; Bressier, fils ; Granet; Sallier, fils ; Gaufridy; Arnulphy, fils.

N° 8. — PAGE 189.

En indiquant à la page 172 le nombre des députés que le règlement royal du 2 mars attribuait aux trois Ordres de Provence, nous n'avons désigné que 8 députés pour le Clergé, 8 pour la Noblesse, 16 pour le Tiers-État. Il est nécessaire d'observer ici que nous n'avons pas compris dans cette énumération les députés des deux sénéchaussées d'Arles et de Marseille, villes qui étaient terres adjacentes et jouissaient du droit de s'administrer séparément. Un règlement spécial fut même fait pour la ville d'Arles, le 4 avril. Cette antique cité se vit ainsi confirmée dans ses priviléges d'indépendance , en vertu desquels les lettres de convocation devaient être adressées au conseil municipal. Trois députés particuliers lui furent accordés : un pour le Clergé, un pour la Noblesse, un pour le Tiers-État.

Nous donnons ci-après les noms des députés des sénéchaussées de Provence , en exceptant ceux des députés d'Aix , qui sont déjà connus ; et nous ajoutons ceux des députés de la ville et de la sénéchaussée d'Arles, et de la sénéchaussée de Marseille.

Sénéchaussée de Toulon : — MM. Rigouard , curé de Solliès-Farlède, et Montjallard, curé de Barjols, pour le Clergé ; le marquis de la Poype-Vertrieux , chef d'escadre , et de Vialis , maréchal-de-camp, pour la Noblesse; Meyfrend, consul de Toulon, Feraud, consul de Brignoles , Jaume , propriétaire à Hyères , et l'avocat Ricard de Sealt, pour le Tiers-État.

Sénéchaussée de Draguignan[1] : —MM. Mougins de Roquefort, curé de Grasse, pour le Clergé ; le comte de l'Assigny de Juigné, et le vicomte de Rafelis de Broves, pour la Noblesse ; Lombard de Taradeau, Mougins de Roquefort, maire de Grasse, et l'avocat Verdollin, pour le Tiers-État.

Sénéchaussée de Forcalquier:—MM. Gassendi, curé de Barras, et Rolland, curé du Caire, pour le Clergé ; de Burle , lieutenant-général en la sénéchaussée de Sisteron, et d'Aymard, pour la Noblesse; Latil, maire de Sisteron, les avocats Bouche , Mevolhon, et Solliers de Saignan, pour le Tiers-État.

Sénéchaussée et ville d'Arles : — Mgr Dulau , archevêque de

---

[1] Contrairement au règlement du 2 mars , qui attribuait à cette sénéchaussée deux députations , c'est-à-dire huit députés , nous n'avons trouvé que les six députés dont nous donnons les noms.

cette ville , et le conseiller d'État Royer de la Noé , dans le diocèse
d'Évreux, pour le Clergé ; le marquis de Guilhem de Clermont-Lo-
dève, et le marquis de Provençal de Fontchâteau, pour la Noblesse ;
MM. Boulouvard, négociant, Durand de Maillanne , avocat, et Pelissier père, pour le Tiers-État.

Sénéchaussée de Marseille : — MM. de Villeneuve-Bargemont ,
chanoine comte de Saint-Victor, et Henri Davin , chanoine de Saint-
Martin, pour le Clergé ; les chevaliers de Cipières et de Sinety, pour
la Noblesse ; les négociants Michel Roussier , Lejeans, Liquier, et
Delabat, pour le Tiers-État.

N° 9. — PAGE 199.

Voici le jugement que le publiciste anglais, Edmond Burke, portait en 1790 sur la nouvelle division de la France en départements :

« Aux yeux de quelqu'un qui considère les choses dans leur ensemble , cette force de Paris ainsi combinée , paraît être un système
de faiblesse générale. On s'est vanté d'avoir adopté une disposition
géométrique; que toutes les idées locales seraient éteintes; que le peuple ne serait plus connu sous le nom de *Gascons* , de *Picards* , de
Bretons, de *Normands*, mais de *Français*, avec une seule patrie, un
seul cœur et une seule Assemblée. Mais ce qui arrivera vraisembla-
blement , c'est qu'au lieu d'être tous *Français* , les habitants de ce
pays ne tarderont pas à n'avoir plus de patrie. Aucun homme n'a
jamais mis d'amour-propre , de partialité ou d'affection réelle à appartenir à une mesure de terre carrée quelconque ; aucun ne se
glorifiera jamais d'appartenir au n° 71 de l'Échiquier, ou à tel autre
symbole. C'est au sein de nos familles que commencent nos affections
publiques ; un froid parent n'est jamais un zélé citoyen. De là nous
passons à notre voisinage et à nos liaisons habituelles dans les provinces ; ce sont comme autant d'hôtelleries et de lieux de repos. De
telles divisions de notre pays , qui ont été formées par l'habitude , et
non par une secousse violente et subite de l'autorité , étaient comme
autant de diminutifs du grand pays , dans lequel une grande âme
trouve toujours de nouveaux sujets d'émotion. Cette partialité subor-

donnée n'éteignait pas l'amour de la totalité. Peut-être même était-ce une sorte d'apprentissage élémentaire pour arriver graduellement à des intérêts plus élevés et plus importants ; et sans cela, peut-être, les hommes ne pourraient pas , dans un pays aussi immense que la France, avoir, pour la prospérité de la patrie, un sentiment aussi fort que celui d'un intérêt privé. Dans ce grand territoire lui-même, et dans les anciennes dénominations des provinces, voyez si ce n'est pas à de vieux préjugés et à des habitudes dont on ne sent pas la raison , que tous les citoyens doivent l'intérêt dont ils sont pénétrés ; et non pas aux propriétés géométriques de leur configuration. » — (*Réflexions sur la révolution de France*, publiées en 1790 ; nouvelle édition, avec des notes. Paris, Adrien Egron, 1819, page 358).

Nº 10 [1]. — PAGE 236.

NOMS DES MEMBRES DU CONSEIL MUNICIPAL.

DE LA VILLE ET COMMUNAUTÉ D'AIX.

1789.

CONSULS ET ASSESSEUR.

Le marquis de Ruffo La Fare, Roman-Tributiis, De Duranti-Collongue, Arnulphy.

EX-CONSULS ET EX-ASSESSEUR.

Le marquis de Demandolx de la Palu, Pascalis, Lyon de Saint-Ferréol , Gérard.

---

[1] C'est par erreur que nous avons omis dans la note 1 , page 236 , le nº 10 , auquel doit correspondre le tableau des membres composant l'ancien conseil municipal d'Aix.

Dans ce tableau, comme dans ceux que nous publions ci-après, nous n'avons pas reproduit les détails biographiques qui ont été déjà donnés dans le cours de l'ouvrage.

PRO-CONSULS ET PRO-ASSESSEUR [1].

Le marquis d'Autric des Beaumettes [2], Dubreuil, de l'Évêsque, Mollet de Barbebelle.

CONSEILLERS [3].

Conseillers anciens.	*Conseillers nouveaux.*
Le marquis Cauvet de Marignane, ancien consul.	Le marquis de Clapiers-Vauvenargues.
Serraire, ancien assesseur.	Barlet, ancien assesseur.
Le Blanc de Ventabren, chevalier de Saint-Louis, ancien consul.	Pochet, ancien assesseur.
Le marquis de Panisse de Pazzis.	Portalis, ancien assesseur.
	Alphéran, ancien assesseur.
Le comte de Galliffet.	De Redortier Esprit, ancien consul [4].
De Mirabeau, chev^er de St-Louis.	Le marquis de Grimaldi.
D'Orsins, chevalier de Saint-Louis	Le mar. de Boutassi-Châteaulaurc
De Ribbe-Valbon, ch^er de St-Louis	Le baron de Gautier-d'Aiguines.
D'Arnaud Saint-Gayetan, chevalier de Saint-Louis.	Fouque de Verrayon, chevalier de Saint-Louis.
De Bayen, chevalier de St-Louis.	De Clapiers-Collongue.
Artaud, avocat.	De Bec, ancien officier d'artillerie
Payan, avocat.	Benoit, ancien garde du Roi et ancien consul.
Espariat, avocat.	Bouche, avocat.
Miollis, avocat.	Bouteille, avocat.
Bouteille, avocat expéditionnaire en cour de Rome.	Ailhaud fils, avocat.

[1] Voyez sur ces désignations la note 1, pages 154 et 155.

[2] Le marquis d'Autric des Beaumettes, condamné à mort, le 9 juillet 1794, par la commission populaire d'Orange.

[3] Les soixante conseillers dont se composait le conseil municipal de la ville d'Aix, se renouvelaient tous les ans par moitié ; de là, la désignation d'*anciens* et de *nouveaux* conseillers.

Parmi les anciens conseillers, était M. de La Fare ; nous n'avons pas cru devoir le maintenir en cette qualité, parce que postérieurement il avait été nommé consul. Il résulte de là, que les anciens conseillers, dans le tableau que nous donnons, ne sont plus au nombre de 30, mais de 29.

[4] Esprit de Redortier, condamné à mort, le 14 février 1794, par le tribunal révolutionnaire de Marseille.

Mottet fils, avocat.

Joannis, médecin.

Gibelin, médecin.

Gautier de la Duranne.

Revest, procureur au Parlement.

Turrel aîné, bourgeois.

Emérigon, procur. au Parlement.

Grosposte.

Gras, procureur au Parlement.

Reinaud, bourgeois.

Bayle Honoré, notaire apostoliq⁰

Sicard, procureur au siége.

Mathieu, négociant.

Rey, marchand.

Leclerc fils, avocat.

Jaubert, médecin, professeur.

Lieutaud-Deidier.

Carbonel, procur. au Parlement.

Grégoire, procur. au Parlement.

Bremond, procur. aux Comptes.

Dignoscyo, procur. au Siége.

Eméric-David, avocat, imprimeur du Roi.

Goyrand, bourgeois.

Ginezy, bourgeois.

Batalier, bourgeois.

Lieutaud fils, négociant.

Feraud, marchand.

Champsaur, marchand.

CAPITAINES DE QUARTIER.

François Félix, Amiot fils, de La Roche, Fauchier fils, Hortos cadet,

L'Abbé de la ville¹.

TRÉSORIER.

Henricy, fils cadet.

Nº 11. — PAGE 236.

NOMS DES MEMBRES DU CONSEIL MUNICIPAL

DE LA VILLE D'AIX,

Installés le 21 *février* 1790.

Espariat², avocat, *Maire.*

OFFICIERS MUNICIPAUX.

Éméric-David, avocat, imprimeur-libraire.

Reynaud aîné, négociant.

¹ Voyez la note 1 de la page 112.

² Jean Espariat, député des Bouches-du-Rhône à l'Assemblée Législa-tive, procureur général près la cour de justice criminelle d'Aix, mort le 14 janvier 1827.

Gautier, tonnelier.

Goujon, avocat.

Émérigon [1], procureur au Parlement.

Perrin [2], avocat.

Mareschal aîné, avocat.

Champsaur, oncle, négociant.

Guiet, agriculteur.

Grégoire père, négociant.

Mottet fils [3], avocat.

PROCUREUR DE LA COMMUNE.

Rambot, avocat.

SUBSTITUT DU PROCUREUR DE LA COMMUNE.

Bouteille aîné [4], avocat.

NOMS DES VINGT-QUATRE NOTABLES,

Formant avec les Membres du Conseil Municipal, le Conseil Général de la Commune.

Michel de Loqui, propriétaire agriculteur.

Seillard François, jardinier.

Thibaud aîné, propriétaire agriculteur.

Baudisson, propriétaire agriculteur.

Ravanas, avocat.

De Bec, ancien officier d'artillerie.

[1] Louis-Antoine-Marie Émérigon, nommé juge de paix à Aix, en 1790.

[2] Elzéar Perrin, juge du tribunal du district d'Aix, condamné à mort, le 11 juin 1794, par le tribunal révolutionnaire de Paris.

[3] François-Philippe Mottet, mort le 3 janvier 1827, professeur de la Faculté de droit d'Aix.

[4] Alexandre-Joseph Bouteille, mort le 7 janvier 1840, professeur de la Faculté de droit d'Aix.

Montagne, négociant.

Arbaud, avocat.

Feraud père, ancien chapelier.

Baile, ancien notaire.

Rossignol père, propriétaire agriculteur.

Goirand, avocat.

Thumin aîné, bourgeois.

Ginesy Sauveur, négociant.

Saurin aîné, scuplteur en plâtre.

Vial, négociant.

Trabuc, aubergiste.

Le comte de Galliffet[1].

Armelin, propriétaire agriculteur.

Siméon, avocat.

Verdollin[2], avocat.

Chansaud, procureur au Parlement.

Gérard, ancien consul.

Pellicot Henri, avocat.

N° 12. — PAGE 244.

Administration du département des Bouches-du-Rhône,
Installée à Aix, le 20 juillet 1790 [3].

PRÉSIDENT.

Martin Étienne (fils d'André), négociant à Marseille [4].

---

[1] Le comte Louis-François-Alexandre de Galliffet, mort à Aix en 1831, lieutenant-général.

[2] Verdollin, député des Basses-Alpes à l'Assemblée Constituante et à la Convention.

[3] D'après le décret portant constitution des assemblées administratives, à la date du 22 décembre 1789, sanctionné en janvier 1790, l'administration du département était divisée en deux sections : l'une, sous le titre de *Conseil de département*, délibérait; l'autre, sous celui de *Directoire de département*, formait le pouvoir exécutif.

[4] Étienne Martin, élu maire de Marseille en 1790, député des Bouches-du-Rhône à l'Assemblée Législative.

MEMBRES DE L'ADMINISTRATION GÉNÉRALE DU DÉPARTEMENT.

Olivier Joseph-Magloire, conseiller et procureur du Roi au siége de l'Amirauté de la Ciotat, *à la Ciotat.*

Mourret Augustin, avocat, *à Tarascon.*

Rousty Louis, avocat, *à Tarascon.*

Millot Jean-Louis, négociant, *à Marseille.*

Bonnaud Jean-François, docteur médecin, *à Pertuis.*

Mézard François [1], avocat, *à Apt.*

Bounieu Boniface, bourgeois, *à Marseille.*

Lenice Charles-Pierre, avocat, *à Arles.*

Aubert Jean, avocat, *à Arles.*

Villardy Achille, abbé de Quinçon, *à Arles.*

Jourdan André-Joseph [2], procureur du Roi au bureau des finances, *à Aubagne.*

Verdet François-Auguste, avocat. *à Aix.*

Venture Jean-Baptiste, prêtre de l'oratoire, *à Arles.*

Archier Jean-Antoine [3], avocat, *à Saint-Chamas.*

Roux Charles-Benoît [4], curé d'Eyragues, *à Eyragues.*

Bressy Jean-Baptiste, propriétaire agriculteur, *à Cadenet.*

Arbaud Joseph-Victor-Alphonse [5], avocat, *à Aix.*

Loys Jean-Baptiste, avocat, *à Arles.*

---

[1] François Mézard, nommé premier président de la Cour royale de Bastia, le 12 mars 1816.

[2] André-Joseph Jourdan, député des Bouches-du-Rhône au Conseil des Cinq-Cents ; déporté au 18 fructidor an v (4 septembre 1797) ; administrateur général des cultes, le 24 août 1815.

[3] Jean-Antoine Archier, député des Bouches-du-Rhône à l'Assemblée Législative.

[4] Charles-Benoît Roux, élu évêque constitutionnel d'Aix, condamné à mort par le tribunal révolutionnaire de Marseille, le 4 avril 1794.

[5] J.-V.-A. Arbaud, condamné à mort par le tribunal révolutionnaire de Marseille, le 23 janvier 1794.

Ricard Jean-Louis [1], avocat,   *à Allauch.*
Bausset Emmanuel, ex-chanoine de St-Victor,   *à Marseille.*
Sicard Pierre, géomètre,   *à Arles.*
Pellicot Henri [2], procureur général syndic en remplacement,   *à Aix.*
Du Quesnay Pierre-Mathieu,   *à Saint-Mitre.*
Michel Joseph-Étienne, négociant,   *à Eyguière.*
Jaubert Pierre-Paul, avocat,   *à Lambesc.*
Gérard-Vidal Barthélemy, notaire,   *à Martigues.*
Vicary Charles-Benoît, avocat,   *à Saint-Remy.*
Villiard Claude-Louis, propriétaire-agricult[r],   *à Saint-Andiol.*
Perrin Pierre-Augustin, négociant,   *à Marseille.*
Granet François-Omer [3], négociant,   *à Marseille.*
Payan Pierre-Nicolas, négociant,   *à la Coste.*
Reynaud Antoine, avocat,   *à Aix.*
Blanc-Gilly Mathieu [4], négociant,   *à Marseille.*
Richaud Noé,   *à Marseille.*
Perrin Jean-Pierre, avocat,   *à Apt.*

MEMBRES DU DIRECTOIRE DU DÉPARTEMENT.

Villardy Achille, abbé de Quinçon, vice-président.
Archier Jean-Antoine.
Olivier Joseph-Magloire.
Verdet François-Auguste.
Mourret Augustin.
Granet François-Omer.

---

[1] Jean-Louis Ricard, président du tribunal de première instance de Marseille, sous l'Empire.

[2] Henri Pellicot, député des Bouches-du-Rhône à l'Assemblée Législative.

[3] François-Omer Granet, député des Bouches-du-Rhône à l'Assemblée Législative, député à la Convention en 1793.

[4] Mathieu Blanc-Gilly, député des Bouches-du-Rhône à l'Assemblée Législative.

Pellicot Henri, procureur général syndic en remplacement.

Perrin Jean-Pierre.

PROCUREUR GÉNÉRAL SYNDIC.

Jaubert Antoine-Pierre.

SECRÉTAIRE.

Descène Joseph.

Nº 13. — PAGE 241.

NOTICE SUR LE PARLEMENT DE PROVENCE.

Le Parlement de Provence avait été institué par un édit du mois de juillet 1501.

Il se composait de dix présidents, dont l'un remplissait les fonctions de premier président, en vertu d'une commission donnée par le souverain, commission essentiellement révocable ; de cinquante-quatre conseillers ; de trois avocats généraux ; d'un procureur général, et d'un greffier en chef.

Il y avait quatre substituts du procureur général ; mais, ils n'étaient pas considérés comme faisant partie du Parlement.

Le nombre des conseillers n'était que de cinquante-deux, au moment de la suppression du Parlement, parce que deux anciens conseillers, M. d'Isoard de Chénerilles, mort en 1787, et M. de Castillon fils, reçu procureur général en survivance de son père, en 1787, ne furent pas remplacés.

Suivant les règles établies et dans certaines mesures, les fils, petits-fils et arrière petits-fils des magistrats du Parlement, avaient droit de prendre rang sur les magistrats reçus avant eux, qui ne se trouvaient pas dans les mêmes conditions.

Il était aussi de droit, dans les anciennes Cours, que le premier avocat général avait la préséance sur le procureur général.

Le Parlement faisait annuellement sa rentrée le 1er octobre, et continuait son service jusqu'au 30 juin. La Chambre des Vacations commençait son service le 1er juillet et le finissait le 30 septembre.

Le tableau qui suit a été rédigé d'après celui que M. le président de Saint-Vincens publia en 1785. Nous avons ajouté seulement les noms des derniers membres qui furent reçus, et nous avons rectifié quelques dates de réceptions. Les astérisques placés à la droite de quelques-uns des noms, indiquent les magistrats qui composèrent la dernière Chambre des Vacations. Nous les avons empruntés aux *Essais historiques sur le Parlement de Provence*, par M. Cabasse, tome III, page 484. Nous ferons observer, toutefois, que nous n'avons trouvé dans les registres du Parlement que les noms de quelques magistrats, remplissant leur service jusqu'à la fin ; ce sont ceux de M. le président de Cabre et de MM. les conseillers de Montvalon, De Cadenet de Charleval, de Pazery de Thorame fils, de Franc père et fils, d'Hesmivy de Moissac, d'Alphéran de Bussan, de Lisle-Granville, de Barrigue-Fontainieu. D'autres émigrèrent plusieurs mois avant le 27 septembre 1790 ; ce furent MM. de Colla de Pradines, de Cymon de Beauval père et fils, etc... Il paraît que d'autres ne prirent jamais part aux arrêts. Parmi les gens du Roi, l'avocat général d'Eymar de Montmeyan et le substitut Meriaud furent à peu près les seuls qui remplirent de fait le service de la Chambre des Vacations. Le nom de M. Meriaud figure même presque exclusivement dans les registres pendant le dernier mois.

LISTE DE RANG

Des Magistrats composant le Parlement de Provence,

A L'ÉPOQUE DE SA SUPPRESSION.

——

PRÉSIDENTS.

Dates des Réceptions.

1748 14 mai.	Des Galois de la Tour Charles-Jean-Baptiste, *premier.*
1733 24 juin.	De Bruny d'Entrecasteaux Jean - Baptiste, *honoraire.*

1742 11 octobre. De Thomassin de Peynier Louis , *honoraire.*

1746 10 mars. De Fauris de Saint-Vincens Jules-François-Paul, *honoraire.*

1748 20 décembre. De Thomassin de Peynier Jean-Luc.

1756 7 janvier. De Bruny d'Entrecasteaux Bruno-Paul-Théodore.

1767 4 mai. D'Albert Saint-Hippolyte Antoine-Michel.

1768 12 avril. D'Arbaud de Jouques André-Elzéar.

1776 17 juin. D'Arlatan de Lauris Jean-Louis-Martin.

1776 17 juin. De Cabre François-Marie-Jean-Baptiste.*

1777 4 mars. De Bruny de la Tour-d'Aigues Jean-Baptiste-Jérôme.

1782 11 juillet. De Fauris de Saint-Vincens Alexandre-Jules-Antoine.

1782 13 avril. D'Albert Saint-Hippolyte Michel-Gabriel-Albert.

CONSEILLERS.

1729 14 octobre. De Barrigue de Montvalon Honoré,* *doyen.*

1734 22 juin. De Galliffet du Tholonet Simon-Alexandre-Jean , *honoraire.*

1735 21 mars. De Ballon de Saint-Julien Joseph.

1737 24 mars. De Meyronnet de Saint-Marc Philippe.

1742 29 janvier. De Pazery de Thorame Pierre-Symphorien.

1743 6 octobre. De Maurel de Villeneuve de Mons Jean-André-François-Xavier-Casimir.

1746 31 mars. De Gras Honoré-Jean-Joseph-François-Louis.

1746 23 avril. De Franc Joseph-François-Ignace.*

1746 23 avril. Du Pignet-Guelton de Saint-Martin Marc.*

1746 7 octobre. De Benault de Lubières Louis-François.

1746 11 octobre. D'Alphéran de Bussan Melchior – Boniface-Louis , *honoraire.*

1748 2 avril. De Cymon de Beauval Louis – Théodore – Xavier.*

1749 16 octobre. De Fortis François-Pierre-Boniface , *honor^{re}.*

1752 27 avril.   De Martini de Saint-Jean Joseph, *honoraire*.

1752 4 février. · De Souchon d'Espréaux Pierre-Marie.

1756 8 octobre.   De Ravel des Crottes Pierre-Hyacinthe-Lazare.

1755 18 décembre. D'Estienne Louis-Laurent-Joseph, *honoraire*.

1756 25 juin.   De Deidier de Curiol de Mirabeau Jean-Joseph-
                    Dominique-Lazare-Claude, *honoraire*.

1758 30 juin.   De Villeneufve d'Ansouis Louis-Elzéar, *honor°*

1757 7 octobre.   De Méry de la Canorgue Jean-Pierre.

1758 11 mai.   De Payan de Saint-Martin Louis-Jean-Antoine.

1759 21 mai.   D'Arnaud de Vitrolles Paul-Augustin.

1759 24 avril.   D'Estienne du Bourguet Pierre-Guillaume.

1759 28 mai.   De Lisle de Roussillon Joseph-Louis, *honorai^re*.

1759 6 octobre.   De La Boulie Pierre-Joseph-Libéral.

1759 6 octobre.   De Cadenet de Charleval François.*

1759 8 octobre.   De Robineau de Beaulieu Jean-Pierre-Armand-
                    Toussaint.

1760 2 mai.   ·   Du Queylar Jean-Baptiste-Polyeucte.

1765 31 janvier.   De Bouchet de Faucon Louis-Dominique.

1766 25 mars.   De Raousset de Vintimille Gaspard-Joseph-
                    Simon-Charles.

1764 26 mars.   De Nicolaï Joachim-Guillaume.

1765 19 avril.   De Meyronnet de Saint-Marc Jean-François-
                    Bruno.

1765 7 mai.   De Périer Boniface-Jean-Louis-Denis.

1766 20 février.   De Bonnet de la Beaume Joseph-Philippe.

1766 17 mars.   De Fabry-Borilly Honoré-Sauveur.

1767 2 mai.   De Boyer de Fonscolombe Emmanuel-Honoré-
                    Hippolyte.

1767 19 décembre. D'Audibert de Ramatuelle François-Auguste-
                    Désiré.

1770 3 juillet.   D'Hesmivy de Moissac Joseph-Louis-Victor.*

1775 15 février.   De Gautier du Poët Henri-Joseph.

1775 7 octobre.   De Pazery de Thorame François-Pierre-Jo-
                    seph.*

1775 7 octobre.   D'Allard de Neoulles Jean-François.

1776 1 mars.   D'Alphéran de Bussan Paul-Jean-François.*

1776 3 février.   D'Espagnet Augustin-Honoré-Louis.

1776 3 février.   De Lisle-Granville Pierre-Jean-François.*

1778 18 mai.   De Franc Joseph-Jean-Baptiste-Marc.*

1778 4 juin.   D'Estienne du Bourguet Saint-Estève Jean-Baptiste-Guillaume.*

1777 30 juin.   De Garidel Bruno-Amable-Pierre.

1777 18 novembre. De Barrigue de Fontainieu Joseph-Marc.*

1778 10 mars.   De Bonnet de la Beaume Augustin,* *conseiller clerc.*

1778 22 juin.   De Lyon Saint-Ferréol Bruno-Jean-Gaspard.

1778 29 avril.   D'André de Bellevue Antoine-Balthazard-Joseph.*

1779 20 décembre. De Boisson de la Salle Joseph-André-Xavier.

1781 20 mars.   De Lordonné d'Esparron Joseph-Hilarion-Mathieu.

1781 16 juillet.   D'Hermite de Maillane Antoine-Hippolyte.

1783 27 janvier.   De Fortis Jean-Baptiste-Boniface.

1783 14 avril.   De Colla de Pradine Xavier-Théodore-Joseph-Rambaud.*

1782 28 juin.   D'Arquier de Beaumelles Jean-François-Marie.

1782 19 juillet.   De Bernardi de Valernes Édouard-Joseph.

1784 1 mars.   De Dons de Pierrefeu Hyacinthe-Henri-Émile.

1787 15 décembre. De Demandolx Louis-Victor.

GENS DU ROI.

1775 22 mai.   De Maurel de Calissane François-Basile-Casimir, *avocat général.*

1775 30 mars.   Le Blanc de Castillon Jean-François-André, *procureur général.*

1787 28 juin.   Le Blanc de Castillon Jean-Baptiste-Prosper-Claude-François, *procureur général en survivance de son père.*

1775 25 mai.   D'Eymar de Montmeyan Joseph-François-Pascal, *avocat général.*

1787 5 octobre. De Cymon de Beauval Théodore-Joseph-François, *avocat général.**

GREFFIER EN CHEF.

1761 7 novembre. De Régina Antoine-Henri.

Parmi les magistrats dont les noms précèdent, furent condamnés à mort par les tribunaux révolutionnaires :

A.-E. d'Arbaud de Jouques, à Lyon, le 26 décembre 1793.

J.-P. de Bonnet de la Beaume, à Lyon, le 26 décembre 1793.

A.-H. d'Hermite de Maillane, à Marseille, le 14 février 1794.

J.-F.-M. d'Arquier de Beaumelles, à Marseille, le 14 avril 1794.

B.-P.-T. de Bruny d'Entrecasteaux, à Orange, le 20 juin 1794.

Le substitut Meriaud fut condamné à mort, à Marseille, le 2 octobre 1793, et exécuté à Aix le lendemain.

D'autres ont occupé postérieurement des fonctions, soit dans l'administration, soit dans la nouvelle magistrature.

M. d'André a été membre et plusieurs fois président de l'Assemblée Constituante, ministre de la police en 1814.

M. de Ramatuelle a été secrétaire général de la banque de France.

L'avocat général de Calissane a été administrateur des biens des anciennes sénatoreries.

Un décret du 1ᵉʳ juin 1811, nomma à la Cour impériale d'Aix :

M. Alexandre-Jules-Antoine de Fauris de Saint-Vincens, président; MM. d'Espagnet, F.-P.-J. de Pazery de Thorame, P.-J.-F. d'Alphéran de Bussan, de Fabry-Borilly, Joseph-Jean-Baptiste-Marc de Franc, conseillers; M. d'Eymar de Montmeyan, avocat général. Ce dernier, quelques années plus tard, devint président à la même Cour.

On assure que M. de La Tour devint simple juge de paix.

Le dernier magistrat décédé du Parlement de Provence, a été Jean-Baptiste-Boniface de Fortis, nommé maire d'Aix en 1806, secrétaire général du ministère de la police en juillet 1815, mort à Aix, le 12 septembre 1848.

NOTICE SUR LA COUR DES COMPTES DE PROVENCE.

Longtemps avant la réunion de la Provence à la France, il existait à Aix une compagnie chargée du jugement des comptes et de la conservation du domaine et des archives, etc... Les officiers dont elle était formée s'appelaient : *maîtres rationaux*, *secrétaires rationaux archivaires*. Cette compagnie fut plus tard désignée sous le nom de *Chambre des Comptes*. En 1460, un nouvel officier, auquel on donna le titre de Grand-Président, fut mis à sa tête.

Par un édit du mois d'août 1555, Henri II régla la juridiction de la Chambre des Comptes, et lui adjoignit celle des Aides, dont jouissait alors le Parlement. La Chambre des Comptes puisa dans cette attribution le titre de *Cour*.

D'après un édit du mois de juin 1775, la Cour des Comptes se composait de six présidents, y compris le premier ; de trente-sept conseillers ; de deux avocats généraux ; d'un procureur général ; de deux substituts et de quatre greffiers en chef.

Trente-huit conseillers titulaires figurent cependant dans le tableau que nous publions ; mais, il est nécessaire d'observer que Pierre-Joseph-Fortuné de Bonaud de Saint-Pons de la Galinière, reçu conseiller *en survivance* de son aïeul, doyen de la Cour, le 26 novembre 1781, était privé du droit d'exercer tant que celui-ci resterait en charge.

Nous regrettons de ne pouvoir classer par ordre de rang les magistrats de la Cour des Comptes, comme ceux du Parlement. En l'absence de documents nécessaires, nous donnons seulement une liste dans l'ordre des réceptions, d'après les registres de la Cour des Comptes, que nous avons consultés à cet effet.

Nous dirons, pour rectifier la note 2 de la page 244, que les Cours des Comptes ne furent définitivement supprimées que par le décret du 4 juillet 1791 ; l'article 12 du décret du 5 septembre 1790, portait seulement que les Chambres des Comptes demeureraient supprimées aussitôt qu'il aurait été pourvu à un nouveau régime de comptabilité.

LISTE

DES MAGISTRATS COMPOSANT LA

Cour des Comptes, Aides et Finances de Provence,

A L'ÉPOQUE DE SA SUPPRESSION.

—

PRÉSIDENTS.

Dates des Réceptions.

1775 12 octobre.   D'Albertas Jean-Baptiste-Suzanne, *premier*.

1744 6 mars.   De Mazenod Charles–Alexandre, *honoraire*.

1765 12 janvier.   D'Albert Esprit-Hyacinthe-Bernard.

1768 30 juin.   De Coriolis Édouard-Laurent.

1771 10 janvier.   De Mazenod Charles-Antoine.

1781 28 mars.   De Duranti de Lacalade Claude–Jean.

1781 31 mars.   De Boyer d'Éguilles Pierre-Jean.

CONSEILLERS.

1730 5 juin.   De Bonaud de Saint-Pons de la Galinière Ignace, *doyen*.

1730 20 juin.   De Mery de la Canorgue Joseph, *honoraire*.

1733 20 juin.   De Menc Joseph.

1736 25 octobre.   De Mayol de Saint-Simon Louis–Nicolas.

1735 20 novembre.   De Martini de Saint-Jean de Brégançon Joseph-Paul-Augustin.

1736 13 janvier.   De Callamand Joseph-François-Xavier, *honor°*

1757 24 janvier.   De Gaillard d'Agoult Louis–Auguste.

1757 2 mai.   De Colla de Pradines Barthélemy.

1761 30 juin.   De Saint-Jacques Pierre-Guillaume, *honoraire*.

1764 30 mars.   De Gravier de Pontevès de Beauduen François-Joseph-Benoît.

1764 28 mai.   De Moreau Jacob-Nicolas, *honoraire*.

1764 25 juin.   De Pizani de la Gaude Charles-François-Joseph, *honoraire*, *évéque de Vence*.

1766 26 avril.   De Pelissier de Chantereine Francois.

1766 17 juin.   De Portaly de Martiali Louis-Gayetan, *honor*.

1767 28 février.   De Viany Laurent-Jean-Baptiste, *honoraire*.

1767 7 août.   De Gautier Louis-Surléon.

1770 20 novembre.   De Bec Joseph-Marius.

1771 7 septembre.   De Coriolis Gaspard-Honoré.

1771 1er octobre.   De Segond de Sederon Joseph-Jacques.

1771 5 octobre.   De Michel François, *honoraire*.

1771 21 novembre.   De Miollis Joseph-Laurent, *honoraire*.

1772 15 septembre.   De Bonaud de Saint-Pons de la Galinière Jo-
                        seph-Antoine-Louis.

1780 14 juillet.   De Callamand Louis-François-de-Salle.

1780 17 juillet.   De Moriès Honoré-Jacques-Bruno.

1780 17 juillet.   De Julien Gabriel-Sextius.

1780 20 juillet.   De Menc Joseph-Barthélemy.

1780 7 décembre.   De Bougerel de Fontienne Bruno-Louis-Al-
                        phonse.

1781 13 janvier.   De Michel Vincent-Benoît.

1781 13 mars.   De Miollis Marie-Joseph-Jean-Baptiste-Honoré.

1781 30 mars.   De Philip Joseph-Balthazard.

1781 18 mai.   De Pelissier de Roquefure Casimir-François-
                        Barthélemy.

1781 18 mai.   De Peyras Joseph-Véran Philippe.

1781 18 juin.   De Mérendol Jean.

1781 18 juin.   D'Arnaud Jean-François.

1781 9 juillet.   De Jaubert de Saint-Pons Jean-François-Marc.

1781 26 novembre.   De Bonaud de Saint-Pons de la Galinière Pierre-
                        Joseph-Fortuné.

1782 8 mars.   De Solliers Ignace-Joseph-François.

1782 4 juin.   De Calvi de Saint-André Jean-François.

1784 14 janvier.   De Pochet Joseph-Tyrse.

1784 21 mai.   De Desorgues Jean-François.

1785 18 janvier.   D'Anglesi Jean-François-Joseph.

1786 7 avril.   De Laget de Bardelin Jean-Baptiste-Paulin.

1787 24 mars.   De Gaye du Bourguet Joseph-Denis.

1787 27 avril.   De Portaly de Martiali Philippe.
1787 15 mai.   De Barnoin d'Antonelle Joseph-Henri.
1788 23 février.   De Gaudemar Balthazard-Nicolas-Étienne.
1789 14 mars.   De Pin Joachim-Xavier.

GENS DU ROI.

1767 2 mai.   D'Autheman Joseph-Esprit, *avocat général.*
1781 27 mars.   De Saqui de Sannes Antoine-Pons-Elzéar, *pro-
                     cureur général.*
1782 20 avril.   De Remusat Auguste-Laurent, *avocat général.*

Parmi les magistrats dont nous donnons les noms, un seul a péri victime de la révolution, Louis-Jean-Baptiste de Viany, condamné à mort par la commission populaire d'Orange, le 7 juillet 1794.

Plusieurs ont occupé postérieurement des fonctions dans l'administration, dans la magistrature, et ont été revêtus de dignités ecclésiastiques :

Jean-Suzanne d'Albertas, nommé préfet des Bouches-du-Rhône, le 10 juin 1814, pair de France, mort en 1829.

A.-L. de Remusat, premier chambellan de l'empereur, préfet de la Haute-Garonne, ensuite du Nord, mort à Paris, le 15 mai 1823.

Joseph-Jacques de Segond de Sederon, nommé conseiller à la Cour impériale d'Aix, le 1er juin 1811.

G.-H. de Coriolis, ex-jésuite, ensuite conseiller à la Cour des Comptes, mort chanoine de l'église métropolitaine de Paris, en 1824.

C.-F.-G. de Pizani de la Gaude, mort évêque de Namur, en février 1826.

Un conseiller honoraire de la même Cour, Jacob-Nicolas de Moreau, a laissé un nom dans la littérature. Il était né à Saint-Florentin, le 20 décembre 1717 ; reçu à la Cour des Comptes de Provence, il s'en retira bientôt pour se vouer entièrement au culte des lettres, et il mérita par ses écrits d'être nommé historiographe de France. Il est mort à Chambourcy, près de Saint-Germain en Laye, le 19 juin 1803.

N° 14. — PAGE 242.

Clôture des travaux de MM. les Procureurs du Pays de Provence.
13 SEPTEMBRE 1790.

Savoir faisons, nous, Procureurs du Pays, en l'absence de M. Roman-Tributiis, notre collègue, qu'ayant reçu une lettre de M. Lambert, contrôleur-général, en date du 5 de ce mois, dont la teneur suit, et dont nous avons envoyé copie à MM. du directoire des Bouches-du-Rhône;

Paris, le 5 septembre 1790.

Les trois départements, Messieurs, qui se partagent l'ancien territoire de la Provence, étant actuellement en activité, je ne pense pas que vous puissiez continuer à vous occuper de la gestion des affaires communes non encore liquidées, ni vos fonctions relatives à la comptabilité. Si MM. les commissaires des trois départements ne sont pas encore réunis, c'est à ceux du département des Bouches-du-Rhône que vous voudrez bien prévenir de la nécessité où vous êtes de cesser toute inspection et surveillance sur la comptabilité, à prendre les précautions qu'ils jugeront convenables et à accélérer l'arrivée des autres commissaires. J'ai l'honneur d'être, etc... Signé Lambert.

MM. les anciens Procureurs du Pays de Provence.

Nous déclarons, en conséquence de cette lettre, que nous et M. de Régina, greffier des États, cessons dès aujourd'hui toutes fonctions d'administration, même celles relatives à la comptabilité, et nous avons expédié au sieur Pin, trésorier général des États, un extrait du présent procès-verbal.

Fait à Aix, le 13 septembre 1790. Signés: Duranti-Collongue, Arnulphy et de Régina.

(Extrait du registre n° 2 des assemblées particulières de 1789 et 1790. — *Archives des Bouches-du-Rhône*).

FIN DES NOTES SUPPLÉMENTAIRES ET DES PIÈCES JUSTIFICATIVES.

TABLE DES MATIÈRES.

CHAPITRE VI.

CONVOCATION DES ÉTATS-GÉNÉRAUX DE FRANCE.

CHAPITRE VII.

LUTTES POLITIQUES DE 1789 EN PROVENCE.

CHAPITRE VIII.

FIN DE LA NATIONALITÉ PROVENÇALE.

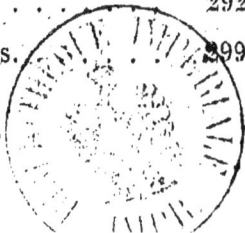

FIN DE LA TABLE.